Helmut Konrad von Keusgen

Omaha Beach
Die Tragödie des 6. Juni 1944

Der **D-Day** war ein Tag, den niemand, der dabei gewesen war, vergessen konnte… Kein Soldat, der an der Schlacht am Omaha Beach teilgenommen hat, könnte jemandem erklären, wie es wirklich war – nur wenn man ihr Trauma kennt, lassen sich die wahren Ausmaße der Apokalypse, in der sich diese Menschen damals befanden, ahnen…

Foto: von Keusgen 1973 / Omaha Beach,1944 Sektor Dog White

Omaha Beach

Die Tragödie des 6. Juni 1944

Helmut Konrad von Keusgen

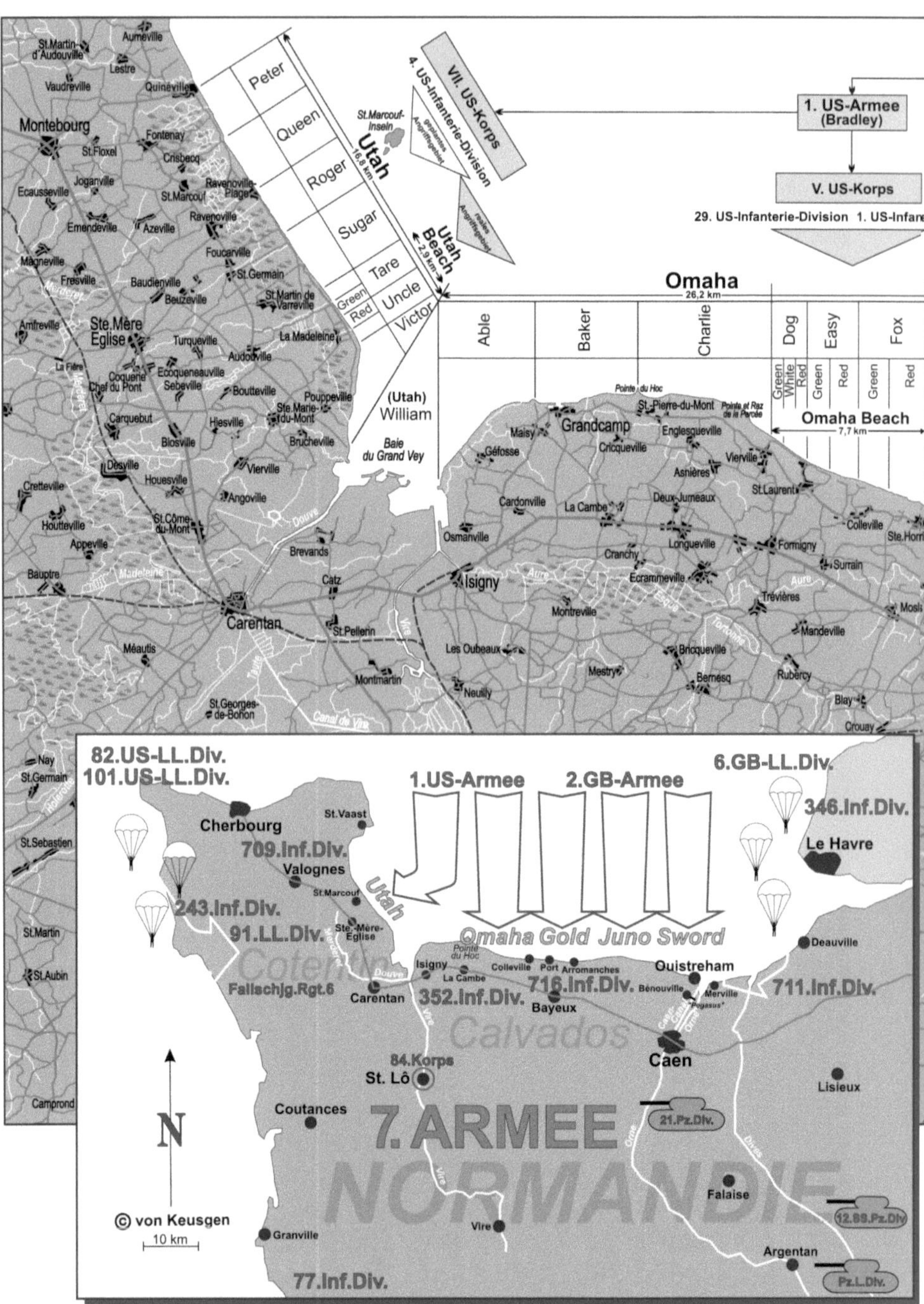

1. US-Armee (Bradley)
V. US-Korps
29. US-Infanterie-Division 1. US-Infanterie-Division
VII. US-Korps
4. US-Infanterie-Division
Peter
Queen
Roger
Sugar
Tare
Uncle
Victor
Green Red
Utah
16,8 km
Utah Beach
2,9 km
St.Marcouf-Inseln
(Utah) William
Baie du Grand Vey
Omaha
26,2 km
Able
Baker
Charlie
Dog
Easy
Fox
Green White Red Green Red Green Red
Omaha Beach
7,7 km
St.Martin d'Audouville
Aumeville
Lestre
Vaudreville
Quinéville
Montebourg
Fontenay
St.Floxel
Crisbecq
Joganville
Ecausseville
St.Marcouf
Ravenoville-Plage
Emendeville
Azeville
Ravenoville
Magneville
Foucarville
Fresville
Baudienville
St.Germain
Beuzeville
St.Martin de Varreville
Amfreville
Ste.Mère Eglise
Turqueville
Audouville
La Madeleine
La Fière
Ecoqueneauville Sebeville
Coquene Chef du Pont
Boutteville
Pouppeville
Carquebut
Hiesville
Ste.Marie-du-Mont
Blosville
Brucheville
Deuville
Houesville
Vierville
Cretteville
Angoville
Houtteville
St.Côme-du-Mont
Appeville
Brevands
Bauptre
Catz
Madeleine
Carentan
Méautis
St.Pellenn
Montmartin
Neuilly
St.Georges-de-Bohon
Montreville
Les Oubeaux
Mestry
Pointe du Hoc
Grandcamp
St-Pierre-du-Mont
Englesqueville
Maisy
Cricqueville
Vierville
Géfosse
Asnières
St.Laurent
Cardonville
Deux-Jumeaux
Colleville
La Cambe
Longueville
Ste.Horn...
Osmanville
Formigny
Cranchy
Surrain
Isigny
Ecrammeville
Trévières
Mosl...
Montreville
Bricqueville
Mandeville
Bernesq
Rubercy
Blay
Crouay
Pointe et Raz de la Percée
Nay
St.Germain
St.Sebastien
St.Martin
St.Aubin
Camprond
82.US-LL.Div.
101.US-LL.Div.
6.GB-LL.Div.
346.Inf.Div.
Le Havre
Cherbourg
St.Vaast
709.Inf.Div.
Valognes
St.Marcouf
243.Inf.Div.
91.LL.Div.
Ste.-Mère-Eglise
Fallschjg.Rgt.6
Cotentin
Carentan
Isigny
La Cambe
Pointe du Hoc
Colleville
Port
Arromanches
Ouistreham
Bénouville
Merville
Deauville
711.Inf.Div.
352.Inf.Div.
716.Inf.Div.
Bayeux
"Pegasus"
Calvados
Caen
84.Korps
St. Lô
Lisieux
Coutances
7.ARMEE
21.Pz.Div.
NORMANDIE
Falaise
12.SS.Pz.Div.
Granville
Vire
Argentan
Pz.L.Div.
77.Inf.Div.
1.US-Armee
2.GB-Armee
Utah Omaha Gold Juno Sword
N
© von Keusgen
10 km
Douve
Vire
Orne
Dives

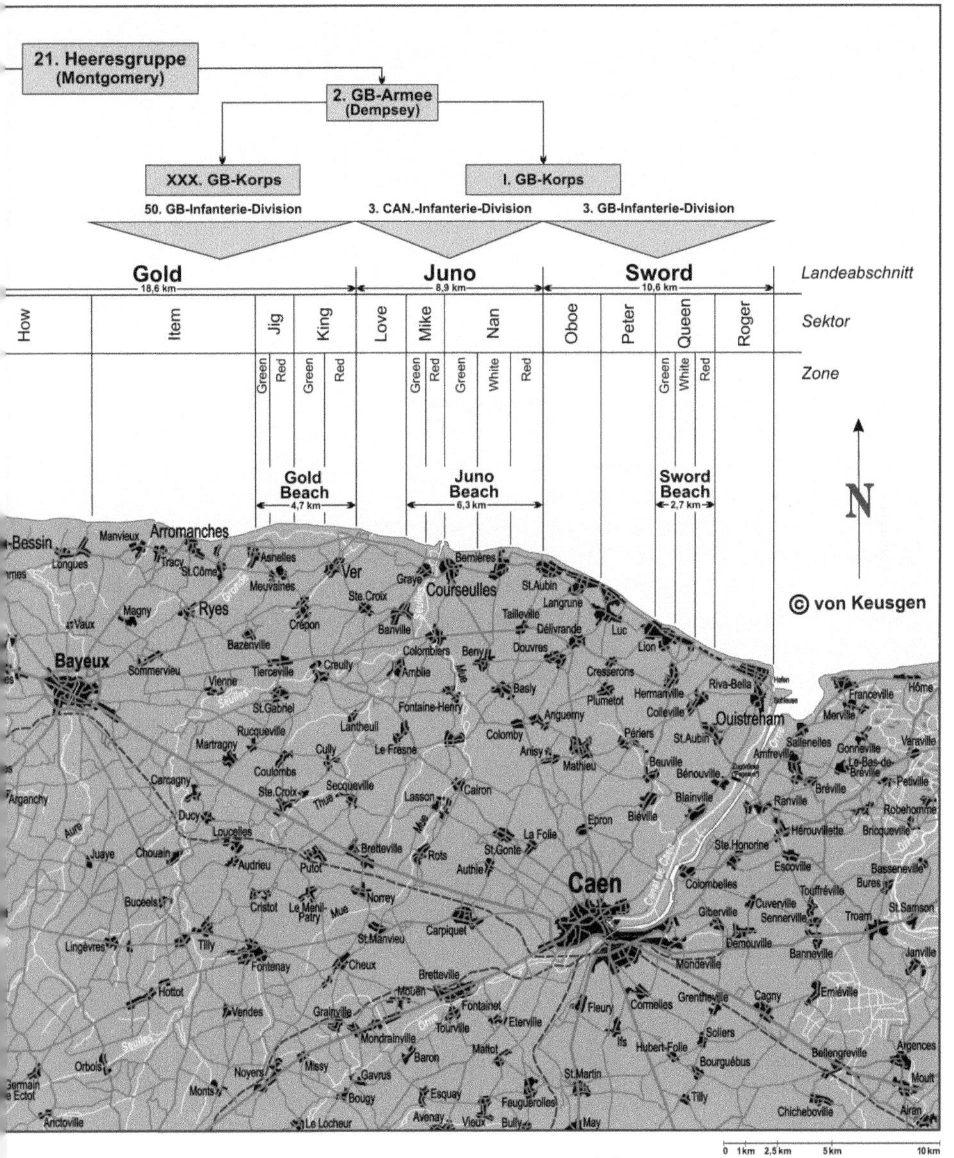

21. Heeresgruppe (Montgomery)
2. GB-Armee (Dempsey)
XXX. GB-Korps
I. GB-Korps
50. GB-Infanterie-Division
3. CAN.-Infanterie-Division
3. GB-Infanterie-Division
Gold
18,6 km
Juno
8,9 km
Sword
10,6 km
Landeabschnitt
How
Item
Jig
King
Love
Mike
Nan
Oboe
Peter
Queen
Roger
Sektor
Green
Red
Green
Red
Green
Red
Green
White
Red
Green
White
Red
Zone
Gold Beach
4,7 km
Juno Beach
6,3 km
Sword Beach
2,7 km
N
© von Keusgen
Bessin
Manvieux
Arromanches
Longues
Tracy
St.Côme
Asnelles
Ver
Graye
Bernières
Meuvaines
Ste.Croix
Courseulles
St.Aubin
Magny
Ryes
Banville
Tailleville
Langrune
Vaux
Crépon
Colombiers
Beny
Douvres
Délivrande
Luc
Bazenville
Basly
Lion
Bayeux
Sommervieu
Tierceville
Creully
Amblie
Cresserons
Riva-Bella
Vienne
St.Gabriel
Fontaine-Henry
Plumetot
Hermanville
Franceville
Hôme
Rucqueville
Lantheuil
Colomby
Anguerny
Colleville
Merville
Martragny
Cully
Le Fresné
Anisy
Périers
St.Aubin
Ouistreham
Varaville
Carcagny
Coulombs
Secqueville
Lasson
Mathieu
Beuville
Sallenelles
Gonneville
Le-Bas-de-Bréville
Arganchy
Ste.Croix
Thue
Cairon
Bénouville
Amfreville
Bréville
Petiville
Ducy
La Folie
Epron
Biéville
Blainville
Ranville
Robehomme
Aure
Loucelles
Bretteville
Rots
St.Gonte
Hérouvillette
Bricqueville
Juaye
Chouain
Audrieu
Putot
Authie
Ste.Honorine
Escoville
Basseneville
Buceels
Cristot
Le Ménil-Patry
Mue
Norrey
Caen
Colombelles
Cuverville
Touffréville
Bures
St.Samson
Lingèvres
Tilly
Fontenay
St.Manvieu
Carpiquet
Giberville
Sennerville
Troam
Hottot
Cheux
Bretteville
Mondeville
Demouville
Banneville
Janville
Vendes
Grainville
Mouen
Fontainet
Fleury
Cormelles
Grentheville
Cagny
Emiéville
Germain Ectot
Orbois
Noyers
Mondrainville
Tourville
Eterville
ifs
Soliers
Bellengreville
Argences
Monts
Missy
Baron
Maitot
Hubert-Folie
Bourguébus
Moult
Anctoville
Bougy
Gavrus
Esquay
Feuguerolles
St.Martin
Tilly
Chicheboville
Airan
Avenay
Vieux
Bully
May
Le Locheur
0   1km 2,5 km   5 km   10 km
Normandie
D-Day 6. Juni 1944

Hinweis:

Bei diesem Buch handelt es sich um eine überarbeitete Neuauflage des Titels „Omaha Beach" von dem international bekannten Historiker und D-Day-Experten Helmut Konrad Freiherr von Keusgen, bekannt durch seine in ihrer Art einmalige Aufarbeitung der historisch so bedeutsamen großen Invasion in der Normandie vom 6. Juni 1944 (bekannt als „D-Day") sowie infolge vieler einschlägiger Print-, Radio- und TV-Dokumentationen. Von Keusgen hat in fünfundvierzig Jahren seiner akribischen Recherchen (von 1973 bis 2018) und den ausführlichen Interviews von 446 Zeitzeugen sämtlicher am D-Day beteiligter Nationen ein neues Gesamtbild der damaligen Ereignisse in insgesamt 9 Büchern seiner themenbezogenen Serie dargestellt und somit etliche Lücken geschlossen und viele Fehldarstellungen korrigiert, sogar wichtige Dinge herausgefunden, die für immer geheim bleiben sollten… Von Keusgen gilt als Top-Experte dieses so wichtigen Kapitels der Weltgeschichte.

Auf Wunsch des Autors obliegt diese Neuauflage mit ihrem Originaltext den Regeln der alten deutschen Rechtschreibung.

Inhalt

Der Meeresboden vor dem Omaha Beach…
… ist stellenweise infolge ganzer versunkener Schiffsladungen mehrere Meter hoch bedeckt von Fahrzeugwracks, Geschützen und anderem Kriegsgerät.

Foto: J. Lemonchois 1970

Teil 1

Friedhof auf dem Meeresgrund

Begegnung mit der Vergangenheit

Omaha Beach veränderte am 6. Juni 1944 das Leben Tausender junger Menschen – im April 1973 auch meines, aber subtiler, leiser, langsamer und nicht auf derart grausame Weise…

Seit 1969 reiste ich an die Küste des Ärmelkanals, um dort zu tauchen. Seit ich in diesem Jahr mit der Taucherei begonnen hatte, verlegte ich im Lauf der Zeit meine Zielorte immer weiter die französische Küste hinunter, bis in die Normandie. Am 4. April 1973 quartierte ich mich dann mit meinem Freund und Tauchpartner, Manfred Schnüll, im *Hotel Arromanches* ein. Arromanches lag 1944 im Zentrum des über 80 Kilometer langen Invasionsraums der West-Alliierten und im als *Gold Beach* bezeichneten zweiten Landeabschnitt der Briten, nur 16 Kilometer entfernt vom *Omaha Beach*, einem der beiden Landeabschnitte der Amerikaner.

Für uns war alles, das wir hier sahen, neu. Unser Wissen betreffs der Ereignisse *(über die damals in den Medien nur selten berichtet wurde)* waren beschränkt und nur allgemein. Natürlich, an dieser Küste hatte am 6. Juni 1944 die Invasion begonnen, aber wir waren ja nicht vordergründig wegen der Historie hierhergekommen, sondern um zu tauchen. Vielleicht gab es hier für uns unter Wasser etwas zu entdecken…

Von Arromanches aus starteten wir dann jeden Tag unsere ständig weiter reichenden Exkursionen, immer Richtung Westen und die Küste entlang. Täglich fanden wir Bunker, Kasematten und an vielen Orten verrosteten Kriegsschrott. Vor Calais hatten wir 1970 das zerrissene Wrack eines Jagdbombers unter Wasser gefunden, bei Dieppe einen Jeep, aber die Historie und die genauen Umstände interessierten mich damals nur nebensächlich – bis ich 1973 an den *Omaha Beach* kam…

Bereits am vierten Tag unseres zweiwöchigen Aufenthalts in der Normandie waren wir am 8. April vor dem Kliff der Pointe du Hoc getaucht und hatten dabei sonderbare Entdeckungen gemacht *(siehe den Buchtitel dieser Serie „Pointe du Hoc")*. Einen Tag danach hatten wir in Arromanches eine kleine Gruppe französischer Taucher kennengelernt. Es waren aufgeschlossene junge Leute, die uns viel Sympathie entgegenbrachten und uns anboten, an einem der nächsten Tage mit uns zu tauchen. Als wir am Abend im Speisesaal unseres kleinen Hotels saßen und bereits unser Dessert löffelten, bemerkten wir, daß uns vom Nachbartisch aus ein etwa 50-jähriger Mann aufmerksam betrachtete, besonders die Applikationen mit den Taucher-Emblemen an unseren Jacken. Als sich irgendwann unsere Blicke trafen, sprach er mich an: „You're divers?" *(Ihr seid Taucher?)*

Ich nickte. Dann stellte er sich vor. *(Ich erinnere mich nur noch an seinen Vornamen: Jonathan. Später sollte ich noch oft bedauern, daß ich weder eine Visitenkarte noch seine Adresse von ihm bekommen habe.)* Er war Amerikaner, ein großer, lässiger Typ, ein Geschäftsmann, irgendwo aus den West-Staaten und in Begleitung seiner Frau und zweier Töchter im Alter von etwa acht und zehn Jahren. Dann fragte er: „Kennt Ihr Omaha…?"

„Eine Stadt in den USA", sagte Manfred.

Der Amerikaner lachte: „Ja, in Nebraska. Aber ich meine Omaha Beach…"

Ich nickte: „Ja, gestern sind wir auf der Promenade entlanggefahren; ein sehr schöner Strand…"

„Das ist nur ein kleines Stück, Dog, die westliche Seite der Bucht. Kennt Ihr auch die andere Seite, Easy und Fox?"

Wir wußten überhaupt nicht, wovon der Amerikaner sprach. Da stand er auf, nahm seinen Stuhl, stellte ihn mit der Lehne zu uns an den Tisch und setzte sich verkehrt herum darauf. Die Arme auf der Lehne verschränkt, sagte er lächelnd: „Ihr seid Deutsche, aber damit habe ich kein Problem…"

Am 9. April 1973 betrat ich zum ersten Mal den „Omaha Beach". Der in einer nur leicht sichelförmigen Bucht der Steilküste eingebettete, weitläufige Strand mit seinem wunderbaren rotgoldenen Sand übte sofort eine ungeheure Faszination auf mich aus...   Foto: M. Schnüll 1973

Bild links: Das kleine, gemütliche "Hotel d'Arromanches", in dem wir unser erstes Quartier in der Normandie bezogen.   Foto: von Keusgen 1973

Auf dem fast dreißig Meter hohen westlichen Küstenplateau der „Omaha"-Bucht waren 1973 (und sind noch heute) die alten Laufgräben des ehemaligen deutschen Widerstandsnestes 73 deutlich zu erkennen.
                    Foto: von Keusgen 1973

Bild links: Durch die dichten und hohen, für die Normandie so typischen Hohlwege fuhren wir mit dem US-Veteranen zum berühmtberüchtigten „Omaha Beach". Foto: M. Schnüll 1973

Bild rechts: Der Kiessaum vor der steilen, aber nur bis zu 1,60 Meter hohen Böschung. Sie trennen den Strand vom höher gelegenen Vorstrand. Hier lagen stundenlang Hunderte durchnäßte, verwundete, sterbende und tote GIs, bevor gegen 15:30 Uhr das MG-Feuer vom WN 62 aus eingestellt wurde.   Fotos: von Keusgen 2006

Wir verstanden an diesem Tag den Sinn seiner Aussage noch nicht.

Dann erzählte er uns, daß er am Vormittag des 6. Juni 1944 im amerikanischen Landeabschnitt *Omaha Beach* mit einem Landungsboot in den Sektor *Easy Red* gebracht worden war. Er wurde ernster und fügte leise hinzu: „An dem Tag war der Strand nicht schön – es war ein grauenhafter Strand…" Der Amerikaner schwieg einen Moment, dann sagte er: „Ich habe hier zwar französische Freunde, aber kein eigenes Auto… Vielleicht könnten wir morgen gemeinsam zum Omaha Beach fahren?"

Am frühen Vormittag des nächsten Tages dirigierte mich der Amerikaner, der allein mit uns gefahren war, in der kleinen Ortschaft Colleville rechts aus dem Ort, einen versteckt liegenden, engen, von Bäumen gesäumten Weg, leicht bergab und in Richtung des Meeres. Drei Minuten später parkte ich mein Auto auf einem schmalen Platz am Fuß des sich bis hier hinabsenkenden 51 Meter hohen Küstenabhangs, nur etwa dreißig Meter vom Strand entfernt. Als wir ausstiegen, deutete der Amerikaner den Hang hinauf: „Dort oben war ein starker deutscher Stützpunkt…"

Der bisher so locker erschienene Mann wurde sehr ernst, wirkte etwas irritiert. Dann sagte er, daß er vor einigen Jahren schon einmal hier gewesen war, weil er noch einmal über den Strand gehen wollte. Aber das Wetter sei sehr schlecht gewesen, die Flut aufgelaufen, und er habe nicht viel Zeit gehabt.

Er blickte zum Meer. Leise sagte er: „Heute ist noch viel Strand zu sehen, aber die Flut läuft auf – genauso wie damals…"

Dann ging der Kriegsveteran schweigend in die Richtung des Meeres. Wir folgten ihm. Er trug einen khakifarbenen Blouson, ein dunkelblaues Hemd, Bluejeans und auf dem Kopf eine dieser typischen Kappen mit einem langen Schirm, in der Farbe wie sein Blouson. Ohne zur Seite zu sehen, schritt der Amerikaner zügig vor uns her und auf den Strand. Nach etwa dreißig Metern blieb er kurz stehen und deutete nach links und rechts:

„Hier standen überall hohe Hindernisse aus Holz und Stahl, mit Minen darauf…", erklärte er und ging weiter, wir hinterher.

Erst unmittelbar am Wassersaum blieb der Amerikaner stehen. Wir glaubten, daß er uns nun irgendetwas vom *D-Day*, jenem ersten Invasionstag, erzählen würde… Da wandte er sich langsam um und blickte zum Land. Sein bisher so aufgeschlossen wirkendes Gesicht schien nun wie versteinert. Er murmelte einige uns unverständliche Worte und begann langsam über den Strand zurückzulaufen. Plötzlich hockte er sich abrupt hin, verharrte einen Moment. Wir waren ihm schnellen Schrittes in einigem Abstand gefolgt, verstanden nicht, was er tat. Doch noch ehe wir bei ihm waren, war er aufgesprungen und rannte weiter, schneller, etwas nach links hinüber, zick-zack, sogar durch einen breiten Priel, in dem das Wasser fast dreißig Zentimeter hoch stand. Dann warf sich der Amerikaner hin, wandte sich um und winkte, zu ihm zu kommen. Er rief irgendetwas. Mit beiden Händen griff er sich an den Kopf. Wir liefen um den Priel herum, doch noch ehe wir bei ihm waren, war er wieder aufgesprungen und trottete in halb gebückter Haltung weiter. Offenbar hatte sein Winken uns gar nicht gegolten… Seine Kappe war ihm vom Kopf gefallen. Ich hob sie auf. Der Mann hatte längst die steile, bis eineinhalb Meter zum Strand abfallende Böschung des Vorstrandes erreicht. Vor dieser *(von den Amerikanern in ihren Publikationen immer wieder als „Seawall" bezeichneten)* Böschung erstreckte sich in der gesamten östlichen Hälfte der Bucht und mit einer Breite von etwa zehn Metern ein heller Saum aus bis zu handflächengroßen bräunlichen und graublauen, glatten Kieselsteinen. Als wir endlich bei dem Amerikaner ankamen, saß er auf diesen Steinen, den Rücken an die kleine Böschung gelehnt. Seine Schuhe und die Hose waren durchnäßt, im Gesicht klebte feiner, goldener Sand. Erst jetzt, da seine Haare stellenweise naß waren, bemerkten wir an der rechten Seite seines Kopfes eine mehrere Zentimeter lange Narbe – wir hatten inzwischen begriffen…

In respektvollem Abstand hockten wir uns zu dem sichtlich tief erschütterten Mann auf den Kiessaum. Er entschuldigte sich für sein ungewöhnliches Verhalten, lachte verlegen und sagte, daß er vor diesem Moment zwar immer Angst gehabt, ihn aber schon so lange ersehnt hätte. Nach einer Weile der Beruhigung begann er, wieder etwas gefaßter, von seinen Erlebnissen am 6. Juni 1944 zu erzählen:

Etwa gegen um 9:00 Uhr war das Landungsboot, das ihn und etliche Kameraden an den *Omaha Beach* bringen sollte, im vorderen Bereich und an seiner stählernen Rampe von einer Granate getroffen und aufgerissen worden. Geistesgegenwärtig hatte er sofort sein Gewehr und die schwere Ausrüstung über Bord geworfen, war ins Wasser gesprungen und zwischen umhertreibenden Ertrinkenden und Toten zum Strand geschwommen, dort von Hindernis zu Hindernis gelaufen, manchmal nur gekrochen, um dahinter Deckung vor dem Hagel deutscher MG-Geschosse zu finden. Als er etwa drei Stunden später endlich am Seawall angekommen war, lagen überall, den ganzen Strand entlang, so weit er sehen konnte, amerikanische Soldaten – in einem mehrere Zentimeter dicken Schlamm aus angeschwemmtem dunklen Blut...

Der Amerikaner hielt mit seinem Bericht einen Moment inne, mußte sich erst wieder beruhigen. Dann beschrieb er mit ausgestrecktem Arm von der flachen Böschung links neben sich einen Halbkreis bis rechts hinüber, so als wollte er ein großes Areal bemessen, in dessen Mittel punkt er saß.

Tränen schimmerten in seinen Augen, als er sagte: „Überall um mich herum lagen Tote... Die Flut hatte Leichen, abgerissene Arme und Beine, Füße mit Schuhen daran, sogar Köpfe mit ihren Helmen angeschwemmt. Dazwischen hockten verzweifelte GIs – und überall Verwundete, aber kein einziger Sanitäter...“

Dann erhob sich der Kriegsveteran etwas, deutete über die flache Böschung und den Küstenhang hinauf: „Dort oben stand auf halber Höhe ein Maschinengewehr. Es war das letzte, das in diesem Sektor noch schoß, und es schoß mit Leuchtspur-Munition. Da wir genau sehen konnten, daß es zu uns herunterschoß, traute sich keiner von uns über den Seawall zu springen... Die GIs, die hier lagen, als ich ankam, sprachen bereits von der verdammten Bestie dort oben – und diese Bestie schoß noch bis zum Nachmittag...“

Noch am selben Tag nach dieser eindrucksvollen und für mich so nachhaltigen Begegnung mit dem vom Krieg traumatisierten Amerikaner sprach ich abends im Hotel auf einen kleinen Cassetten-Recorder, was wir mit ihm am „Omaha Beach“ erlebt und er uns alles erzählt hatte. Es waren meine ersten Aufzeichnungen zum Thema *D-Day*. Später erfuhr ich im Zuge meiner Recherchen, daß die deutschen Verteidigungsanlagen numeriert waren. Jene, vor dem Jonathan am 6. Juni 1944 um sein Leben gerannt war, wurde als WN 62 *(Widerstandsnest 62)* bezeichnet. Erst 1999, nach 26 Jahren Suche, fand ich den MG-Schützen, der als letzter in der gesamten *Omaha*-Bucht sein Maschinengewehr verlassen und zuvor ein Massaker unter den GIs angerichtet hatte, und der von den amerikanischen Soldaten, die damals in seinem Feuer lagen, als „damned beast of Omaha Beach“ bezeichnet worden war: Hein Severloh *(siehe seine im H.E.K.Creativ Verlag erschiene Autobiographie „WN 62 – Erinnerungen an Omaha Beach“)*.

Abends unterhielten wir uns im Hotel noch lange mit dem sympathischen Amerikaner, der inzwischen wieder zu seiner lockeren Art zurückgefunden hatte. Er erzählte uns, daß viele seiner Kameraden mit ihren Ausrüstungen im Meer ertrunken und ganze Bootsladungen mit Last wagen, Jeeps und Geschützen versunken waren – sogar Panzer. Abschließend sagte er: „Der Meeresgrund vor dem Omaha Beach ist ein einziger großer Friedhof...“

Am nächsten Tag bestätigten französischen Taucher, die wir trafen, die Aussage des Amerikaners, daß massenhaft Kriegsschrott auf dem Grund des Meeres liegt. Einen weiteren Tag später fuhren wir mit der Tauchergruppe und deren Schlauchboote zum *Omaha Beach*.

Noch bis weit in die 1970er Jahre, mehr als drei Jahrzehnte, standen an der Küste und im nahen Hinterland noch viele Ruinen als stumme Zeugen der schweren Bombardements und ließen das Leid und Elend der vom Krieg betroffenen französischen Bevölkerung ahnen.   **Foto: von Keusgen 1973**

Bild links: Von einem Granatvolltreffer zerrissene stählerne Rampe eines Landungsbootes im „Musée Mémorial d'Omaha Beach" in St. Laurent.
Fotos: von Keusgen 2006

Bild rechts: Von Arromanches aus fuhren wir mit mehreren französischen Tauchern und deren motorisierte Schlauchboote zum „Omaha Beach".
Foto: von Keusgen 1973

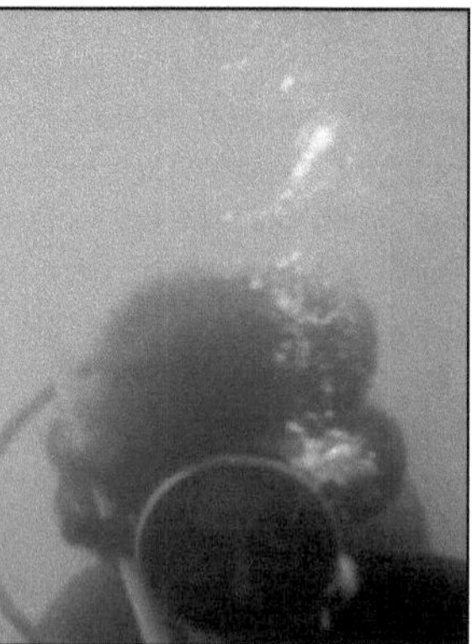

Bild links: Auch ohne Tauchgeräte gab es in den teilweise mehrere Meter tiefen Prielen in den 1970er Jahren noch viel zu entdecken.
Foto: M. Schnüll 1973

Bild rechts: Im diffusen Licht auf dem Weg zum Meeresgrund vor „Omaha Beach".
Foto: von Keusgen 1973

Im Verlauf von über vierzig Jahren habe ich eine Vielzahl interessanter Funde und Entdekkungen gemacht, aber zwei waren besonders beeindruckend:

Am 11. April 1973 fanden wir vor *Omaha Beach* in 18 Metern Tiefe einen der versunkenen Sherman-Panzer – und in ihm die Reste seiner einstigen Besatzung...

Im August 1992 fand mein damals 14-jähriger Sohn Alexander in der noch zum Landeabschnitt *Omaha* gehörenden, steil abfallenden Bucht vor Ste.-Honorine-des-Pertes einen von der starken Flut an Land geschwemmten amerikanischen Stahlhelm. Durch Sedimentablagerungen und dem Besatz von Muscheln, Röhrenwürmern, Seepocken und anderen Kleinlebewesen war der Helm nach 47 Jahren deutlich größer geworden. Wir betrachteten das ungewöhnliche Relikt jenes schrecklichen ersten Invasionstages eingehend. Dabei drehten wir den Helm um. Innen war er völlig von Ablagerungen ausgefüllt, und aus dieser festen, dunklen Masse ragte deutlich die weiße, noch völlig unbeschädigte obere Zahnreihe jenes Soldaten, der ihn am *D-Day* getragen hatte.

„Und was machen wir nun damit?" fragte mein Sohn.

Mir fiel in diesem Moment der Betroffenheit nichts anderes ein, als zu sagen:

„Bring ihn wieder zurück – auf den großen Friedhof am Grund des Meeres..."

Trotz der zum Ende der 1950er Jahre abgeschlossenen Aufräum- und Sanierungsarbeiten lagen noch lange Zeit Wracks und Wrackteile am Strand und in Strandnähe im Meer, und obwohl immer wieder durch die Tide und damit verbundene Verschiebungen der Sandbänke freigegebene Wracks geräumt wurden, kann man selbst heute noch gelegentlich Relikte jener Zeit finden...

Bild rechts: Einer jener 28 am 6. Juni 1944 in der rauhen See versunkenen Sherman-Panzer, von denen einige für die Besatzungen zu stählernen Särgen wurden. **Foto: J. Lemonchois**

Durch den im Frühjahr herrschenden starken Seegang wurden infolge der ständigen Veränderung der Sandbänke am Strand immer wieder auch größere Wrackteile freigelegt – so wie dieser abgerissene stählerne Bug eines Kriegsschiffes. **Fotos: von Keusgen 1973**

Jacques Lemonchois

Bereits anläßlich dieser ersten Reise in die Normandie und unserer Tauch-Exkursion lernte ich den damals 29-jährigen französischen Taucher Jacques Lemonchois kennen. Schon 1970, im Alter von 26 Jahren, war er von der französischen Regierung damit beauftragt worden, die teilweise riesigen und für die Seefahrt gefährlichen Wracks, die immer noch seit dem *D-Day* auf dem Grund des Ärmelkanals vor der normannischen Küste lagen, aus der Fahrrinne vor dem als Grandcamp bezeichneten Landstrich, zu dem auch der *Omaha Beach* gehört, zu räumen. Enorme Sprengungen waren erforderlich, um die großen Schiffe und ihre unter Wasser hoch aufragenden Aufbauten zu zerlegen und somit besser an die Oberfläche transportieren zu können. Seit damals arbeitet Jacques Lemonchois immer noch mit seinem Team unter großer Lebensgefahr. Doch stellt die schwierige und risikoreiche Arbeit für die Männer auch ein großes Abenteuer dar. Der geschichtlich interessierte Lemonchois, der während der Bergungsarbeiten noch eine Vielzahl höchst interessanter Gegenstände an die Wasseroberfläche brachte, wurde immer mehr mit den damaligen Geschehnissen und den Schicksalen der Soldaten der Alliierten konfrontiert. Die Masse der ungewöhnlichen Fundstücke, die er im Lauf der Zeit barg, reichte irgendwann aus, um damit ein spezielles und einzigartiges Museum zu eröffnen.

Das 1990 auf dem zehn Kilometer hinter dem ehemaligen Landeabschnitt *Gold* liegende Gemeindegebiet der Ortschaft Commes, an der Verbindungsstraße zwischen Porten-Bessin und Bayeux errichtete interessante *Musée des Épaves Sous-Marines du Débarquement (D-Day-Wrack-Museum)* bietet seinen Besuchern einen äußerst eindrucksvollen Einblick in die vielschichtige Problematik eines derart aufwendigen amphibischen Landeunternehmens wie jenes der Invasion in der Normandie. Außer aus großer Tiefe geborgener Panzer, riesiger Schiffsaggregate und Kanonen lassen eine Menge persönlicher Dinge und Wertsachen der Soldaten die höchst dramatischen Augenblicke ahnen, als ganze Schiffsladungen, Panzer mit ihren Besatzungen oder einzelne, mit zu schwerer Ausrüstung bepackte Soldaten auf ihrem gefahrvollen Weg an die Küste im Meer versanken. Jacques Lemonchois und seine Männer fanden in den Wracks ebenso viele militärische Ausrüstungsgegenstände wie persönliche Dinge dieser Soldaten – und ihre Überreste…

Der Berufstaucher Jacques Lemonchois auf seinem Bergungsschiff „La Sablaise" im Jahr 1980.

Lemonchois am Wrack eines Sherman-Panzers, mehrere Kilometer vor dem „Omaha Beach".

Fotos: Archiv Lemonchois

Britische Elektro-Seemine des Typs „Marc 17" vor dem D-Day-Wrack-Museum.
Foto: von Keusgen 1991

Wrack eines LST (Landing Ship, Tank = Landungsschiff für Panzer) vor „Omaha Beach".
Foto: Archiv Lemonchois

Bild rechts: Zwischen vielen persönlichen Dingen amerikanischer Soldaten befindet sich in Jacques Lemonchois' ungewöhnlichen Museum auch diese schmale, lederne Brieftasche eines offenbar ertrunkenen GIs, aus der noch immer ein unbeschädigtes Präservativ ragt – Hoffnung auf etwas Lebensfreude mit einer hübschen Mademoiselle inmitten eines grausamen Weltkrieges...
Foto: Archiv Lemonchois

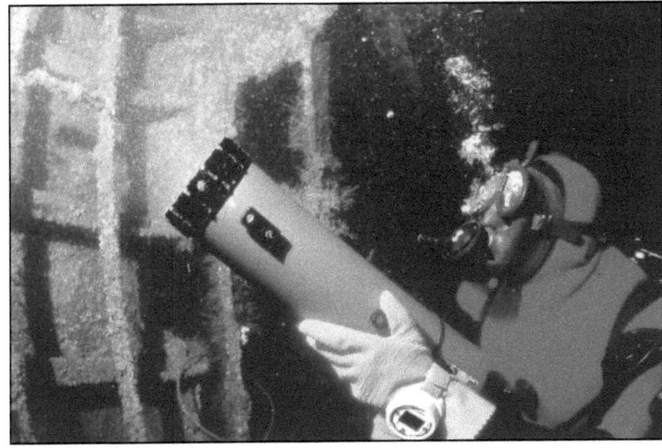

Bild links: Jacques Lemonchois im Wrack des LSTs.
Foto: Archiv Lemonchois

Bild rechts: Zwei Schiffspropeller am Heck der Panzer ließen sie schwimmend eine Geschwindigkeit bis zu 10 Kilometer in der Stunde erreichen.
Foto: S. Eisengräber 2005

Wrack eines zu einem Amphibien-Fahrzeug umgebauten Sherman-Panzers. Ein großer Sack aus Segeltuch, aufgehängt an einem an den Panzer montierten Stahlgerüst, ermöglichte dem darin und unterhalb der Wasseroberfläche hängenden Fahrzeug, sich schwimmend fortzubewegen.

Foto: von Keusgen 1999

John Glass 1984 auf seinem alten, am 6. Juni 1944 im Meer versunkenen und von Jacques Lemonchois wieder geborgenen Haubitzen-Panzer.

Foto: Archiv Lemonchois

Bild unten links: Mit Jacques Lemonchois (links) vor einem seiner vom Meeresgrund geborgenen Panzer.

Foto: T. Moder 2005

Bild unten rechts: Wrack eines jener Tank-Dozer, mit denen nach der Landung amerikanischer Truppen der von Bomben und Granaten verwüstete Strand planiert wurde, um nachfolgenden Fahrzeugen den Weg zu ebnen.

Foto: von Keusgen 1999

Auf einem im Museum vorgeführten Film dokumentiert Jacques Lemonchois seine inzwischen mehr als drei Jahrzehnte dauernde spektakuläre Arbeit unter Wasser. So wird auch von der Bergung eines Amphibien-Panzers des 58th Field Artillery Battalion berichtet, der am 6. Juni 1944 im ehemaligen Landeabschnitt *Omaha* und im Sektor *Easy Green* vor St. Laurent anlanden sollte – jedoch im schweren Seegang, noch weit vor der Küste, in den hoch wogenden Fluten versank. Nach dem dieser Panzer von Lemonchois Crew geborgen worden war, fand er darin eine vollständig erhaltene Liste der Namen sämtlicher Panzersoldaten, die vor *Omaha* mit ihren Fahrzeugen an Land schwimmen sollten. Der erste Name auf dieser Liste war der des Amerikaners John Glass aus North Carolina. Nach umfangreichen Recherchen fand Jacques Lemonchois heraus, daß Glass den Untergang seines Panzers überlebt hatte und schrieb ihm, daß er diesen Panzer geborgen und in seinem Museum ausgestellt habe.

John Glass antwortete in einem Brief *(auszugsweise): Es ist unglaublich, ich kann es nicht fassen. Ich komme nach Frankreich, um den Panzer zu identifizieren...*

Der Brief trug die gleiche Unterschrift wie ein anderes Schreiben, das Lemonchois in diesem Panzer gefunden hatte – Glass hatte es damals an einen Leutnant des 50. Bataillons geschrieben, jedoch nicht mehr absenden können, da die Invasion begonnen hatte...

Vierzig Jahre später kletterte nun John Glass auf Lemonchois' Grundstück wieder in seinen alten Panzer. Tief beeindruckt erklärte er die Situation, in der er und seine Kameraden sich damals befanden: „Wir hatten unsere Plätze hier unten im Panzer, dann schwammen wir mit zwei anderen Panzern in Richtung Land. Wir wurden ständig beschossen und der Panzer mehrmals getroffen. Wir konnten die Treffer an dem Turm knallen hören. Man hatte uns gesagt, wir kämen am Omaha Beach an – aber wir sind nicht angekommen..."

Während der Reinigungsarbeiten im Inneren dieses Panzers hatte Jacques Lemonchois ein Paar noch gut erhaltener Stiefel gefunden – sie gehörten John Glass.

Sämtliche von Jacques Lemonchois geborgene Panzer wurden gründlich gereinigt, da in ihnen nicht selten auch noch die Gebeine ihrer ehemaligen Besatzungsmitglieder lagen. Lemonchois philosophierte: „Ich glaube, daß ein Panzer auf dem Meeresgrund das beste Grab für einen Mann ist – er findet dort endlich für lange Zeit Frieden..."

Omaha Beach – blutiger Meilenstein der Weltgeschichte

Nach *Omaha Beach* besuchten Manfred Schnüll und ich noch viele historische Stätten an der Invasionsküste, tauchten vor *Utah Beach (siehe den Titel dieser Buchserie „Die Kanonen von Saint Marcouf")* und noch vor *Gold Beach.* Wir waren in die Normandie gekommen, um unter Wasser Abenteuer zu suchen – was wir fanden, waren die schrecklichen Schicksale Tausender Menschen, die überwiegend so alt waren, wie wir damals, 20 bis 24 Jahre – ein Alter, in dem man gerade erst ins Leben aufbricht. Vielen dieser jungen Menschen, die als Soldaten hierher kommen mußten, war es vom Schicksal verwehrt, die Erfahrung eines *ganzen* Lebens zu machen. Uns beide hatte die Begegnung mit dem Amerikaner und eine weitere, einige Tage später, mit einem deutschen Veteranen *(bei Crisbecq)* sowie die eindrucksvollen Erlebnisse in der kurzen Zeit von nur knapp zwei Wochen sehr nachdenklich werden lassen. Von nun an befaßte ich mich mit der Suche nach der *wahren* Geschichte des *D-Day 1944.*

Ab 1974, bei meinem nächsten Besuch in der Normandie, begann ich mit gezielten Recherchen und Interviews, und ich reiste häufig mehrmals jährlich an die ehemalige Invasionsküste. Damals suchten viele Kriegsteilnehmer den Schauplatz der Ereignisse auf. Besonders deutsche Veteranen traf man zu jeder Jahreszeit, denn an den spektakulären *D-Day*-Jubiläen durften sie

nicht teilnehmen... Danach erschienen langsam immer mehr Bücher zum Thema der Normandie-Invasion 1944, die ich, da es sich hauptsächlich um amerikanische, englische und französische Publikationen handelte, nur in den Shops und Museen vor Ort kaufen konnte. In deutscher Sprache wurden äußerst wenige Titel veröffentlicht. Aber wer wollte auch aus deutscher
Sicht über einen verlorenen Krieg schreiben, noch dazu vergleichsweise kurze Zeit danach...

Doch je intensiver ich mich mit der *D-Day*-Historie beschäftigte und je mehr Informationen
ich von ehemaligen Kriegsteilnehmern erhielt *(besonders von deutschen)*, umso offensichtlicher wurden viele Fehldarstellungen und Mängel ausländischer Berichte – und umso mehr war
ich motiviert, weiter zu recherchieren, um irgendwann eigene, detaillierte und näher an den Tatsachen orientierte Berichte publizieren zu können. Heute betrachte ich mich als Bindeglied einer aussterbenden Generation, die einen schrecklichen Krieg erleiden mußte, und den nachfolgenden Generationen, die hoffentlich niemals eine derartige militärische Eskalation erleben
müssen. Viele Kriegsveteranen haben mir erschütternd grausame und tragische, sogar ganz
intime Informationen anvertraut. Viele Tränen habe ich in ihren Augen gesehen. Wenn ich immer wieder über die Soldatenfriedhöfe in der Normandie gehe, erscheint es mir geradezu wie
eine Verpflichtung, weiter über die furchtbaren Ereignisse und die Leiden der vom Krieg betroffenen Menschen zu berichten – so realistisch und eindringlich, wie es mir die Veteranen auch
erzählt haben. Was immer man im Leben tut, es gibt eine gewisse Strecke, auf der man noch
umkehren und etwas anderes tun kann – ich bin schon längst zu weit auf dem Weg der *D-Day*-
Historie gegangen, um wieder umkehren zu können. Zu oft haben mir Veteranen aller beteiligten Nationalitäten am Ende meiner Interviews die Hände gedrückt und eindringlich gesagt:

„Schreiben Sie es, veröffentlichen Sie alle die schrecklichen Dinge, die ich Ihnen erzählt
habe; schreiben Sie, wie es wirklich war und wie grausam der Krieg ist..."

Oft habe ich solche oder sehr ähnliche Aussagen gehört...

Das *Unternehmen Overlord* war am *D-Day* 1944 das größte militärische Unternehmen der
Weltgeschichte, und in allen Abschnitten der Invasionsküste ereigneten sich menschliche Tragödien – auf beiden Seiten der Front. Daß der Krieg aber auch sehr schwer die französische
Bevölkerung traf, ist eine Tatsache, der jedoch bisher allgemein leider in den diversen Publikationen nur wenig Bedeutung beigemessen wurde.

Omaha hatte als einer der fünf Landeabschnitte der Alliierten eine ganz besondere Charakteristik, sowohl topographisch, strategisch wie auch humanitär. *Omaha* war auf der ganzen Breite seines Abschnittes, insbesondere jedoch am *Omaha Beach*, eine einzige große Tragödie.
Was sich an diesem heute so friedlich und mit seinem goldenen Sand auch herrlich anmutenden Strand am 6. Juni 1944 zutrug, assoziiert mit den Gemetzeln der Napoléonischen Kriege, in
dem der einzelne Soldat lediglich „menschliches Material" war und als Masse eingesetzt wurde.
Nur der Erfolg der Schlacht zählte, egal um welchen Preis. *Omaha* 1944, ein moderner Krieg,
erinnert an Waterloo 1815 – ein Blutbad...

Niemals wurden die Kampfhandlungen realistischer wiedergegeben, als es Steven Spielberg in seinem Film *Der Soldat James Ryan* mit der Landeszene am *Omaha Beach* gelang.
Wer den wahren Horror, der sich an diesem Strand zutrug, in seiner ganzen Tragweite erkennen will, sollte sich diese Szenen ansehen. Doch der gravierende Unterschied zur Realität besteht darin, daß diese Sequenz nur 26 Minuten dauert; am 6. Juni 1944 brauchten die GIs jedoch viele Stunden bis sie endlich aus der „Hölle von Omaha" taumeln konnten, verwundet herausgeschleppt wurden – oder noch kurz vor dem Ende der Kampfhandlungen starben...

Die allgemein bekannten offiziellen Verlustzahlen der Amerikaner am *Omaha Beach (inklusive aller ihrer anderen Kampfstätten)* werden von den Veteranen beider Seiten immer wieder als völlig unrealistisch bezeichnet. *Omaha Beach* war für die Amerikaner durchaus kein heroischer, großartiger Sieg und für die deutschen Soldaten auch kein so schmachvoller Untergang, wie es in den bisherigen Publikationen meistens dargestellt wurde und noch immer wird. Am *Omaha Beach (und der gesamten, mehr als 80 Kilometer langen Invasionsküste)* wurde eine mangelhafte, völlig unterbesetzte deutsche Verteidigungslinie von der größten Material- und Feuerwalze aller Zeiten überrollt. Eine Übermacht optimal ausgerüsteter GIs, unterstützt durch ein in der Weltgeschichte einzigartiges Potential modernster Waffentechnik, traf auf eine ungleiche deutsche 352. Infanterie-Division – und beide Parteien litten unter den Unzulänglichkeiten ihrer Führung: Die amerikanischen Soldaten waren Opfer taktischer Fehldispositionen, und die deutschen litten unter akutem Personal- und Materialmangel. Doch ein einziger und schrecklicher Umstand traf für beide Parteien gleichermaßen zu: Am 6. Juni 1944 ereignete sich auf dem sechs Kilometer langen Strand dieses Abschnitts der Calvados-Küste in einem beispiellosen Chaos eine menschliche Tragödie größten Ausmaßes – und die grausamen Kampfhandlungen zur Befreiung Europas hinterließen ganz besonders am *Omaha Beach* eine breite Blutspur...

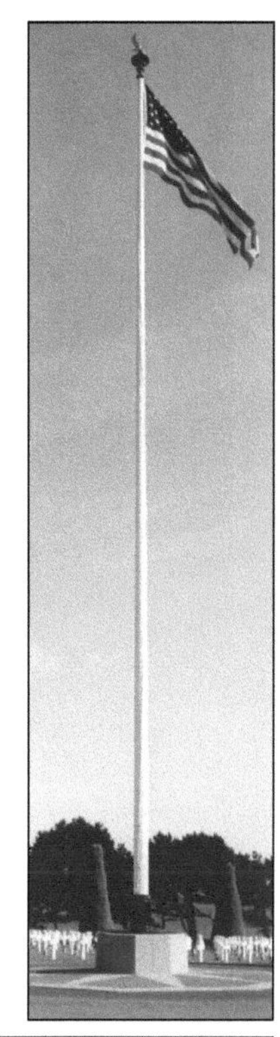

Bild rechts: Eine von zwei US-Flaggen, die an den längsten Masten in Europa den amerikanischen Soldatenfriedhof bei Colleville und den „Omaha Beach" weithin sichtbar überragen.   **Foto: von Keusgen 1999**

Diese eindrucksvolle Szene aus Steven Spielbergs US-Kriegsfilm „Private James Ryan" vermittelt die dramatischen Momente der amerikanischen Soldaten am blutigen „Omaha Beach"   **Foto: Paramount Pictures / defd**

Das deutsche Widerstandsnest 60…
… befand sich an der östlichen Flanke des Omaha Beach und
auf seiner höchsten Küstenerhebung – 64 Meter über dem Meer.
Foto: von Keusgen 2003

Teil 2

Vorbereitungen auf eine Invasion

Bis die Deutschen kamen...

Côte de Nacre *(Perlmutt-Küste)* wird jener Küstenstreifen in der rund einhundert Kilometer breiten Seine-Bucht genannt, an dem sich auch ein ganz besonderer, sechs Kilometer langer Strand in Ost-West-Richtung erstreckt. Flankiert wird dieser, in einer sichelförmigen Bucht liegende Strand von den beiden kleinen, sich nur bis zu wenigen hundert Metern ins Land erstreckenden Ortschaften Colleville *(an der östlichen Flanke)* und Vierville *(an der westlichen, mit dem benachbarten, bis zu 29 Meter hohen, vorspringenden Kliff des Pointe et Raz de la Percée).* Die beiden Jahrhunderte alten Orte tragen wegen ihrer küstennahen Lage den Namenszusatz „sur Mer" *(am Meer).* So auch das ebenfalls zu Beginn der 40er Jahre des 20. Jahrhunderts nur annähernd dreihundert Einwohner zählende Saint-Laurent-sur-Mer, das zwischen Colleville-sur-Mer und Vierville-sur-Mer liegt. Colleville war ein reines Bauerndorf, St. Laurent und Vierville hingegen wurden als Seebäder von den wohlhabenden Franzosen aus dem Inland in der Sommer-Saison gern besucht – immerhin hatte der nur sehr sanft zum Meer abfallende, feinsandige Strand folglich auch eine außergewöhnliche Breite, die, entsprechend der Mondphase und dem damit verbundenen Tide-Koeffizienten, bis zu fünfhundert Metern betragen kann. Der rotgoldfarbene Sand des Strandes *(einer der schönsten Europas)* brachte ihm auch seinen Namen ein: Plage d'Or *(Gold-Strand).* An seinen beiden Flanken steigen die Gestade wieder zur Steilküste an, die bis zu 61 Meter Höhe an der östlichen Flanke, und bis zu 29 Meter an der westlichen erreicht. Hinter dem Plage d'Or steigt der durchschnittlich 105 Meter zurückliegende Küstenhang in schrägem Winkel bis auf 24 Meter an.

Karte der Plage-d´Or-Bucht sowie dem küstennahen Hinterland aus der Zeit vor dem Zweiten Weltkrieg und der Besatzung durch deutscheTruppen.

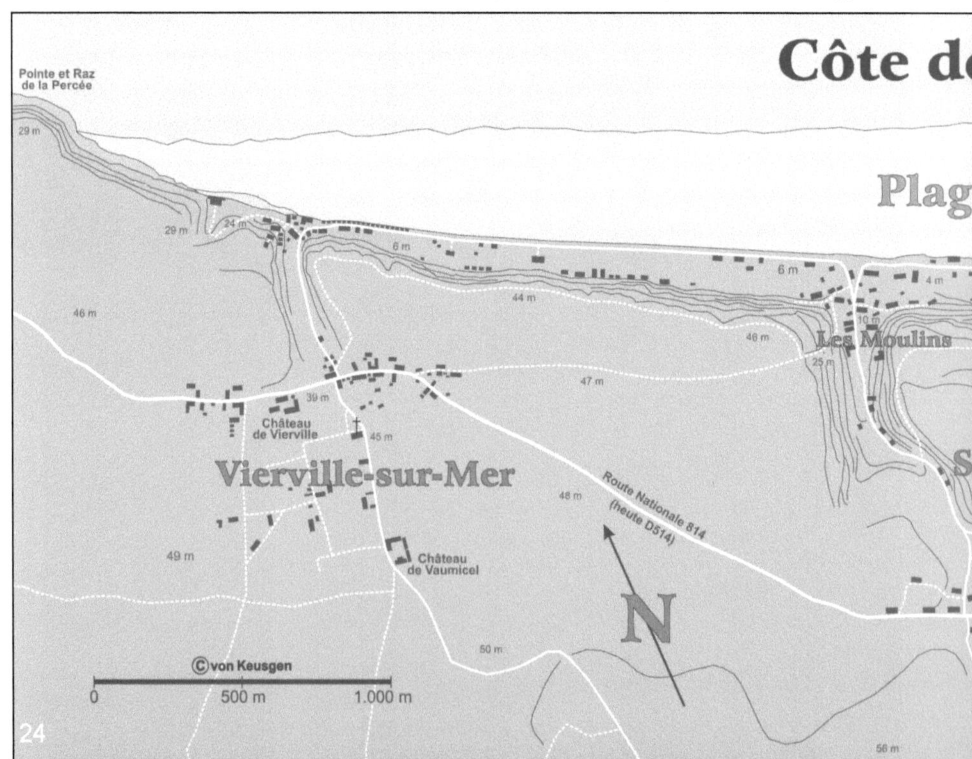

Bis 1930 fuhr eine Kleinbahn vom romantischen Bahnhof Littry, unweit der historischen, zehn Kilometer hinter der Küste liegenden Normannen-Stadt Bayeux, die Touristen aus dem Hinterland zur Küste. Doch das sich immer mehr durchsetzende schnellere Automobil und die großräumigeren Busse ließen die Kleinbahn unrentabel werden.

In den normannischen Seebädern gab sich die gehobene französische Gesellschaft die Ehre – auch am Plage d'Or. In Vierville waren bereits im 19. Jahrhundert in direkter Strandnähe ein großes Casino mit einem exklusiven Restaurant und ein elegantes, 3-etagiges Hotel errichtet worden. Entlang einer befestigten Strandpromenade, die St. Laurent und Vierville verband, waren viele hübsche Villen entstanden, bis westlich des dreihundert Meter breiten Taleingangs vor Colleville. An der östlichen Flanke dieses Tals war seit Ende des 19. Jahrhunderts eine kleine Feriensiedlung mit dem Namen St. Claire Belvédère im Entstehen *(heute Village de Vacance)*.

Bild rechts: Die Dünen, die sich vom Tal Le Ruquet bei St. Laurent bis zum Tal vor Colleville ziehen (im Vordergrund der rostige Rest eines der ehemaligen stählernen Strandhindernisse – einem "Tschechenigel".) **Foto: von Keusgen 2006**

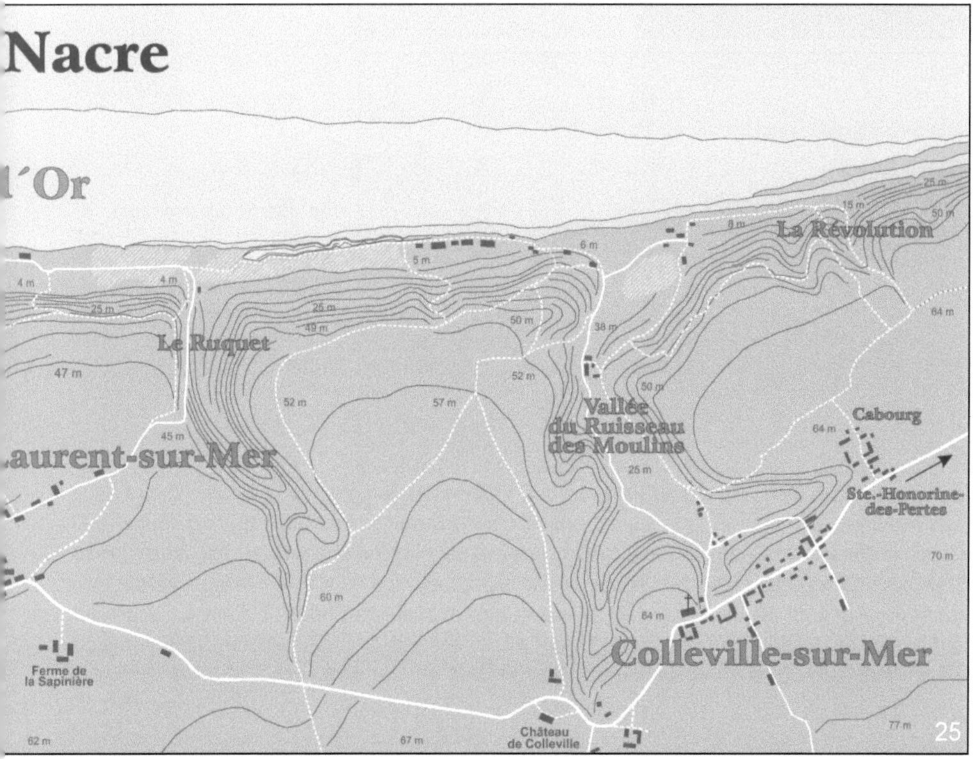

Die sechs Kilometer breite Bucht wurde von einigen besonderen topographischen Eigenarten entlang des Strandes geprägt: Über eine Länge von 2.100 Metern führt die Promenade vom westlichen Taleinschnitt der Steilküste, von Vierville kommend, bis zum nächsten, Les Moulins genannten Tal bei St. Laurent. Diese Promenade trennte den Strand vom Vorstrand. Von ihr aus führten etliche fast einen Meter hohe Molen aus in den Strand gerammten Baumstämmen als Wellenbrecher ins Meer. Zwischen Les Moulins und dem nächsten Landeinschnitt, in dem ein steiler Weg in einem schmalen Tal namens Le Ruquet auf die Küstenanhöhe ansteigt, erstreckten sich über 1.400 Meter Länge Wiesen bis zum Strand. Vor Le Ruquet zog sich ein 400 Meter langes Sumpfgebiet, dessen hohe Schilfgewächse sich bis an den Strand ausgebreitet hatten. Von Le Ruquet bis zum 320 Meter breiten und 1.500 Meter entfernten Tal Vallée du Ruisseau des Moulins trennen bis zu viereinhalb Meter hohe Dünen aus fast weißem Sand

Strand-Idylle an der westlichen Seite der Plage-d´Or-Bucht, vor dem Tal von Vierville. Das große Strandhotel der Familie Legallois, umgeben von Villen, Wochenendhäusern, Umkleidekabinen und einem Casino.

Die von St. Laurent zum Taleingang vor Vierville führende Strand-Promenade (im Hintergrund das Hotel Legallois).
Fotos: Archiv von Keusgen

den Strand vom Vorstrand. Bis zu weiteren 500 Metern Länge erstreckte sich der Sumpf auch noch hinter diese Dünen. An die Dünen anschließend zogen sich über eine Länge von 1.000 Meter die Wiesen längs des Meeres, bis zu einer einen bis eineinhalb Meter steil zum Strand abfallenden Böschung. Danach steigt die Küste wieder an, und ihr Kliff fällt fast senkrecht zum Strand ab. An jener Stelle, an der die Küste wieder anzusteigen beginnt, führt ein schmaler Weg in leichten Windungen den Hang hinauf ins Hinterland. Von demselben Entstehungsort dieses Weges zweigt noch ein weiterer schmaler Weg ab, der sich noch 380 Meter am Meer entlang zieht, aber bereits mit der ansteigenden Steilküste und in einem engen, La Révolution genannten Tal stark bergauf und landeinwärts führt. Vor dem gesamten Vorstrand bildete ein aus hellen, bis zu handflächengroßen Kieseln bestehender und durchschnittlich zwanzig Meter breiter Saum eine natürliche, aber rutschige Barriere zum Strand *(heute nur noch wenige Meter breit)*. Aber gerade dieses abwechslungsreiche Gestade verleiht der Bucht ihren attraktiven Charme. Auch gab es auf dem 24 Meter hohen Plateau, das sich, bis fast einhundert Meter zurückgelegen, parallel zum Strand erstreckt, schmale Wanderwege, von denen aus man das wunderbare Meerespanorama visuell genießen konnte. Diese weite Bucht mit ihrem breiten, rotgoldenen Strand, den drei kleinen, romantischen Ortschaften und den bunten Villen war für die Touristen ein besonders attraktiver Anziehungspunkt an der normannischen Calvados-Küste – bis die Deutschen kamen...

Das Sumpfgebiet nahe des Tals Le Ruquet, das sich bis hinter die Dünen und über eine Länge von annähernd einen Kilometer erstreckt.
Foto: US National Archiv

Feriensiedlung nahe westlich des Tals vor Colleville – Häuser, die, wie viele andere auch, von der deutschen Besatzung ab 1943 abgerissen wurden. (Im Hintergrund die Steilküste mit dem markanten, 29 Meter hohen Kliff der Pointe et Raz de la Percée.)
Foto: Archiv von Keusgen

Nach der Kapitulation Frankreichs *(Vertragsunterzeichnung am 22. Juni 1940 in* Compiègne) trafen bereits am 19. Juni 1940 auch in Colleville, St. Laurent und Vierville die ersten deutschen Soldaten ein, die von den Ortskommandanturen in etlichen Häusern der französischen Bevölkerung einquartiert wurden. Außerdem mußten sich die Franzosen von nun an den von den Deutschen erlassenen Verordnungen unterwerfen. Jeglicher Waffen- und Munitionsbesitz wurde verboten, eine nächtliche Ausgangssperre verhängt, Fotoapparate und Radios mußten abgegeben werden, und noch vieles mehr wurde reglementiert. Auch hatte man sich von den

Bild oben links: Bei aufgelaufener Flut bleibt von dem breiten Kieswall nur ein schmaler Saum (Vergleich siehe Seite 15).

Bild oben rechts: Vorstrandwall an der Ost-Flanke der Bucht.   **Fotos: von Keusgen 2006**

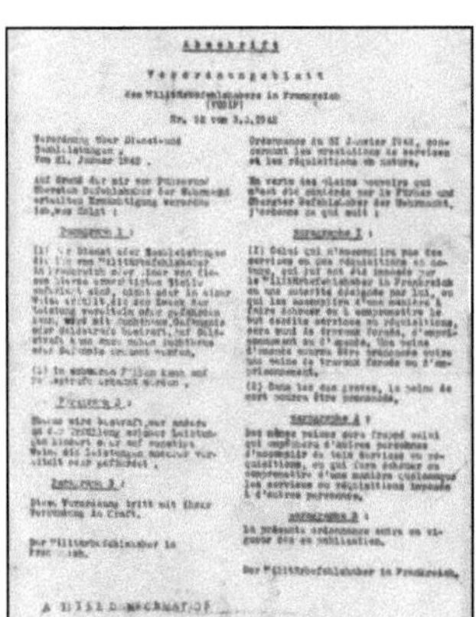

Bild oben links: Verordnungsblatt der Militärbefehlshaber in Frankreich, das gleichermaßen in deutschem wie französischem Text ausgehängt wurde. Textauszug: „Wer Dienstoder Sachleistungen, die ihm vom Militärbefehlshaber in Frankreich oder einer von diesem hierzu ermächtigten Stelle auferlegt sind, nicht oder in einer Weise erfüllt, die den Zweck der Leistung vereiteln oder gefährden kann, wird mit Zuchthaus, Gefängnis oder Geldstrafe bestraft. In schweren Fällen kann auch auf Todesstrafe erkannt werden.

Bild oben rechts: Auf dem Gelände, auf dem sich vor Vierville das große Strandhotel (1) und das Casino (2) befanden, wurde ab 1943 das Widerstandsnest 72 errichtet – auf der Anhöhe gegenüber (3) das WN 71.   **Abbildung & Fotos: Archiv von Keusgen**

Bild links: Kurt Karl Keller aus Homburg an der Saar, Jahrgang 1925, Soldat seit April 1943.   **Foto: Kollektion K. K. Keller**

Kommandanturen der jeweiligen Ortschaften Passierscheine ausstellen zu lassen, wenn man von einem Ort in einen anderen gehen oder fahren wollten. Diese Passierscheine mußten ständig bei sich getragen werden und hatten immer nur für zwei Tage Gültigkeit.

Im Frühjahr 1941 entstanden dann erste, nur provisorisch eingezäunte und noch völlig unbefestigte Verteidigungsanlagen, auf denen, sofern dort keine Häuser standen, kleine Holzbarakken den meistens nur wenigen auf dem Terrain stationierten Soldaten als Unterkünfte dienten. Im Verlauf des Jahres 1942 wurden diese Anlagen erweitert, personell verstärkt, und man begann mit ersten Befestigungsarbeiten. Die im November 1942 mit dem Ausbau des vom Nordkap bis an die Pyrenäen reichenden sogenannten Atlantikwalls beauftragte Organisation Todt errichtete zwar auch an der normannischen Küste viele Bunkeranlagen, vorerst jedoch noch nicht in der sechs Kilometer langen Bucht des Plage d'Or zwischen Colleville und Vierville.

Kurt Keller mit Kameraden seiner Gruppe der 3. Kompanie des Füsilier-Bataillons (Aufklärungsabteilung) des Grenadier-Regiments 915 (am D-Day der Kampfgruppe Meyer unterstellt).
Foto: Kollektion K. K. Keller

Ferienhäuser und Umkleidekabinen an der Promenade, die von St. Laurent in östliche Richtung zum Tal Le Ruquet führt (Foto aus den 30er Jahren).
Foto: Archiv von Keusgen

Im Verlauf des Jahres 1943 trafen immer mehr deutsche Soldaten in der Normandie ein – ältere Männer und junge Rekruten. Unter ihnen war auch der 18-jährige Kurt Karl Keller aus Homburg an der Saar. Wie alle jungen Soldaten hatte er nach der Hitler-Jugend den drei Monate dauernden Reichsarbeitsdienst absolviert und mußte am 8. April 1943 seinen Militärdienst bei der Aufklärungsabteilung 6 der Stammschwadron in Darmstadt antreten. Die jungen Rekruten wurden dann nach Breda in den Niederlanden verlegt, um dort als Aufklärer ausgebildet zu werden. Nach drei Monaten erfolgte die Verlegung der neu Ausgebildeten mit dem Zug in die

Normandie und zur 352. Infanterie-Division. Kurt Keller sagte über diese erste Zeit, in der seine Schwadron 12 Kilometer hinter der Plage-d'Or-Bucht stationiert war:

„Anfang Juli kamen wir in die Normandie, diesem gesegneten Land, in dem Milch und Honig fließen. In kleinen, verträumten Dörfern bezogen wir Privatquartiere, um ein Leben wie Gott in Frankreich zu führen. Nur die ständigen Übungsalarme bei Tag und Nacht erinnerten uns daran, daß man auf eine Invasion der West-Alliierten vorbereitet sein mußte. Vom General bis zum Landser hoffte jeder, daß diese an einer anderen Stelle des Kanals stattfinden würde.

Am 12. Dezember fuhr ich für zwei Wochen in den Heimat-Urlaub. Als ich am Heiligen Abend meine Rückreise antreten mußte, konnte ich meine weinende Mutter und den besorgten Vater beruhigen, indem ich erklärte, daß in der Normandie alles ganz friedlich sei...

Nach meiner Rückehr zur Aufklärungsabteilung erfuhr ich am 25. Dezember, daß ich inzwischen zum Gefreiten befördert worden war. Dann wurden wir im Angreifen von Panzern mit Tellerminen ausgebildet. Auch übten wir mit lautem Geschrei den Nahkampf, oder wir jagten im Zuge einer Übung einen imaginären gelandeten Feind zurück ins Meer. Doch allmählich nahmen diese Übungen ab und machten einem geruhsamen Leben Platz..."

Ausbau der Verteidigungsanlagen

Als Generalfeldmarschall Erwin Rommel, der „Wüstenfuchs" von Nordafrika, im November 1943 von Hitler zum Befehlshaber der Heeresgruppe B und somit zum Chef über die nordfranzösische Atlantikküste ernannt wurde, gab es so etwas wie einen einigermaßen durchgängigen Atlantikwall noch nicht *(nur an der engsten, 32 Kilometer breiten Stelle des Ärmelkanals, am Pas-de-Calais, weil man dort am ehesten mit einer Invasion rechnete – obwohl man bei klarer Sicht von Frankreich aus die englische Küste, mit einem konventionellen Fernglas sogar Verkehrsbewegungen erkennen kann).* Der restliche Küstenschutz bestand aus überwiegend unzusammenhängenden, weitläufig und bis zu fünf Kilometer voneinander entfernten, oft noch in langwierigem Ausbau befindlichen, mehr oder weniger großen Verteidigungsanlagen. Die meisten schweren Batterien waren unausreichend bestückt, häufig nur mit Beutegeschützen kleineren Kalibers und ohne Feuerleiteinrichtungen ausgestattet und somit für bewegliche Schiffsziele völlig untauglich.

Im Januar 1944 unternahm Rommel seine erste Inspektionstour in die Normandie, um sich auch dort einen Überblick über den Ausbau des Atlantikwalls zu verschaffen. Es gab aber viele für die Verteidigungsanlagen zuständige Offiziere, die ihm, aus Sorge, sich vor dem Feldmarschall für die personelle Schwäche verantworten zu müssen, täglich die in den Nächten zuvor heimlich vorverlegten Mannschaften auf anderen Anlagen wieder vorführten. Dennoch hatte Rommel den Eindruck, daß alle Widerstandsnester nur mangelhaft besetzt waren und kritisierte deren schwache Bewaffnung. Außerdem waren sämtliche Anlagen in keiner Weise gegen Bomben und Schiffsartillerie geschützt. Selbst die Soldaten betrachteten ihre jeweiligen Widerstandsnester nicht als ernstzunehmende militärische Anlagen. Der

Generalfeldmarschall Erwin Rommel – Befehlshaber der Heeresgruppe B und somit über die nordfranzösische Küste des Ärmelkanals.
Foto: Kollektion R. Munninger

Feldmarschall war empört. Rolf Munninger, Wachtmeister und Gefechtsschreiber in Rommels Stab, erklärte betreffs der ersten Inspektionsreise des Generalfeldmarschalls:

„Sein erstes Urteil war vernichtend. Er hat als erstes festgestellt, daß der Strand völlig unbefestigt war; es gab keine Hindernisse. Wenn zu dieser Zeit die Landungsboote gekommen wären, hätten sie direkt bis an die Bunker heranfahren können..."

Bild links: Rolf Munninger – Gefechtsschreiber in Rommels Stab (hier noch als Unteroffizier).

Foto: Kollektion R. Munninger

Bild rechts: Eine getarnte Kanone am Strand. Bis Anfang 1944 bestanden die Verteidigungsanlagen an der Küste der Normandie lediglich aus meist weit voneinander entfernten kleinen Widerstandsnestern ohne direkte Verbindung zueinander, waren selten eingezäunt und mit nur unzureichender Bewaffnung ausgestattet.

Foto: Kollektion E. Müller

Am 29. Januar inspizierte Rommel zum ersten Mal die Bucht zwischen Colleville und Vierville. Er erkannte sofort die für ein Landeunternehmen wichtigen Strandausgänge, die mit nur leichten Steigungen direkt ins Hinterland führten und somit für einen raschen Angriff die besten Bedingungen boten. Mit ihrem leicht geschwungenen, flachen und folglich breiten Sandstrand erinnerte ihn die Plage-d'Or-Bucht an die Bucht von Salerno in Italien, in der Truppen der West-Alliierten *(Verbände der 5. US-Armee)* erst viereinhalb Monate zuvor gelandet waren *(am 9. September 1943)*. Als Rommel seine Inspektion abgeschlossen hatte, war er der sicheren Überzeugung, daß die Alliierten in der Normandie und nicht am Pas-de-Calais angreifen würden. An einige Offiziere gewandt sagte der Generalfeldmarschall:

„Diese Bucht muß schnellstens gegen Landeversuche der Alliierten gesichert werden – denn hier wird sich das Schicksal Europas entscheiden..."

Rommel rechnete mit einem Landeunternehmen größten Ausmaßes. Aus seinen Erfahrungen in Nordafrika wußte er, daß sich die zweifellos absolute Luftüberlegenheit der Alliierten fatal auf die deutschen Bodentruppen auswirken würde. Folglich stellte für ihn der Strand die Hauptkampflinie dar – der Gegner sollte erst gar nicht Fuß fassen können. Rommel sagte:

„Wenn der Gegner landet, befindet er sich im schwächsten Moment; die Männer sind unsicher, womöglich seekrank. Das Gelände ist ihnen unbekannt. Schwere Waffen sind noch nicht in ausreichendem Maße vorhanden. In diesem Augenblick muß ich sie schlagen..."

Der 51-jährige Generalfeldmarschall war der Meinung, daß der Gegner beim ersten Schritt an Land, wenn möglich, sogar noch auf dem Meer, getroffen werden sollte. Wenn es den Alliierten erst gelang, an Land zu gehen, war der Krieg für Deutschland verloren – die Überlegenheit an Truppen und Material war zu groß. Rommel wollte deshalb einen durchgehenden Verteidigungsgürtel direkt an der Küste. Das gesamte schwere Gerät und Waffen sollten für den ersten Abwehrschlag dort installiert werden. Auch verlangte er, daß die im Hinterland stehenden Panzer-Divisionen ebenfalls an der Küste aufgestellt werden, um damit die Abwehrkräfte zu unterstützen – doch blieben die drei in der Normandie befindlichen Panzer-Divisionen Rommels Oberbefehl entzogen und wurden auch nicht so nah an der Küste stationiert, wie es der Generalfeldmarschall für nötig hielt *(am „D-Day" standen sie südöstlich Caen, 45 bis 95 Kilometer von der Küste entfernt)*. Rommel wußte, daß es in der Normandie keine zweite, rückwärtige Verteidigungslinie gab und äußerte gegenüber seinem Adjutanten, Hauptmann Lang, seine Meinung:

Bild links: Generalfeldmarschall Erwin Rommel (zweiter von rechts) anläßlich einer seiner Küsten-Inspektionen (rechts neben ihm Vizeadmiral Friedrich Ruge, der Rommels Stab zugestellt war).　　**Foto: Kollektion M. Rommel**

Bild rechts: Ein als „Tschechenigel" bezeichnetes Strandhindernis. Nahe des Vorstrandes aufgestellt, bildete es eine äußerst wirkungsvolle Panzer-Barriere.　　**Foto: von Keusgen**

„Am Strand wird der Krieg gewonnen oder verloren. Wir haben nur eine Möglichkeit: Den Feind abwehren, solange er noch im Wasser ist und sich ans Ufer kämpfen muß. Unsere Reserven würden gar nicht mehr zum Einsatz kommen – eine unsinnige Idee! Die Hauptkampflinie ist der Strand! Da müssen wir alles zusammenziehen, was wir auf die Beine stellen können. Glauben Sie mir, Lang, die ersten vierundzwanzig Stunden der Invasion sind entscheidend – für die Alliierten wie für Deutschland. Das wird ein langer Tag..."

Rommel ließ, ohne Hitler davon zu informieren, eigenmächtig 46 der wirksamen 8,8-cm-Geschütze aus Nord-Frankreich in den Raum zwischen Bayeux und Isigny verlegen. Auf seine Anweisung hin wurde ab Februar 1944 auch der Ausbau der Verteidigungsanlagen in und an der Plage-d'Or-Bucht betrieben. Die so lange Zeit nur provisorischen Anlagen wurden deutlich erweitert, mit besserer Bewaffnung ausgestattet, durch Minenfelder, Panzergräben und Stacheldraht gesichert, und in der Bucht entstanden die ersten Bunker für Mannschaften und Geschütze. Im nahen Hinterland ließ Rommel den Aure-Bach aufstauen, um weite Wiesenflächen zu überfluten, somit das Terrain für feindliche Luftlandeunternehmen unmöglich zu machen. Auch wurde damit begonnen, den Strand mit Hindernissen und Minen zu verbarrikadieren. Die von Rommel selbst erdachten 150 Meter breiten Säume aus Stahl- und Holzbarrieren, die er überall entlang des Atlantikwalls anlegen ließ, bezeichnete er als „Teufelsgärten". Wo der Strand an den Vorstrand grenzte, wurden sogenannte Minenfallen gelegt – Granaten und Minen mit

Stolperdrahtzündung. Zwischen dem groben Kies unterhalb des Vorstrandes ließ der Generalfeldmarschall einen mehrere Meter breiten Minengürtel legen, davor wurden zur Panzerabwehr „Tschechenigel" aufgestellt – 1,5 bis 5,0 Meter lange Stahlwinkel, in der Mitte verschraubt und verschweißt. Die nächste Reihe bildeten als „Rollböcke" bezeichnete, bis drei Meter hohe,

Arbeiterkolonnen am Strand bei der Errichtung starker Hindernisse gegen maritime Landeunternehmen. Für diese Hindernisse ließ Rommel Tausende Bäume im küstennahen Hinterland fällen. Das Einbringen der dicken Stämme in den Sand des Strandes wurde unter Zuhilfenahme von Feuerwehrspritzen vorgenommen (Bild unten). Die mittels eines Rohres stark verlängerte Spritze spülte durch den hohen Druck den Sand unmittelbar an dem schweren Baumstamm empor, und er versank in wenigen Augenblicken fast zwei Meter tief im Sand.

Fotos: ecpa>d

Bild unten: Die als Rollböcke oder Auflauframpen bezeichneten, hohen Hindernisse waren derart konzipiert, daß sie sich bei höchstem Wasserstand dicht unter der Oberfläche befanden und die heranfahrenden Landungsboote darauf auflaufen und kentern sollten.

Foto: US National Archiv

mit Minen und groben Sägen bestückte Auflauframpen für Landungsboote. Zwischen alle diese Hindernisse ließ Rommel vier bis fünf Meter lange Baumstämme senkrecht, bis zur Hälfte ihrer Länge, in den Sand des Strandes einspülen. Auf den Spitzen der Pfähle wurden dann noch Tellerminen befestigt. Die vorderste Reihe der Hindernisse bildeten als „Belgische Tore" bezeichnete breite Stahlgestelle.

Bei aufgelaufener Flut befanden sich sämtliche Hindernisse direkt unter der Wasseroberfläche und waren für die Führer der heranfahrenden Landungsboote nicht zu sehen – und mit einer Landung bei Flut rechnete Rommel, weil die Boote sich somit direkt bis an den Vorstrand nähern könnten und die Infanteristen keinen breiten und für sie deckungslosen Strand überlaufen müßten...

In der Bucht, an ihren Flanken und in den drei Ortschaften wurden innerhalb weniger Monate insgesamt 15 als Widerstandsnester bezeichnete Verteidigungsanlagen ausgebaut oder neu angelegt – von WN 60 bis WN 74. Dennoch gab es zwei von ihnen, deren Bezeichnung *Widerstandsnest* völlig ungerechtfertigt war: Das aus nur einem einzigen halb unterirdischen, dünnwandigen Betonbunker bestehende und als Bataillons- und Kompaniegefechtsstand dienende WN 63, am nördlichen Ortsrand von Colleville, sowie das WN 69, eine 8,8-cm-Flakstellung an der über einen Kilometer zurückgelegenen Küstenstraße in St. Laurent. Diese Verteidigungsanlagen verfügten weder über eine Umzäunung noch über spezielle Waffen oder befestigte Unterstände. Die anderen 13 Anlagen hingegen wurden innerhalb der nächsten vier Monate immer stärker ausgebaut, bewaffnet, und durch Minenfelder und Panzerabwehrgräben gesichert. Außerdem gab es noch etliche zu den Widerstandsnestern gehörende, separate Material-Depots, die als WN und mit der jeweiligen Nummer sowie einem A oder *(sofern überhaupt vorhanden)* B bezeichnet wurden *(beispielsweise WN 62A oder WN 71B)*. Außer der Bauarbeiter der Organisation Todt, des für diese Organisation arbeitenden Bauunternehmens Bless und zusätzlicher zwangsverpflichteter Franzosen mußten sogar die Soldaten der Wehrmacht täglich beim Ausbau der Widerstandsnester mithelfen und körperlich schwere Arbeiten verrichten. Kurt Karl Keller, dessen Aufklärungsabteilung noch immer im Hinterland lag, gehörte ebenfalls zu diesen Soldaten:

„Mitten in unser geruhsames Leben kam Anfang 1944 Rommels Befehl, sofort alle verfügbaren Truppen zum Ausbau der Küstenbefestigungen einzusetzen. Bei diesen Arbeiten wurden

Die Plage-d´Or-Bucht nach Errichtung der deutschen Widerstandsnester (Stand Ende Mai 1944).

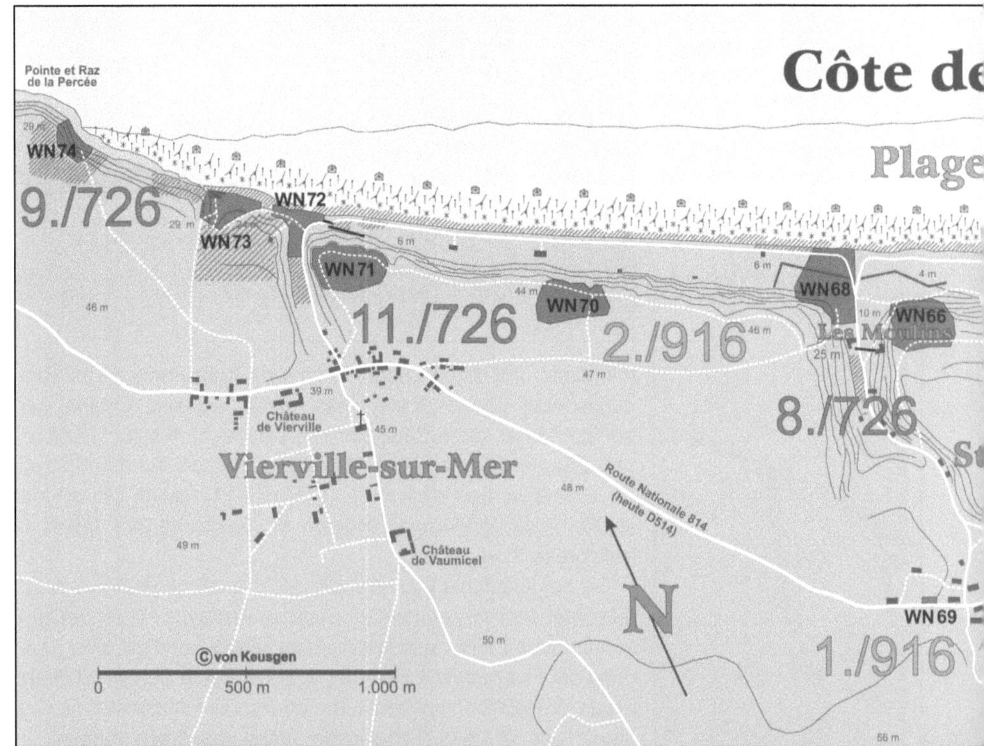

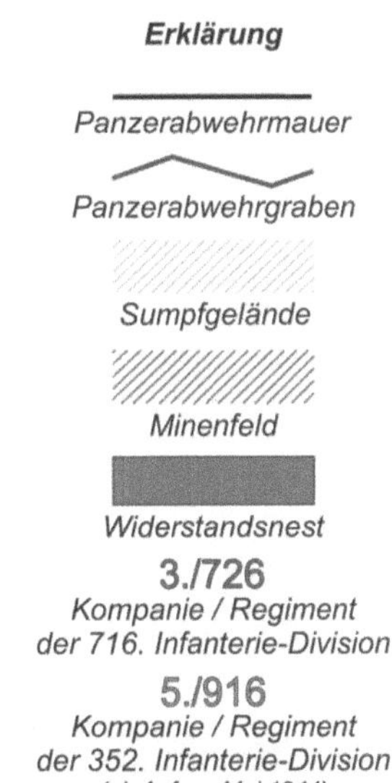

von uns am Strand Minen und andere Sprengkörper gelegt, die dann von den Pionieren scharfgemacht wurden. Wir setzten lange Baumstämme in den Sand, auf deren Spitzen man später Tellerminen befestigte. Auch mußten wir im Hinterland Holzpfähle gegen Luftlandeunternehmen in den Boden rammen. Aus einigen Häusern in St. Laurent mußten wir sämtliches Holz herausreißen, weil es für den Ausbau der Verteidigungsstellungen gebraucht wurde. Kurz darauf wurden diese Häuser alle gesprengt.

Das Tal zum Ort hinauf war völlig vermint, aber niemand hatte es uns vorher gesagt. Es hatte für uns nur geheißen: *Los, Häuser abreißen!* Schilder, die vor Minen warnten, gab es keine. Da eine große Betonmaumer, die das Herauffahren von Panzern in den Ort verhindern sollte, zu dieser Zeit erst im Bau war, konnten Fahrzeuge noch bis zur Strandpromenade hinunterfahren. Eines Tages kam eine Zugmaschine, die eine 8,8-cm-Kanone zog *(zum WN 72)*, die Straße hinunter. Vom Beben, das die schwere Zugmaschine mit der Kanone verursachte, explodierten einige der Minen; aber zum Glück war niemand verletzt worden."

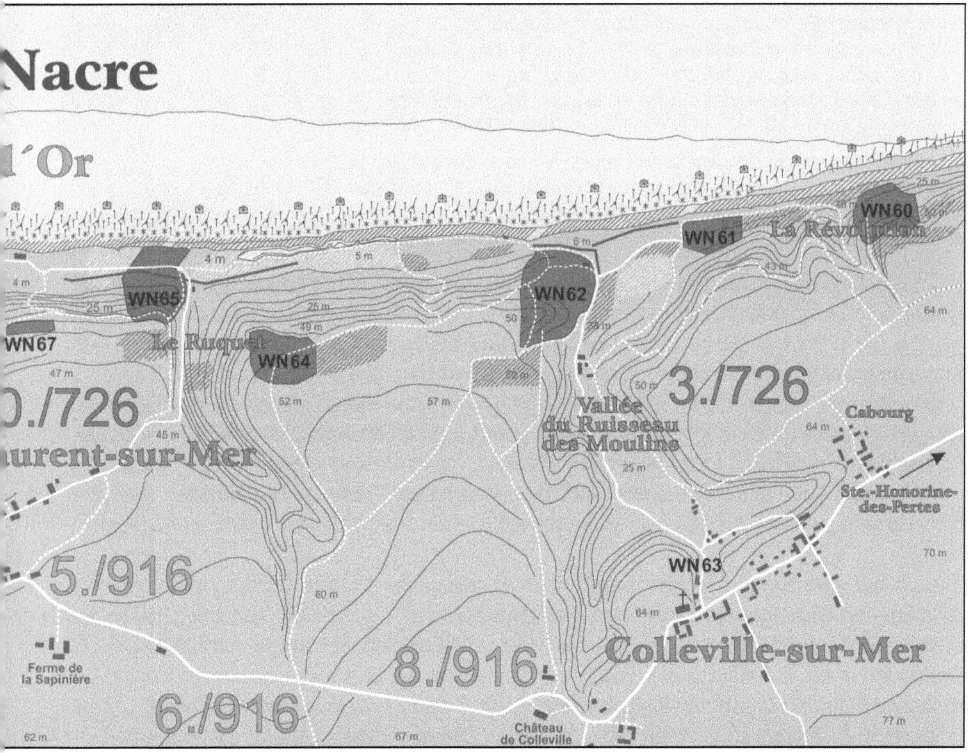

André Legallois arbeitete schon seit Ende des Jahres 1942 für die Organisation Todt – als Zwangsverpflichteter. Seiner Familie gehörte das alte Anwesen La Sapinière nahe südlich des Ortskerns von St. Laurent. Auch in diesem großen Anwesen waren inzwischen viele deutsche Soldaten einquartiert worden. Über sie sagte André Legallios:

„Sie haben sich immer korrekt benommen. Es waren auch einige Mongolen und 16-jährige Deutsche dabei…"

Über seine Arbeit bei der Organisation Todt sagte André Legallois:

Bild links: Das Legallois-Anwesen nahe St. Laurent.

Bild rechts oben: Der 17-jährige André Legallois (rechts) als Zwangsver-pflichteter während einer Arbeitspause in St. Laurent. (Das Foto war von einem deutschen Soldaten aufgenommen worden, da für die Franzosen der Besitz eines Fotoapparates mit der Todesstrafe geahndet wurde.)
Foto: Kollektion A. Legallois

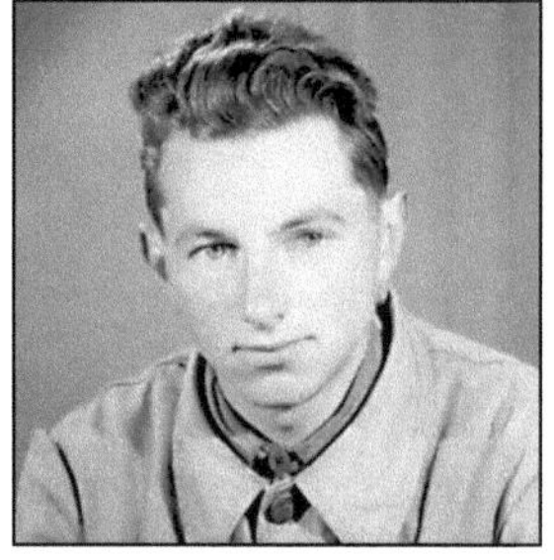

Auch der erst 16-jährige Edmond Scelles arbeitete neben seiner Tätigkeit auf dem landwirtschaftlichen Anwesen seiner Familie für die Organisation Todt. Er hatte sich allerdings freiwillig dazu gemeldet, um noch etwas Geld zu verdienen. **Foto: Kollektion E. Scelles**

„Es gab zwei Sorten Menschen bei der OT: Die einen waren sehr freundlich mit uns zwangs-verpflichteten Franzosen umgegangen; die andere Sorte war schrecklich, weil sie zur Gestapo gehörte, die in Bayeux stationiert war und alles ganz genau beobachtete. Weil ich einmal nicht genug gearbeitet hatte, wurde ich von einem der Deutschen geschlagen.

Ich habe am Bau der Bunker bei Colleville, St. Laurent und Vierville mitarbeiten müssen; das war sehr schwere Arbeit, und man wurde sehr streng kontrolliert. Aber grundsätzlich wurden wir nicht schlecht behandelt – nur haben wir nicht viel Geld für unsere schwere Arbeit bekommen.

Im Frühjahr 1943 mußte ich zuerst acht Tage lang an der Pointe du Hoc arbeiten; weil aber in St. Laurent zu wenig Arbeiter waren, wurde ich von der Pointe du Hoc wieder abgezogen…"

Auch auf dem großen landwirtschaftlichen Anwesen der Familie Scelles, in St. Laurent, quartierte die Orts-Kommandantur nun deutsche Soldaten ein. Die 40 Deutschen ließen den Scelles nur wenig Platz in den vier zum Anwesen gehörenden Gebäuden und Stallungen. Es blieben ihnen ein Zimmer für die Eltern, ein Zimmer für die Schwester sowie die Küche. Der 16-jährige Edmond mußte im Stall schlafen. Auch Edmond Scelles arbeitete für die Organi-sation Todt. Er hatte sich freiwillig dazu gemeldet. Allerdings verrichtete er die Arbeit dort nur sporadisch, weil er auch auf dem elterlichen Anwesen tätig sein mußte. Auf den Baustellen rührte Edmond Beton an und half mit, die Bunker zu bauen.

Für seine Arbeit wurde er, wie alle anderen Franzosen auch, in französischen Franc bezahlt – ebenfalls mäßig.

Die Mannschaftsstärken der deutschen Kompanien änderten sich ständig, da andauernd neue Soldaten hinzukamen, andere zur Ostfront abgezogen wurden. Eines Tages erhielten auch drei 20-jährige, auf dem Scelles-Anwesen einquartierte Wehrmachtangehörige ihren Marschbefehl nach Russland. Edmond Scelles beobachtete die tragischen Szenen ihres Abschieds: „Die jungen Soldaten haben geweint, und ihre Kameraden auch; sie hatten Angst, daß es ihnen bald ebenso ergehen könnte. Immer wieder kamen solche Befehle. Es war jedesmal ein Schock für die Männer. Sie sagten, daß sie lieber ins Gefängnis als an die Ostfront gehen würden."

Die noch immer im Ausbau befindlichen *(jedoch bis zum „D-Day" nicht gänzlich fertiggestellten)* und als WN *(Widerstandsnester)* bezeichneten Verteidigungsanlagen waren folgendermaßen ausgestattet:

WN 60 lag auf der höchsten, bis 61 Meter hohen Erhebung der Steilküste an der östlichen Flanke der Bucht. Die Anlage war von einem Schützengraben mit Zick-zack-Verlauf umgeben und hatte zwei Etagen mit einem Höhenunterschied von bis zu 10 Metern, der durch schmale

Vom 61 Meter hoch gelegen WN 60 aus war die gesamte Bucht bis zu ihrem von hier aus sechs Kilometer entfernten westlichen Ende zu übersehen.
Foto: von Keusgen 2006

Abbildungen rechts: Querschnittzeichnung und Grundrißplan einer Sonderkonstruktion für einen MG-Tobruk-Stand mit angebautem Unterstand für 10 Soldaten.

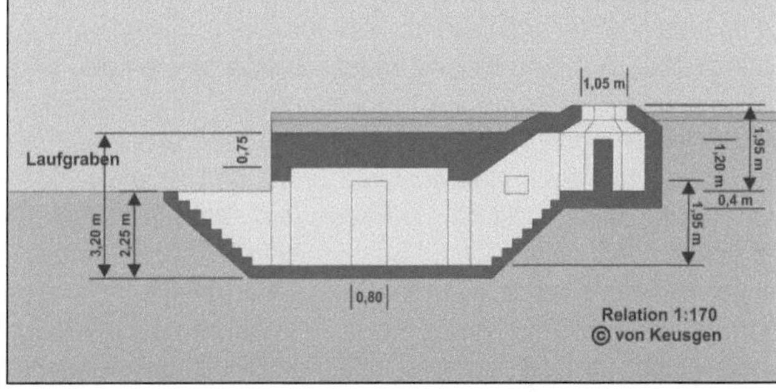

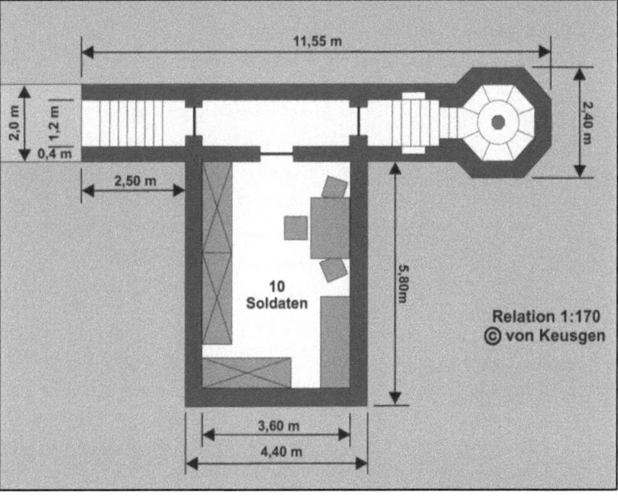

Bild links: Im Inneren der Tobruk-Sonderkonstruktion (in Blickrichtung der MG-Stand mit Sockellafette; rechts vorn der Eingang zur Mannschaftsunterkunft). **Fotos: von Keusgen**

Bild Mitte: Ein in der Luke auf einer Sockellafette installiertes MG 34.

Bild rechts: Die für MG-Stände typische runde Luke auf dem WN 60 (Vergleich siehe Bild links).

Holztreppen überbrückt wurde. Auf ihm befand sich auch die B-Stelle (Beobachtungsstelle für die im nahen Hinterland liegende Artillerie) der 3. Batterie I./352 (I. Abteilung des Artillerie-Regiments 352). Auf dem WN 60 waren 40 Infanteristen der 3./726 (3. Kompanie des Infanterie-Regiments 726) sowie 4 Artilleristen der 3./352 (3. Batterie des Artillerie-Regiments 352). Die Bewaffnung des Widerstandsnestes bestand aus zwei 7,5-cm-Pak (Panzerabwehrkanonen, davon eine nach Nordwesten und auf den Strand ausgerichtet, die andere nach Südwesten auf das schmale Tal La Révolution), einer 2-cm-Flak (Fliegerabwehrkanone) in offe-

ner Feldstellung, einem Tobruk-Stand mit einer Renault-Panzerkuppel mit 5-cm-Kanone, zwei Tobruk-Ständen mit 5-cm-Granatwerfern, einem MG-34-Tobruk-Stand, drei Abwehrflammenwerfern (zwei auf den Talaufgang, einer auf den Stützpunkt-Eingang ausgerichtet) und sechs weiteren Maschinengewehren in offenen Stellungen.

Die Kasematte, von der aus einst die 8,8-cm-Kanone den Strand in Richtung Vierville beschoß, dient dem heutigen Grundstückseigentümer nun als Abstellraum – ebenso wie der unweit entfernte Tobruk-Stand, auf dem eine Renault-Panzerkuppel montiert war (Pfeil und Bild unten).
Fotos: von Keusgen 2006
US National Archiv

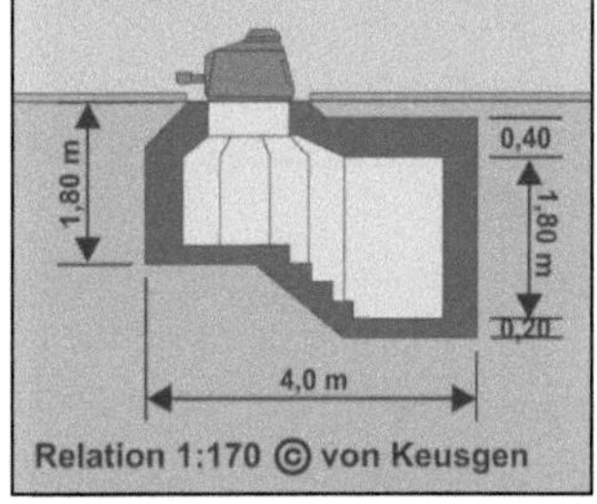

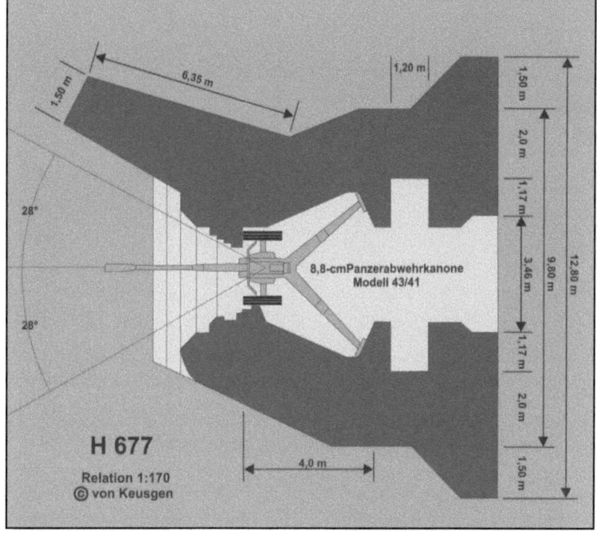

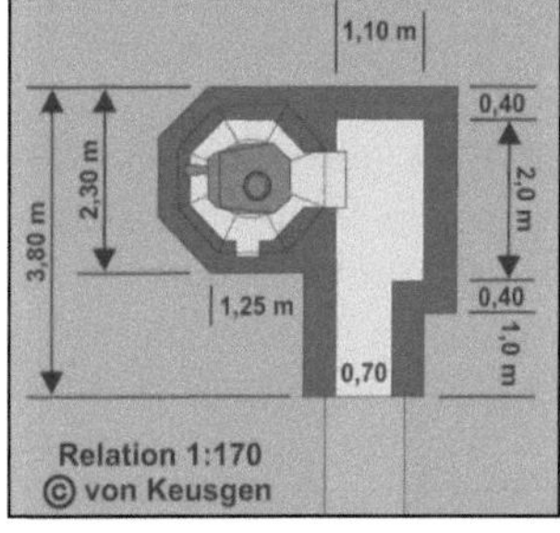

Bild oben links: Tobruk-Stand mit Aufhängevorrichtung für den 5-cm-Granatwerfer. An die Innenwand des für Granatwerfer-Stände typischen achteckigen Grubenringes waren die numerierten Grundeinstellungen des Werfers sowie die zu beschießenden Gestade aufgemalt. **Foto: US National Archiv**

Bild oben rechts: Grundrißplan der WN-61-Kasematte des Regelbau-Typs H 677.

Bilder links: Querschnittzeichnung und Grundrißplan der Bauform Vf67 (Vf =verstärkt, feldmäßig) für Tobruk-Stände des Typs 67 mit Renault-Panzerkuppeln (siehe Bild rechts, Vergleich Seite 39). **Foto: V. Gremler 2004**

Bild links: Der in den Erdboden eingelassene Beobachtungsbunker der 1. Batterie I./352.

Bild rechts oben: Die in einer offenen Betonbettung aufgestellte, mit Netzen und Planen getarnte 5-cm-Kampfwagen-Kanone mit Zielrichtung auf das Tal-Vorfeld.   **Fotos: US National Archiv**

WN 61 lag in Strandnähe auf 6 bis 10 Metern Höhe. Vor ihm erstreckte sich ein einfacher Laufgraben und war mit 12 Soldaten der 3./726 besetzt. Die Bewaffnung bestand aus einer 8,8-cm-Kanone in einer Kasematte des Regelbau-Typs H 677 (auf den Strand und nach

Westen ausgerichtet), einer 5-cm-Kwk in einem betonierten Ringstand, einem Tobruk-Stand mit einer Renault-Panzerkuppel mit einer 3,7-cm-Kanone, einem Tobruk-Stand für einen 5-cm-Granatwerfer und einem für ein Maschinengewehr. Weiterhin gab es drei Maschinengewehre in offenen Stellungen und einen Abwehrflammenwerfer *(auf den Eingang zum Vallée (=Tal) du Ruisseau des Moulins ausgerichtet)*.

WN 62 war das größte und stärkste Widerstandsnest in der Bucht, unweit des Strandes an einem schrägen Hang von 8 bis 52 Metern Höhe und hinter einem Panzergraben gelegen. Die einzelnen Stellungen waren mit Zick-zack-Laufgräben untereinander verbunden und mit insgesamt 40 Soldaten besetzt *(27 Soldaten der 3./726, 4 Kanoniere einer Panzerabwehr-kompanie des Grenadier-Regiments 916 und 9 Artilleristen der 1. Batterie I./352)*. Die Anlage verfügte über zwei tschechische 7,65-cm-Feldkanonen, verbunkert in Kasematten des Regelbau-Typs H 612 *(beide nach Nordwesten auf den Strand ausgerichtet, fertiggestellt am 26. März 1944)*, eine 5-cm-Kwk in einer betonierten, offenen Bettung *(nordostwärts auf das Vorfeld des Vallée du Ruisseau des Moulins ausgerichtet)*, zwei Abwehrflammenwer-fer *(ebenfalls auf das Terrain vor dem Tal gerichtet)*, eine 5-cm-Pak *(auf den Taleingang zie-lend)*, zwei Tobruk-Stände mit 5-cm-Granatwerfern *(ein Doppel-Tobruk-Stand für Granatwer-fer und ein Maschinengewehr blieb unbestückt)*, einen MG-Tobruk-Stand und 5 weitere Ma-schinengewehre in offenen Stellungen *(siehe den speziellen Titel dieser Buch-Serie „Stütz-punkt WN 62")*.

WN 63 befand sich 1.250 Meter vom Strand entfernt, am oberen Ende des Vallée Ruisseau des Moulins und 60 Meter vor dem nördlichen Ortseingang von Colleville. Es bestand ledig-lich aus einem halb unterirdischen Bunker ohne jede Bewaffnung und diente gleichermaßen als Bataillons-Gefechtsstand des Grenadier-Regiments 915 der 352. Infanteriedivision sowie als Gefechtsstand und Fernmeldezentrale der 3. Kompanie des Grenadier-Regiments 726 der 716. Infanterie-Division.

Bild oben links: Frontansicht einer der beiden am schrägen Hang übereinander liegenden WN-62-Kasematten des Regelbau-Typs H 612.

Bild oben rechts: Rückseite der Kasematte mit zwei zueinander versetzt vorgebauten Splitterschutzmauern. **Fotos: von Keusgen 2006**

Grundrißplan der Kasematte des Regelbau-Typs H612 für eine tschechische 7,65-cm-Feldkanone.

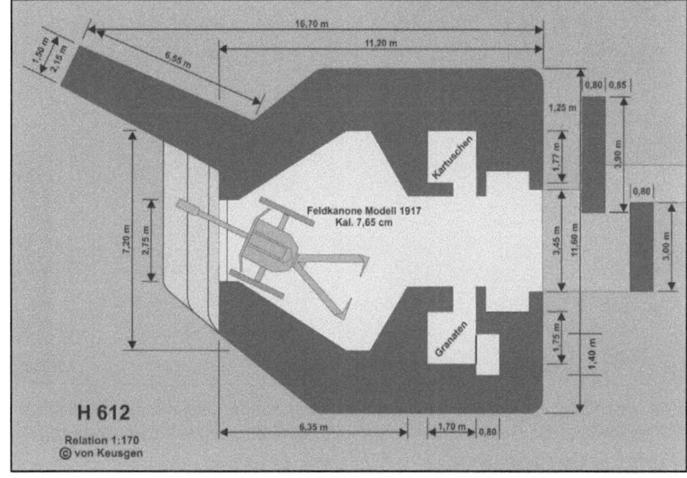

In direkter Strandnähe befanden sich auf dem WN 65 auch eine (zur Zeit der Aufnahme dieses Fotos bereits teilweise demontierte) 5-cm-Kampfwagenkanone in einer offenen Ringbettung und eine weitere in einem Kleinstunterstand des Regelbau-Typs H 667 (links im Bild).
Foto: E. Scelles 1973

WN 64 war bisher ein nur schwaches, noch im Anfangsstadium des Ausbaus befindliches Widerstandsnest, der sich vom Plateau der nordwestlichen Ecke der östlichen Anhöhe am Tal Le Ruquet annähernd einhundert Meter den schrägen Hang hinab erstreckte *(mit einer ebenfalls am 6. Juni 1944 noch im Bau befindlichen Bunkeranlage, bestehend aus einer Kasematte des Regelbau-Typs H 612 und einem Doppelschartenstand, deren ungewöhnliche Hohlstein-Mauern zwar errichtet, moniert und verschalt, aber noch nicht mit Beton ausgegossen waren, sowie einem Tobruk-Stand für eine Panzerkuppel).* Als Bewaffnung befanden sich auf dem Widerstandsnest eine russische 7,62-cm-Infanteriekanonenhaubitze *(nordwestlich zum Taleingang von Le Ruquet und auf den Strand ausgerichtet),* eine 2-cm-Flak, zwei 5-cm-Granatwerfer in Tobruk-Ständen und drei Maschinengewehre in offenen Feldstellungen innerhalb des Grabensystems. *(Noch bis zum 5. Juni 1944 war das Widerstandsnest eine einzige große Baustelle mit 486 Arbeitern.)*

Bilder oben links: Die noch im Bau befindlichen Bunker des WN 64: Eine Kasematte des Regelbau-Typs H 612 (oben) und ein Doppelschartenstand für eine 5-cm-Kwk sowie einem davor befindlichen Tobruk-Stand für eine Panzerkuppel (unten).

Bild oben rechts: Die russische 7,62-cm-Infanteriekanonenhaubitze (Modell Polkovaja Pushka, 1927) in ihrer unbefestigten Stellung am Hang des WN 64, mit Zielrichtung auf das Terrain vor dem Tal Le Ruquet. Die Reichweite ihrer 6,4 Kilo schweren Geschosse betrug bis zu 8.850 Meter, die Feuerfolge 14 Schuß pro Minute. **Fotos: US National Archiv (Die Fotos entstanden nach dem D-Day)**

Die 5-cm-Kwk L/42 des WN 65 (Vergleiche Seite 39)
Foto: Archiv von Keusgen

Bilder unten links: Querschnitt- und Grundrißplan einer offenen Bettung für eine 5-cm-Kwk mit Sockellafette.

Bild rechts: Grundrißplan eines Kleinstunterstandes, Regelbau-Typ H 667.   **Fotos: Archiv von Keusgen**

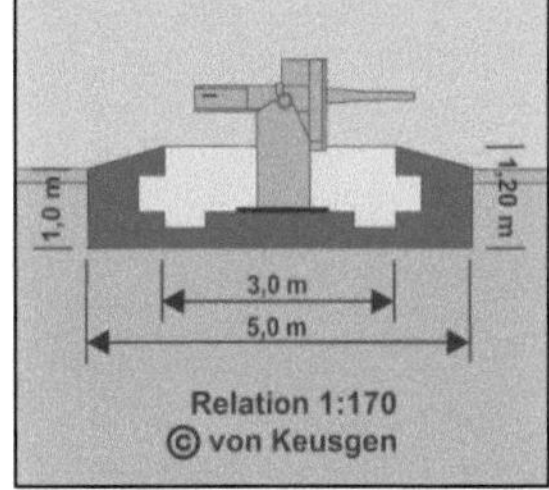

1,0 m
1,20 m
3,0 m
5,0 m
Relation 1:170
© von Keusgen

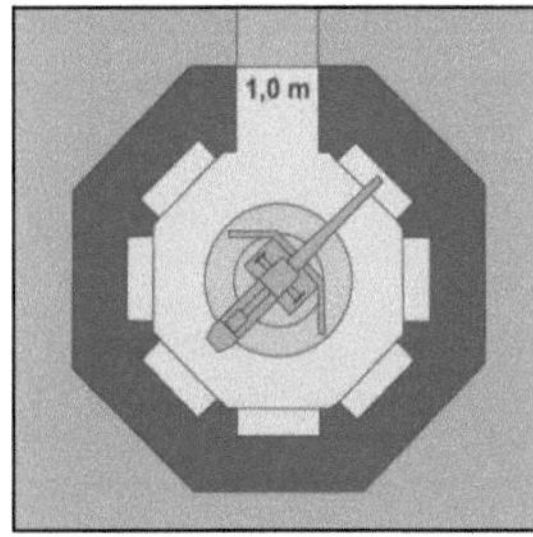

1,0 m

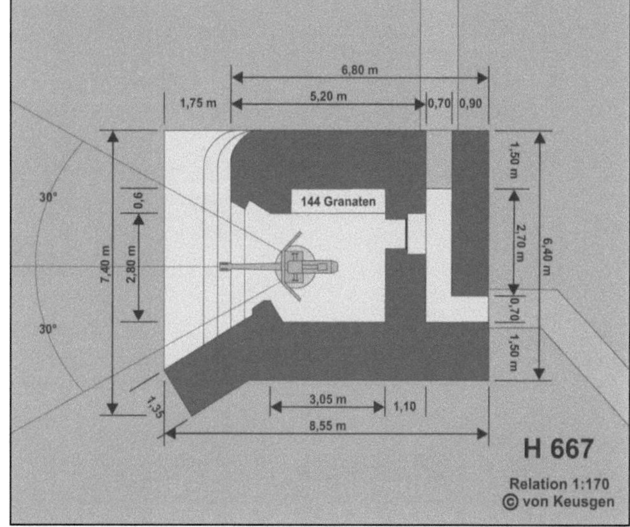

6,80 m
5,20 m
1,75 m
0,70
0,90
1,50 m
2,70 m
6,40 m
0,70
1,50 m
30°
30°
7,40 m
0,6
2,80 m
144 Granaten
1,35
3,05 m
1,10
8,55 m
H 667
Relation 1:170
© von Keusgen

Bilder unten: WN-65-Kleinstunterstand mit 5-cm-Kwk.   **Foto: Archiv von Keusgen**

*Der 5 Meter breite
und 2,5 Meter tiefe
Panzerabwehrgra-
ben vor dem WN
65; zusätzlich mit
einem Stachel-
drahtverhau gegen
Infanterieangriffe
gesichert.*
**Foto: US National
Archives**

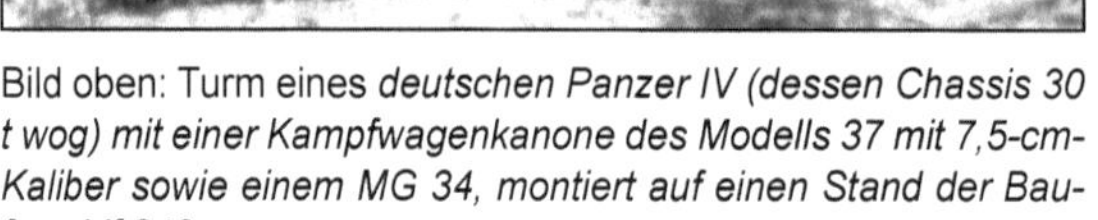

Bild oben: Turm eines *deutschen Panzer IV (dessen Chassis 30 t wog) mit einer Kampfwagenkanone des Modells 37 mit 7,5-cm-Kaliber sowie einem MG 34, montiert auf einen Stand der Bauform Vf 246.*

Bild unten: *Nebelwerfer-(Raketenwerfer-)Batterie des WN 67. Die großkalibrigen Sprengraketen wurden aus nur simplen, schräg in flachen Erdmulden aufgestellten Stahl- oder Holzrahmen abgeschossen und hatten eine Reichweite bis 2.200 Metern.*

Bild oben: *Tobruk-Stand mit 8-cm-Granatwerfer.*

Bild unten: *Nebelwerferrakete (Sprengwurfkörper) in einer Stahlwurfrahmen-Packkiste.*

Fotos: US National Archiv
(Die Fotos entstanden nach dem D-Day)

WN 65 lag auf der westlichen Seite des Taleingangs von Le Ruquet und reichte den gesamten Abhang hinunter, bis zum Strand. Seine Bewaffnung bildeten eine 7,5-cm-Pak *(in offener Feldstellung auf der Anhöhe und auf den Taleingang ausgerichtet)*, drei 5-cm-Kwk *(eine in einer offenen Betonbettung direkt am Strand placiert, die beiden anderen in Kleinstschartenständen des Regelbau-Typs H 667 verbunkert – eine unmittelbar am Strand, die andere am Fuß der Anhöhe gelegenen und in einer auf den Taleingang ausgerichteten Kasematte; beide fertiggestellt am 20. April 1944)*, zwei 5-cm-Granatwerfer in Tobruk-Ständen *(direkt am Strand)*, eine 3,7-cm-Flak in offener Feldstellung auf der Anhöhe, und vier Maschinengewehre in unbefestigten Positionen.

WN 66 erstreckte sich an der Nordwest-Spitze des östlichen Plateaus bis zum Fuß des Abhangs am Eingang zum Tal Les Moulins in St. Laurent. Mit seinem Ausbau hatte man erst im April 1944 begonnen, so war auch dieser Stützpunkt noch eine große Baustelle. Dennoch standen auf ihm bereits eine 5-cm-Pak *(in offener Feldstellung, nach Nordwesten auf den Taleingang und gleichermaßen auf den Strand ausgerichtet)*, einem Panzerturm mit 7,5-cm-Kanone auf einem Tobruk-Stand *(erst am 5. Juni installiert)*, zwei 8-cm-Granatwerfer und fünf Maschinengewehre *(zwei davon in einem betonierten Doppel-MG-Stand)*.

WN 67 bestand zuerst nur aus einer Kompanie-Niederlassung in einem Privathaus in St. Laurent, wurde dann im späten Frühjahr 1944 als Widerstandsnest am Rand des Plateaus ausgebaut, fast in der Mitte zwischen den Anlagen WN 65 und WN 66 (daher die unregelmäßig numerierte Reihenfolge). Es war nur schmal und sich in die Länge ziehend, zur Landseite mit einem überdurchschnittlich breiten Graben gesichert. Auf WN 67 war nur ein kleiner Trupp der Nebelwerfer-Abteilung 84 stationiert. Von einem betonierten Kleinstscharfenstand des Regelbau-Typs H 667 (fertiggestellt am 30. April 1944) aus, in dem auch eine 5-cm-Kwk installiert war, konnte das Werfer-Feuer beobachtet werden. In einfachen Feldstellungen (in flachen Gruben) waren 28 32-cm-Werfer-Raketen installiert, die direkt aus ihren Transportkisten verschossen wurden. Vier Maschinengewehre sicherten das Widerstandsnest.

Die 5-cm-Kwk am Rand des Vorstrandes des WN 68: Primitive Tarnung mittels weniger Balken und Bretter.

Offizielle Bezeichnung:
5 cm Kampfwagenkanone Modell 1939
Kaliber/Granate:50x288 mm
Länge der Waffe:300 cm
Gewicht: 435 kg
Vo: Sprenggranate 550 und Panzergranate 1.190 m/sec.
Geschoß-Gewicht: Sprenggranate 1,82 kg und Panzergranate 2,06 kg
Höchstschußweite: 6.500 m
Feuerfolge:
15 bis 20 Schuß pro Min.
Rohrhaltbarkeit: 8.000 bis 10.000 Schuß
Hersteller: Rheinmetall
Foto: US National Archiv (Das Foto entstand nach dem D-Day)

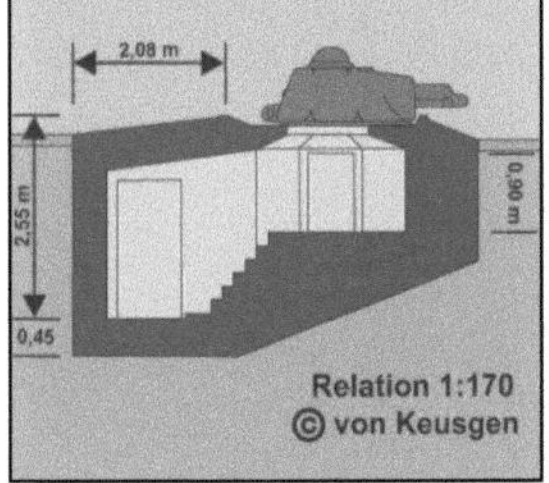

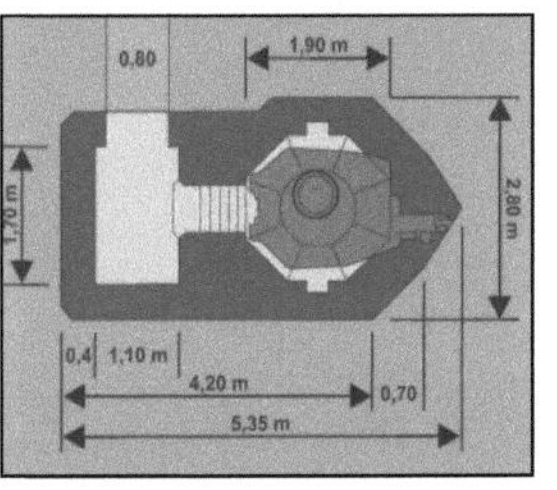

WN 68 befand sich auf der westlichen Seite des Taleingangs von Les Moulins und erstreckte sich von der 46 Meter hohen Anhöhe bis unmittelbar an den Strand. Das Widerstandsnest war mit zwei Tobruk-Ständen ausgestattet, auf die Renault-Panzerkuppeln mit 5-cm-Kanonen montiert waren, und am Strand befand sich in einer offenen Feldstellung eine 5-cm-Pak, auf der Anhöhe stand ein 4,7-cm-Geschütz. Auf der dem Tal zugewandten Seite des Abhangs war ein betonierter Doppel-MG-Stand gebaut worden, jenem des WN 66 gegenüber. Etwas höher gelegen gab es einen weiteren Tobruk-Stand *(der am 6. Juni 1944 noch unbestückt war)*. Am Rand des Strandes waren zwei Maschinengewehre in feldmäßigen Stellungen aufgestellt. Auch das WN 68 bildete noch eine große Baustelle, auf der man erst Mitte Mai 1944 Küstenhang mit der Errichtung einer größeren Kasematte begonnen hatte.

Abbildungen links: Querschnittzeichnung und Grundrißplan eines Panzerkuppel-Ringstandes der Bauform Vf 67v zur 360°-Rundumverteidigung.

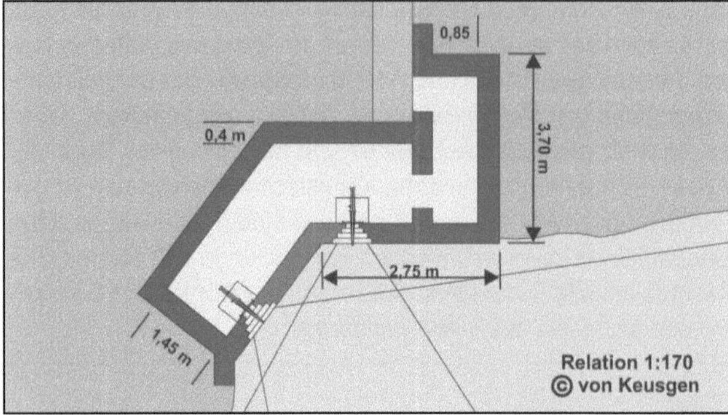

Grundrißplan eines Doppel-MG-Standes.

Die nicht umzäunte 8,8-cm-Flak-Stellung des nur kleinen und unbefestigten WN 69 am Ortsrand von St. Laurent.

Ein kleiner, ungewöhnlicher MG-Stand am schrägen Abhang des WN 71.
Fotos: US National Archiv (Die Fotos entstanden nach dem D-Day)

WN 69 bestand lediglich aus einer offenen Feldstellung, 1.050 Meter vom Strand entfernt und direkt an der Küstenstraße, der Nationalstraße 814. In diesem Widerstandsnest waren nur eine einzelne 8,8-cm-Flak und zwei Maschinengewehre installiert worden.

WN 70 lag am vorderen Rand des 44 Meter hohen Plateaus, in der Mitte zwischen St. Laurent und Vierville. Ein Grabensystem verband vier MG-Tobruk-Stände und eine 2-cm-Flak-Position. An der östlichen Flanke befand sich eine noch unbestückte Kasematte des Regelbaus H 612. Zur Landseite konnte das Widerstandsnest von einem MG-Tobruk-Stand aus verteidigt werden; im Zentrum gab es zwei Tobruk-Stände für 5-cm-Granatwerfer.

WN 71 war stark befestigt und am äußersten westlichen Rand des Plateaus, am Eingang des Tals vor Vierville angelegt worden. Dieser Eingang wurde von einem bestückten, betonierten Doppel-MG-Stand gesichert, die rechte Flanke dieser

Bild rechts: Der Doppel-MG-Stand des ehemaligen Widerstandsnestes 71 – auf den Taleingang und die Straße zum Ortskern von Vierville ausgerichtet.
Foto: von Keusgen 2006

Verteidigungsanlage von einem MG-Tobruk-Stand, dazwischen fünf weitere offene MG-Positionen. In einer feldmäßigen Stellung und einem Tobruk-Stand waren zwei 8-cm-Granatwerfer installiert, am Rand des Plateaus eine 4,5-cm-Feldkanone. An der nordwestlichen Spitze des Areals befand sich der Bunker für die B-Stelle der 3. Batterie der II./352.

WN 72 lag unterhalb des WN 71, direkt am Strand, vor dem Taleingang nach Vierville und zog sich bis auf die westliche Anhöhe. In einer Kasematte des Regelbau-Typs H 677 stand eine 8,8-cm-Kanone *(auf den Strand nach Osten ausgerichtet)*. Diese Kasematte war auf die Grundmauern des abgerissenen Strandhotels Legallois gebaut worden. Von ihr aus führte eine zweiteilige, dreißig Meter lange Panzerabwehrmauer bis direkt an die Anhöhe unterhalb des WN 71. Diese Panzermauer verhinderte eine Zufahrt von der Promenade auf die Straße, die im Tal hinauf in den Ortskern von Vierville führt. Ein Doppelschartenstand mit einer 7,5-cm-Kwk und einem angebauten Tobruk-Stand mit einer Panzerkuppel war als erster in diesem Sektor Anfang 1944 errichtet worden. Auf halber Höhe des Hanges befand sich ein Tobruk-Stand für ein Maschinengewehr, unweit davon entfernt ein betonierter Doppel-MG-Stand – genau jenem des WN 71 gegenüber. 3 weitere Maschinengewehre waren in offenen Positionen auf dem Areal verteilt. Vier kleine Minenfelder *(eines direkt an der Promenade)* sicherten die stark armierte Anlage zusätzlich. Auch die Lage dieses Widerstandsnestes war so gewählt, daß er gegnerischen Truppen den Strandausgang versperrte.

Das Terrain vor dem Taleingang vor Vierville. Auf der Anhöhe sicherte das Widerstandsnest 71 die Passage ins Hinterland und hinauf nach Vierville. Am Strand und teilweise die westliche Anhöhe empor, befand sich das WN 72. Die Kasematte mit der (noch immer darin befindlichen) 8,8-cm-Pak (1) und der Kwk-Doppelschartenstand (2) sowie die darauf errichtete Schutzmauer (3) für den Panzerturm sind zu erkennen.

Foto: von Keusgen 2006

Bild rechts: Der Doppelschartenstand mit der 5-cm-Kwk, dem Panzerturm (T) und dessen Schutzmauer (M).

Foto: US National Archiv (Das Foto entstand nach dem D-Day)

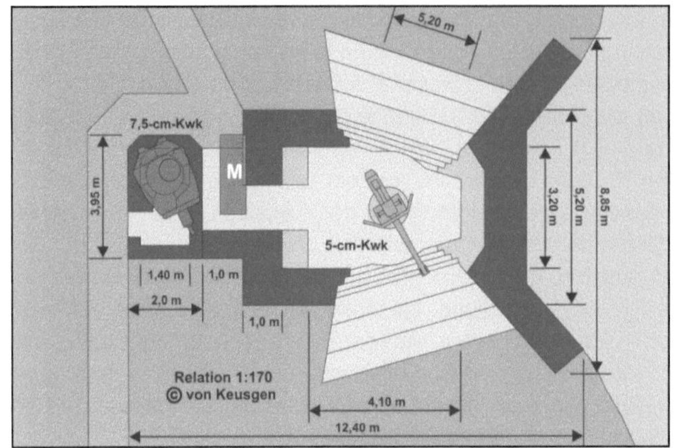

Grundrißplan des auf dem WN 72 errichteten Doppel-schartenstandes des Typs Vf 00004 mit einer 5-cm-Kwk und dem direkt angebauten Unterstand der Bauform Vf 226 mit darauf befindlichem Turm des deutschen Panzers IV mit einer 7,5-cm Kwk und einem Maschinengewehr. Zum Schutz des Panzerturms vor gegneri-schem Artilleriebeschuß wurde vor ihm auf der Kasematte und zur Seeseite eine kleine Beton-mauer (M) errichtet.

Foto: von Keusgen 2006

Bild links: Seiten- und Rückansicht der Kasematte des Regelbaus H 677 mit der 8,8-cm-Kanone. Der auf den Hotelgrundmauern errichtete Geschützbunker war zur Seeseite mit fünf weißen Säulen (aus Baum-stämmen) und einem darüber gebauten Vordach als Villa getarnt worden.

Foto: US National Archiv (Die Fotos entstanden nach dem D-Day)

Bild rechts: Das Gelände des ehemaligen WN 72 heute (im Vordergrund die H677-Kasematte, auf der in den 80er Jahren ein Monument für die hier gelandete US-National-Garde errichtet wurde. Im Bildmittel-grund der Doppelschartenstand, in dem einst die 5-cm-Kwk aufgestellt war). Unweit dieses Terrains begann auf halber Höhe des Kliffs das Gelände des WN 73, das sich bis auf das Plateau hinaufzog. Noch weiter dahinter, auf dem Kliff des Raz de la Percée, das WN 74.   **Foto: von Keusgen 2006**

Die Frontansicht der Kasematte mit der 8,8-cm-Geschütz. Von ihrer vorderen rechten Ecke aus führte die Panzerabwehrmauer (links) über die Promenade.

Foto: US National Archiv (Die Fotos entstanden nach dem D-Day)

Bilder oben und rechts: Am Hang des damaligen WN 73 steht noch heute der Unterstand für die 7,62-cm-Kanonenhaubitze.

Fotos: Keusgen 2006

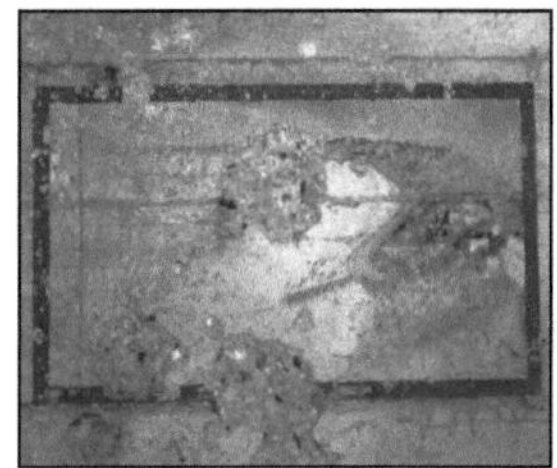

Ein deutscher Soldat malte einst an die Innenwand, über die Scharte des kleinen Bunkers den Ausblick, der sich der Pak-Besatzung auf den Strand und die Promenade bot (siehe unten).

Foto: Archiv Éditions Heimdal

WN 73 erstreckte sich auf das bis 29 Meter ansteigende Plateau und bis hinter ein großes, festungsmäßiges Anwesen, das 1930 erbaut worden war. Mit seinen acht Meter hohen Kalksteinwänden und den markanten Mauerzinnen hatte es die Familie Gambier in einem 46 Meter breiten V-Ausschnitt des Kliffs errichten lassen. Eine aus Geröll und Erde angeschüttete Rampe führte vom seeseitigen Eingang des Hauses bis zum Strand hinab. Ein weitläufiges Grabensystem hinter diesem Anwesen verband zwei Tobruk-Stände für 5-cm-Granatwerfer und einen für einen 8-cm-Werfer, vier offene MG-Positionen und einen kleinen betonierten Unterstand für eine russische 7,62-cm-Kanonenhaubitze *(auf halber Höhe des Hanges nach Osten ausgerichtet)*. In dem Widerstandsnest befanden sich außerdem die B-Stellen für die 2. Batterie der II./352 sowie für die 10 Kilometer entfernte Batterie Maisy *(zusammengefaßte 8. und 9. Batterie der Heeres-Küsten-Artillerie-Abteilung 1716)*.

Hinter dem Gambier-Anwesen verbarg sich ein großer Teil des WN 73.

Foto: Archiv von Keusgen

Noch heute derselbe Ausblick aus dem kleinen Pak-Bunker wie damals, 1944...

Foto: von Keusgen 2006

Zwei weitere Verteidigungsanlagen grenzten noch westlich sowie östlich an die Plage-d'Or-Bucht:

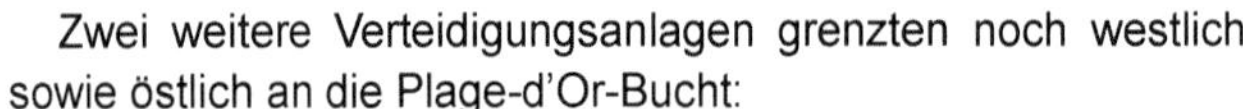

WN 74 auf dem 29 Meter hohen Plateau des weiter westlich liegenden Pointe et Raz de la Percée. Dieses Widerstandsnest *(das sich weit außerhalb des späteren US-Landeabschnittes "Omaha Beach" befand)* war mit zwei tschechischen 7,65-cm-Feldkanonen, zwei 8-cm-Granatwerfern und vier Maschinengewehren bestückt.

Bild links: Blick vom WN 73 auf den Strand (Vergleich siehe Seite 532. Die Breite des Strandes entspricht auf diesem Foto noch nicht jener eines maximalen Tide-Koeffizienten...

Bild oben: Der ehemalige Laufgraben, der die Verteidigungsanlagen WN 73 und 74 miteinander verband.

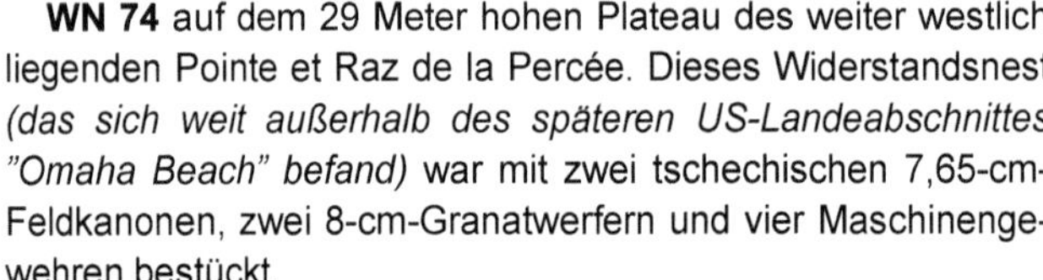

Bild links: Blick vom ehemaligen WN 59 über das Tal Les Bateaux und auf die davor befindliche kleine Bucht. Bei Niedrigwasser war der von den Erosionen der Steilküste geröllhaltige Strand außergewöhnlich steil und für ein Landeunternehmen völlig ungeeignet. Der nur schmale Strandausgang war dennoch durch Hindernisse und Minen versperrt worden. (Im Vordergrund ein Tobruk-Stand, auf dem einst eine geschützlose Renault-Panzerkuppel montiert war und der somit als B-Stelle der 3. Batterie diente. Ein direkt benachbarter Stand wurde von Abteilungskommandeur Major Werner Pluskat als Gefechtsstand genutzt.)

Fotos: von Keusgen 2003

Bild rechts: "Element C" – ein Strandhindernis, das wegen seiner Herkunft und seines Aussehens als "Belgisches Tor" bezeichnet wurde. Diese stählernen, auf den eigenen Rollen transportierbaren Barrieren wurden in der ersten, der Seeseite zugewandten Reihe am Strand aufgestellt. Bei Flut heranfahrende Landungsboote sollten wie auf Riffen auflaufen und dabei aufgerissen werden.

Foto: von Keusgen 2005

WN 59 mit der B-Stelle der 3. Batterie der I. Abteilung *(Hauptmann Wilkening)* sowie des Abteilungsgefechtsstandes der I./352, der im Alarmfall vom Abteilungskommandeur, Major Werner Pluskat, besetzt sein sollte. Von dieser Anlage führte ein weiterer Weg vom Meer durch das Tal Les Bateaux und hinauf in die kleine Ortschaft Ste.-Honorine-des-Pertes, durch die sich, von Porten-Bessin kommend, die Küstenstraße, die Route Nationale 814, nach Colleville zieht. Doch die schmale, tiefe Bucht mit ihrer starken Steigung lag eingebettet zwischen den bis zu 58 Meter hohen Steilhängen, von denen sich als Folge starker Erosionen ein durchschnittlich 45 Meter breiter Saum aus herabgestürztem Kalkstein-Geröll erstreckt, und die sich folglich für ein Landeunternehmen wenig eignete. Infolgedessen war dieser Strandausgang nur wenig verbarrikadiert. Gesichert wurde er vom auf der westlichen Seite des Tals befindlichen WN 59. Die kleine Verteidigungsanlage verfügte lediglich über einen Tobruk-Stand für einen Granatwerfer, einen für ein Maschinengewehr und einen mit einer Renault-Panzerkuppel sowie einem betonierten Doppel-MG-Stand auf der östlichen Seite des Tals, der ebenfalls zum WN 59 gehörte, sich aber weit außerhalb seines Areals befand.

Ausschnitt einer Stabskarte (Bereich der Plage-d´Or-Bucht), in die 1944 der Kartenzeichner Hans Lücking die Verteidigungsanlagen und Minenfelder eingetragen hatte.
Archiv von Keusgen

Als stärkste Bewaffnung in der Plage-d'Or-Bucht konnte der gesamte Strand der Bucht von den beiden 8,8-cm-Geschützen unter Feuer genommen werden. Zu diesem Zweck hatte die Organisation Todt an der rechten Flanke der Bucht, im Widerstandsnest 61, eine spezielle Kasematte errichtet, eine weitere an der linken Flanke, im Widerstandsnest 72. Um zu vermeiden, daß bei einem Angriff von See her die Schiffsartillerie ihre Granaten direkt frontal in die 4,5 Meter breiten und einen Meter hohen, offenen Scharten dieser Geschützbunker schießen konnte, waren die Kasematten im fast rechten Winkel zum Strand errichtet worden. Konisch zulaufende, 1,5 bis 2,15 Meter dicke Betonmauern flankierten die Scharten zur Seeseite und boten den Kanonen und ihrem Bedienungspersonal somit zusätzlichen Schutz. Die beiden weitreichenden 8,8-cm-Geschütze konnten jeweils den gesamten Strand entlang schießen und ihn so mit Kreuzfeuer belegen.

Am Strand und Vorstrand wurden Minen verlegt, auch an die Flanken und sogar hinter die meisten Stützpunkte, um dadurch ein Umgehen der Widerstandsnester zu verhindern. Rommel ließ alle Arten von Minen verlegen – zur Panzerabwehr die großen Tellerminen, und zur

Bild oben: Der 23-jährige Obergefreite Hans Lücking war Angehöriger der 8./726 und als Kartenzeichner für Rommels Stab tätig.

Foto: Kollektion I. Lücking

Bild unten: Die Villa Hardelay auf dem Vorstrand-Terrain unterhalb des Widerstandsnestes 70.

Foto: Archiv von Keusgen

Verhinderung des Vorgehens von Infanteristen kleine Schützenminen, die beim Berühren bis zu einem Meter emporschnellten und dann explodierten.

Bis zu fünf Kilometer im Hinterland lag die I. Abteilung des Artillerie-Regiments 352 mit drei Batterien sowie die II./352 mit zwei weiteren. So waren allein aus diesen rückwärtigen Positionen 16 10,5-cm-Haubitzen und vier 15-cm-Kanonen auf ihre vorgegebenen Sperrfeuer-Bereiche am Strand ausgerichtet. *(Auch drei der sechs 15,5-cm-Kanonen des 8 bis 14 Kilometer entfernten Stützpunktes Pointe du Hoc waren auf die Plage-d'Or-Bucht ausgerichtet – doch wurde am "D-Day" nicht damit geschossen. Außerdem waren die vier 15,5-cm-Kanonen der 9. Batterie der HKAA 1716 im 10,5 bis 16,5 Kilometer in westlicher Richtung entfernten WN 84 bei Maisy, nahe Grandcamp, ebenfalls in der Lage, auf den westlichen Teil der Bucht zu schießen – was am 6. Juni 1944 auch geschah. Die 12 bis 18 Kilometer in östliche Richtung vom Plage d'Or stationierte Marine-Küsten-Batterie Longues war zwar infolge der Ausrichtung ihrer Kasematten nicht in der Lage, direktes Sperrfeuer vor die Bucht zu legen, jedoch sich dem Strand nähernde Landungsboote unter Feuer zu nehmen – was ebenfalls am „D-Day" durchgeführt wurde.)*

In den 14 Widerstandsnestern in Strandnähe befanden sich außer der beiden den Strand flankierenden 8,8-cm-Kanonen weiterhin noch insgesamt 21 Geschütze der Kaliber von 4,5 cm bis 7,65 cm sowie fünf 2 cm bis 3,7-cm-Fliegerabwehrkanonen. Darüber hinaus waren auf speziellen Unterständen noch sechs Panzerkuppeln mit Kanonen der Kaliber 3,7 cm bis 7,5 cm montiert, 28 32-cm-Werfer-Raketen in Stellung gebracht und 19 Granatwerfer installiert. Die annähernd dreihundert deutschen Soldaten, die auf diesen Verteidigungsanlagen stationiert waren, verfügten außerdem über insgesamt 68 Maschinengewehre. Die fünf Strandausgänge waren zusätzlich mit Abwehrflammenwerfern, Panzerabwehrgräben und Mauern gesichert.

Der Obergefreite Hans Lücking von der 8. Kompanie des Grenadier-Regiments 726 war als Kartenzeichner gelegentlich auch für Rommels Stab tätig und kannte alle Verteidigungsanlagen in diesem Küstenabschnitt genau. Über deren Ausbau sagte er: „Diese Bucht war ja nun einigermaßen mit Bunkern gespickt. Neben der Bucht waren die Steilküsten, aber die brauchte man ja kaum zu verteidigen. Es gab kaum eine Möglichkeit, an der Steilküste zu landen..., und dann da hoch...? Eine weitere Verminung war auch nicht mehr notwendig, es war ja inzwischen ein Minenfeld am anderen..."

Als besondere Maßnahme zur Gewährleistung einer standhaften Abwehr der größtenteils jungen und unerfahrenen Soldaten in den Widerstandsnestern wurden in einigen Wachstuben Plakate aufgehängt, auf denen stand, daß bei eigenmächtigem Verlassen der Verteidigungsanlagen im Angriffsfall mit dem Kriegsgericht gedroht wurde.

Um für die Kanonen und Maschinengewehre ein freies Schußfeld zu erhalten, sowie Baumaterialien, insbesondere Holz, für Verschalungen und dem Bau von Unterständen, ließen die

Deutschen viele der hübschen in Strandnähe gelegenen Villen abreißen. Zwar erhielten die Besitzer eine finanzielle Abfindung, doch war diese unangemessen niedrig. Da auch die ortsansässige Bevölkerung zu derartigen Arbeiten herangezogen wurde, geschah es, daß Monsieur Hadelay mit einigen anderen Franzosen sein eigenes Haus, das seine Eltern erbaut hatten, abreißen mußte. Auch mit dem Abbruch des Casino-Hotels, nahe des Strandes vor Vierville, wurde begonnen. Vorher war es für Unterhaltungsveranstaltungen der Besatzungssoldaten sowie als Erholungsstätte für deutsche Soldaten genutzt worden, die kurzzeitig von der Ostfront beurlaubt waren. Durch die Abbrucharbeiten sowie einem Erlaß, demzufolge die Franzosen den Strand nicht mehr betreten durfte, wurde die gesamte Infrastruktur der Region zerstört – nicht nur in der Plage-d'Or-Bucht, in der man 53 Häuser völlig oder teilweise abreißen ließ.

Die dickwandigen, äußerst stabilen Panzerabwehrmauern wurden überall dort errichtet, wo Passagen vom Meer ins Hinterland führten.

Foto: Archiv von Keusgen

Von den fünf Wegen, die vom Strand ins Hinterland führen, wurden zwei mittels zwei Meter dicker und 2,30 Meter hoher Betonmauern verbarrikadiert. Die an der Oberkante stark abgerundeten Mauern bestanden aus jeweils zweiteiligen Elementen, die von beiden Seiten der abzusperrenden Wege bis zur Mitte hin gebaut wurden. In der Mitte der Wege überschnitten sie sich um zwei Meter und standen in einem Versatz von 1,80 Metern voneinander entfernt. So war es möglich, diese Mauern zu Fuß, mit einem Fahrrad oder, langsam fahrend, sogar mit einem Motorrad zu passieren – für größere Kraftfahrzeuge, insbesondere Panzer, war ein Durchkommen unmöglich. Eine dieser Mauern wurde in St. Laurent errichtet – auf der Hauptstraße, die durch das Tal Les Moulins führt und 345 Meter vom Strand entfernt stand. Eine weitere Mauer wurde am Anfang der Strandpromenade vor Vierville errichtet. Sie zog sich im Widerstandsnest 72 von der Kasematte mit der 8,8-cm-Kanone zum gegenüberliegenden, schräg aufsteigenden Küstenabhang, auf dem sich das WN 71 befand. Außerdem ließ Rommel zur passiven Abwehr von Panzern bis zu vier Meter breite und bis zu zwei Meter tiefe Gräben ausheben, einige sogar noch mit Wasser füllen.

Oberst Ernst Goth war Kommandeur des Grenadier-Regiments 916.

Foto: Kollektion M. Galle

Auf Rommels Anordnung hin wurden sämtliche Soldaten, die bereits im Ersten Weltkrieg gelernt hatten, einen infanteristischen Frontalangriff aufzuhalten, in den Bereich der Plage-d'Or-Bucht verlegt; zu Beginn des Monats Mai auch das Grenadier-Regiment 916 – in einen drei Kilometer breiten Verteidigungsraum zwischen St. Laurent und Colleville, der bis zu 6,5 Kilometer ins Hinterland, bis Trévières, reichte. Der Kommandeur dieses Regiments war Oberst Ernst Goth.

Mitte Mai besuchte Erwin Rommel den Oberst, den er von früher gut kannte, in dessen Regiments-Hauptquartier im Schloß von Trévières. Sofort nach der Begrüßung sagte der Generalfeldmarschall:

„Goth, bei Ihnen kommen sie *(die Alliierten)*. Es sieht hier genauso aus, wie in der Bucht von Salerno in Italien, wo sie *(1943)* landeten..."

Noch viele Unzulänglichkeiten...

Der Kommandeur der 352. Infanterie-Division, Generalleutnant Dietrich Kraiß.

Foto: Archiv Éditions Heimdal

Der Gefreite Kurt Keller und der aus dem Donez-Becken stammende russische ''Hiwi'' Juriy (hinten) während einer Pause bei Schanzarbeiten. Im Allgemeinen lebten Wehrmachtangehörige und Russen in gutem Verständnis zueinander – wie es auch zwischen diesen beiden der Fall war.

Foto: Kollektion K. K. Keller

Seit 1941 war die 716. Infanterie-Division als Bestandteil der 7. Armee unter Generalleutnant Wilhelm Richter an der Calvados-Küste stationiert. Der Verteidigungsraum der 716. erstreckte sich an der Küste und im Hinterland von Caen bis nach Isigny, folglich über eine Länge von rund 60 Kilometern *(normalerweise wurde eine Division auf nur 10 bis 20 Kilometer Abschnittbreite eingesetzt, im Küstenbereich mehr)*. Die Division bestand *(am 6. Juni 1944)* aus fast 14.000 Soldaten, größtenteils aus Rekruten in noch jugendlichem Alter und aus älteren Männern – alle ohne Kampferfahrung. Unter den Männern gab es einen erheblichen Teil Ohren- und Magenkranker. Die Bataillone 439, 441 und 642 bestanden überwiegend aus Kriegsgefangenen von der Ostfront, die sich entschieden hatten, für das Deutsche Reich zu kämpfen. Sie wurden im Winter 1943/44 der 716. Division unterstellt *(insgesamt gab es mehr als 1,5 Millionen Freiwillige aus der Sowjetunion)*. Zum Grenadier-Regiment 726 *(Oberst Walter Korfes)* gehörten *(seit dem 13. April 1944)* die Ost-Bataillone 439 und 441, zum Regiment 736 *(Oberst Ludwig Krug)* das Ost-Bataillon 642. Über die Ost-Soldaten sagte Hans Lücking:

„Wir hatten auch einen Russen in unserer Kompanie. Es wurden überall einige dieser Leute in die Einheiten integriert. Es waren nette Menschen. Im Grunde aber waren die Russen unter sich. Sie hatten ihre Panje-Wagen und zum Teil ihre Frauen mitgebracht. Die zogen da ziemlich wild durch die Gegend..."

Am 28. September 1943 wurde aus Teilen des Stabes der ehemaligen 321. Infanterie-Division ein Führungsstab für eine neue Kampfgruppe gebildet – die *Kampfgruppe 352*. Der Kommandeur der ehemaligen 355. Division, Generalleutnant Dietrich Kraiß, erhielt den Auftrag, aus dieser Kampfgruppe südwestlich St. Lô eine neue Infanterie-Division aufzustellen – die 352. Sie bestand aus den Resten von nur noch etwa 20 Prozent ehemaliger Rußland-Kämpfer der bei den schweren Dnjepr- und Desna-Schlachten zerschlagenen 321. *(in Rußland verblieb lediglich das Sturm-Bataillon 321)* und der 355. Infanterie-Division als kampferfahrene Kerntruppe. Der Wehrkreis XI *(Hannover)* hatte die Masse der wehrpflichtigen, nur kurz ausgebildeten 17- bis 18-jährigen Rekruten zu stellen und ergänzte diese aus der Volksliste 3 und verschiedenen Ost-Nationalitäten sowie einem Teil sächsischer Rekruten und einigen im Aufstellungsraum zurückgelassenen Truppenteilen der verlegten 389. Division. Aus Rußland hatten die Reste der Einheiten eine Menge sogenannter Hiwis *(Hilfswillige)* mitgebracht, die für Dienste in rückwärtigen Stellungen und als Fahrer eingesetzt wurden. So war dieser von November 1943 bis Februar 1944 aufgestellte neue Verband durchaus keine kampferprobte Elite-Division, sondern ein

Gemisch verschiedener Truppenteile, zu denen als letzter Bestandteil am 10. März noch die frisch ausgerüstete Panzerjäger-Abteilung 352 eintraf. Die Division bestand aus 12.640 Soldaten, davon 280 Offiziere, 60 Beamte, 2.640 Unteroffiziere und 9.660 Mannschaften *(Stärkemeldung vom 16. Januar 1944)*.

Am 14. Februar 1944 traf die neu aufgestellte Division in der Küstenregion der Normandie ein. Sie sollte den bisherigen westlichen Verteidigungsraum der 716. zwischen St. Lô, Carentan und Bayeux verstärken und weitgehend übernehmen. Ihr Kommandeur war seit dem 6. November 1943 Generalleutnant Dietrich Kraiß, dessen Hauptquartier sich zuerst noch in St. Lô befand – ab 17. Februar 1944 in der kleinen Ortschaft Littry, wenige Kilometer westlich Bayeux. Hein Severloh, Gefreiter im Artillerie-Regiment 352, bewertete die Division subjektiv:

„Unsere 352. Division war ein glatter Scheißladen. Die meisten Fahrer waren Russen. Unsere Verstärkungen, die noch im April 1944 eintrafen, waren höchstens erst seit acht Wochen Soldaten und hatten überhaupt keine Ahnung, und die schon länger dabei waren, hatten vom Krieg längst die Schnauze voll…"

Bild links: *Oberst Ernst Goth (links) anläßlich einer Offiziersbesprechung.*   **Foto: Kollektion M. Galle**

Bild rechts: *Der Gefreite Kurt Wernecke an einer der vier 10,5-cm-Haubitzen (leichte Feldhaubitze 18/40 M (=Mündungsbremse) der 1. Batterie der I. Abteilung des Artillerie-Regiments 352.*

Foto: Kollektion I. Wernecke

Über die jungen deutschen Soldaten sagte Jeanette Legallois, die 1944 auf dem landwirtschaftlichen Anwesen ihrer Eltern nahe Sully wohnte und zu dem die Deutschen oft kamen, um Milch zu kaufen:

„Es waren viele sehr junge Soldaten dabei. Sie waren gut ausgerüstet und sahen gut genährt aus. Sie hatten sehr junge Gesichter, und die Gewehre, die sie übergehängt hatten, schleiften auf der Erde – weil die Soldaten noch so klein waren. Und wenn sie Stahlhelme trugen, konnten sie kaum darunter hervorsehen…"

Die 352. Infanterie-Division wurde im Bereich der 7. Armee aufgestellt und setzte sich zusammen aus dem Artillerie-Regiment 352 *(Oberst Karl-Wilhelm Ocker)*, den Grenadier-Regimentern 914 *(Oberstleutnant Ernst Heyna)*, 915 *(Oberstleutnant Karl Meyer)*, 916 *(Oberst Ernst Goth)*, der Panzerjäger-Abteilung 352, der Nachrichten-Abteilung 352, dem Pionier-Bataillon 352, dem Divisions-Füsilier-Bataillon 352 und dem Versorgungs-Bataillon 352.

Im Verteidigungsabschnitt im Bereich der Plage-d'Or-Bucht war das Grenadier-Regiment 916 mit zwei Bataillonen von annähernd 1.400 Soldaten eingesetzt. Die in diesem Bereich liegenden Teile des Grenadier-Regiments 726 wurden nun dem Befehl der 352. Division unterstellt. *(Der Ablösungsprozeß der 716. durch die 352. Division zwischen der Vire bei Isigny und der Gronde bei Arromanches war am 6. Juni 1944 noch nicht ganz vollzogen, da das LXXXIV. Korps darauf bestand, das Grenadier-Regiment 915 als Korps-Reserve zur eigenen Verfügung zu behalten. Es konnte deshalb nicht an der Küste eingesetzt werden, somit das I. Bataillon des Regiments 726 und das III./726 mit dem Regiments-Stab 726 vorerst bei der 352. Division verblieben. Die 716. erhielt dafür die beiden Ost-Bataillone. So konnten am 6. Juni 1944 der Landung der Amerikaner am „Omaha Beach" lediglich drei Infanterie-Bataillone und die Batterien des Artillerie-Regiments 352 entgegengesetzt werden.)*

Von der Ostfront in die Normandie: Der 21-jährige Leutnant Erwin Hentschel.
Foto: Kollektion E. Hentschel

Da Deutschland zu dieser Zeit bereits nicht mehr in der Lage war, alle seine Truppen in Frankreich voll auszurüsten, wurden den beiden Divisionen viele Beutewaffen zugeteilt. Sowohl die 716. Division als auch die 352. waren nicht motorisiert und lediglich als *bespannt* bezeichnet, folglich nur wenig beweglich. So vollzog sich die Verlegung der 352. Division auch nur sehr langsam. Hein Severloh sagte dazu:

„Weil wir als unmotorisierte Division über keine Zugmaschinen und Lastwagen verfügten, sogar unsere Pferde und Wagen für die Verlegung nicht ausreichten, mußten uns französische Bauern mit ihren Fuhrwerken helfen. Es war eine endlos lange Kette, die sich da ganz langsam und bei hellem Tageslicht durchs Land bewegte – das konnte gar nicht unbemerkt geblieben sein..."

Auch der 21-jährige Leutnant Erwin Hentschel hatte der 321. Division angehört. In Rußland, im September 1943, auf dem Rückzug durch einen Granatsplitter verwundet, wurde er nach einem längeren Lazarettaufenthalt Anfang Januar 1944 in die Normandie und zu seiner neuen Einheit, der 352. Division, geschickt. Dort wurde er als Angehöriger des Grenadier-Regiments 915 vom Kommandeur des I. Bataillons, Major Froböse, zum Bataillons-Adjutanten ernannt. Doch der Regimentskommandeur, der Hentschels Fähigkeiten kannte, sagte nach einiger Zeit:

„Hentschel, diese Tintenpumperei, die Sie hier betreiben, die muß aufhören..."

So erhielt Leutnant Hentschel die Order, hinter den bereits an der Küste vorhandenen Widerstandsnestern nahe Arromanches eine etwas zurückgelegene Verteidigungsanlage zu errichten und auszubauen *(es wurden an vielen Stellen mehrere derartige kleine Anlagen hinter den größeren Küsten-Widerstandsnestern errichtet)*. Da infolge zunehmender Nachschubprobleme nicht mehr ausreichend Material zur Verfügung stand, ließ Hentschel zum Tarnen seines kleinen Widerstandsnestes die Netze sämtlicher Tennisplätze des bis zum Einmarsch der Deutschen viel besuchten Badeortes requirieren...

Eines Tages erschien Feldmarschall Rommel. Anhand der Auszeichnungen, die Hentschel an seiner Uniform trug, erkannte er, daß der Leutnant an der Ostfront gewesen war und folglich über entsprechende Erfahrungen verfügte *(Eisernes Kreuz I. Klasse, Infanterie-Sturmabzeichen und Verwundetenabzeichen)*. Er fragte ihn, ob er sich die Küstenverteidigungsanlagen angesehen habe und was er davon hielte.

„Die habe ich gesehen, aber ich halte nichts davon", antwortete Hentschel ehrlich. Wieso er davon nichts hielte, wollte Rommel wissen, und der Leutnant begann zu erklären. Rommel unterbrach ihn und forderte Hentschel auf, zu ihm in den Kübelwagen zu steigen, und sie fuhren an der Küste entlang. Erwin Hentschel erklärte dann, was seiner Meinung nach alles falsch gemacht worden war: „Die Tobruk-Stände dort vorn, in Strandnähe, mit den hohen Panzerkuppeln, sind von Weitem für die feindliche Artillerie gut erkennbar und nützen folglich überhaupt nichts. Wenn aber ein Infanterist mit einem Maschinengewehr darin sitzen würde, könnte er mehr erreichen... Auch sind die Verbindungsgräben der Bunker und Stellungen untereinander sehr schlecht. Die Soldaten haben da lediglich etwas im Sand gekratzt. Man kann sich darin kaum bewegen und keine Munition tragen; durch diese Rinnen kommt niemand durch... Und außerdem: Die Scharten der Bunker befinden sich viel zu hoch über dem Erdboden; ein feindlicher Soldat kann an die Bunker heranrobben, ohne gesehen zu werden..."

Erwin Hentschel berichtete weiter: „Außer dem Fahrer, Rommel und mir saß auch noch der zuständige Pionier-Kommandeur mit in dem Kübelwagen – ein Oberst, den Rommel auf der Rückfahrt dann mächtig zur Sau gemacht hat..."

Der Anschein eines waffenstarren Küstenabschnitts warf ein trügerisches Licht, denn in keiner der Verteidigungsanlagen waren bis zum Juni 1944 die Ausbauarbeiten beendet, und man war hier noch weit von einem uneinnehmbaren Teil des Atlantikwalls entfernt. Wie trügerisch dieses Bild war, hatte der Obergefreite Hans Lücking erkannt. Er hatte viele Minenfelder in seine Karten eingezeichnet, die lediglich als solche deklariert und beschildert, vorerst also nur geplant oder als Schein-Minenfelder angelegt waren. Hans Heinze, 21-jähriger Leutnant und Bataillons-Ordonnanzoffizier im Grenadier-Regiment 916, und einer der Soldaten, die ebenfalls an der Ostfront gekämpft hatten, erklärte dazu:

„Was uns noch fehlte, waren Minen, die um die Stützpunkte verlegt werden sollten. Aber durch die anhaltenden Luftangriffe der Alliierten kam nichts mehr zur Küste durch, oder im Hinterland gelegene Depots waren in die Luft geflogen *(hauptsächlich bestand das Problem darin, daß die Produktionsmenge der Minen nicht dem Bedarf entsprach)*. So kann ich mit großer Sicherheit sagen, daß im Abschnitt unseres Bataillons keine einzige Mine verlegt worden war, es standen nur die Schilder da, die vor den Minen warnten..."

Weiter berichtete Hans Heinze über seine Eindrücke anläßlich seines ersten Besuchs in diesem Abschnitt *(eine Woche vor dem „D-Day")*:

„Wir fuhren mit unserem VW-Kübelwagen die schmale Straße im Tal Le Ruquet vor St. Laurent zum Strand hinunter. Kurz davor entdeckten wir *(im Widerstandsnest 65)* einen Erdhügel, der von einem Soldaten bewacht wurde. Wir stiegen aus und fragten den Mann, was für eine Aufgabe er habe. Er erklärte uns, daß unter dem Hügel *(einem mit Erde überhäuften, feldmäßigen Unterstand)* eine 5-cm-Panzerabwehrkanone verborgen sei, und wenn der Tommy käme, müsse er seinen Trupp alarmieren, das Geschütz aus der Deckung holen, es an den Strand vorziehen und somit helfen, eine Invasion abzuwehren...

Leutnant Hans Heinze, ausgezeichnet mit dem Eisernen Kreuz 1. Klasse sowie dem Infanteriesturmabzeichen, gehörte ebenfalls zu jenen Offizieren, die bereits an der Ostfront im Einsatz gewesen waren.
Foto: Kollektion H. Heinze

Soldaten der "zusammengewürfelten" 352. Division.
Foto: Archiv von Keusgen

Wilhelm Kirchhoff, Soldat im Werfer-Regiments 84.
Foto: Kollektion W. Kirchhoff

Wir fuhren weiter in Richtung Vierville und waren entsetzt, was sich von dem viel gerühmten Atlantikwall unseren Augen darbot. Vor der schmalen Promenadenstraße *(im Widerstandsnest 68)* konnten wir einen nur fünfzig bis achtzig Zentimeter tiefen Schützengraben in Zick-zack-Form entdecken. Davor war Stacheldraht ausgelegt worden. Ohne unsere Hosen zu zerreißen, konnten wir aus dem Stand darüber hinwegspringen.

Am Eingang des Tals vor Vierville sahen wir dann den ersten Bunker *(die Kasematte für die 8,8-cm-Kanone im WN 72)*. An der angrenzenden Steilküste waren unsere Vorgänger noch dabei, die Stellungen mit infanteristischen Mitteln auszubauen. Sie mußten noch mit Balken und Brettern abgedeckt werden, die aus den wenigen Häusern geholt wurden, von denen noch die Ruinen am Strand standen..."

Die 8. Kompanie des II./916 hatte den Bereich übernommen und mußte die Ausbauarbeiten fortsetzen. Die drei Schützenkompanien des Bataillons wurden im drei Kilometer breiten Raum St. Laurent bis Colleville als sogenannte Gegenstoß- oder Eingreif-Reserve aufgestellt.

Seit Ende 1943 hatte der Nachschub an Baumaterial wegen der Bombardierungen deutscher Städte und deren Industriegebiete sowie der Versorgungswege im Hinterland der Küste immer mehr abgenommen. Viele Bauprojekte des Atlantikwalls zogen sich zu lange hin, so auch der Ausbau des WN 64 vor dem Tal Le Ruquet bei St. Laurent.

Am 13. Mai 1944 wurde ein Trupp von 15 Soldaten des Werfer-Regiments 84 von Rouen zur Pointe du Hoc verlegt. Als sie mit fünf Kübelwagen auf dem Plateau und entlang seines Abhangs am WN 67 vorbeifuhren, auf dem ein anderer Teil seiner Einheit stationiert worden war, blickte der Soldat Wilhelm Kirchhoff auf die noch immer im Bau befindlichen Stützpunkte hinab: „Ich habe vor St. Laurent noch sehr viele Arbeiter und Loren gesehen; da wurde noch schwer gebaut..."

Die wesentlichen Schwachstellen bildeten die oft mehrere hundert Meter breiten, unbefestigten Lücken zwischen den einzelnen Verteidigungsanlagen. Der größte Freiraum klaffte auf der Strecke zwischen dem WN 62 und dem WN 64 – 760 Meter. Die einzige Verbindung der Anlagen untereinander bestand aus groben Stacheldrahtzäunen...

Auch bei der Bewaffnung der Widerstandsnester gab es immer wieder Schwierigkeiten, denn die Masse der in die Stellungen gebrachten Kanonen waren Beutegeschütze ausländischer Bauart – ebenso wie ihre Munition. Von den 68 Maschinengewehren waren weniger als ein Drittel des neuen Typs MG 42, die Masse bildeten Maschinengewehre des Typs MG 34, und der Rest bestand aus polnischen wassergekühlten, sogar amerikanischen der Firma Colt. Das MG 34 war aber für die Küstenverteidigung überhaupt nicht geeignet, da sein Schloßmechanismus sehr empfindlich auf Sand reagierte – und der von See und dem Strand her wehende Wind trägt nun einmal viel Sand mit herüber...

Völlig konträr zu den vielen Sorgen, die sich die Offiziere betreffs der Gesamtsituation machten, glaubten viele der jungen Soldaten an die Stärke ihres Atlantikwalls und die Kampfkraft der deutschen Truppen. Der Gefreite Kurt Keller erzählte diesbezüglich:

„Ich war voller Zuversicht, auch, daß bei einer Invasion der Alliierten unser Führer die Luftwaffe und die Marine aktiv werden ließe..."

Franz Wilden gehörte zur 3. Kompanie des Grenadier-Regiments 726 und war auf dem hoch gelegenen WN 60 stationiert. Als der 18-jährige Rekrut am Ende seines Heimaturlaubs, Anfang Januar 1944, von seinem Bruder Peter zum Bahnhof nach Mechenich gebracht wurde, reichte er ihm durch das geöffnete Fenster des Eisenbahnwaggons noch einmal die Hand. Peter Wilden erinnerte sich:

„Und da hat er noch gesagt, sie wären in der Normandie so stark, da würden keine Engländer landen können..."

Franz Wilden war, wie viele seiner Kameraden auch, zuversichtlich, wenn, wie sie glaubten, eines Tages der "Tommy" käme...

Foto: Kollektion P. Wilden

Spione am Strand

Bei der Planung der Invasion war es für die Strategen der Alliierten von größter Wichtigkeit, über die örtlichen Verhältnisse der geplanten Landezonen exakte Informationen zu bekommen. Zwar sandten Mitglieder der französischen Widerstandsbewegung *Résistance* immer wieder Bild- und Textinformationen nach Großbritannien, doch war es ihnen längst unmöglich geworden, an die Strände zu gelangen. Für die Invasionsplaner war es aber wichtig, sich genau über die Beschaffenheit der Strände zu informieren, denn schließlich sollten beim Angriff Panzer mit abgesetzt und danach ungeheure Mengen Materials mittels Fahrzeugen angelandet werden. So mußte die Breite des Strandes *(entsprechend des jeweiligen Gezeiten-Koeffizienten)* festgestellt werden, sein Neigungswinkel zum Meer, die Beschaffenheit und Dichte des Sandes, seine Tragfähigkeit, insbesondere der Sandbänke, die Breite des Kiessaums am Vorstrand, die Größe der Kiesel und vieles mehr.

Bereits in der Nacht zum 18. Januar 1942, um 1:00 Uhr landete bei sehr kaltem Wetter ein britisches Kommando-Unternehmen an der leicht mit Schnee bedeckten Calvados-Küste. Es bestand aus 16 Soldaten unter der Leitung des Hauptmanns Pat Barber und trug den Code-Namen *Operation Curlew*. Zwei Stunden lang inspizierten sie den Strand und die noch schwachen deutschen Verteidigungsanlagen vor St. Laurent – zum Zweck einer späteren Bombardierung. Um 3:00 Uhr stieg plötzlich eine Leuchtkugel aus dem Widerstandsnest vor dem Tal Les Moulins auf. Erschreckt flohen die Briten zu ihren Ruderbooten – aber niemand schoß auf sie. Dennoch wollten sie zu dem Schiff zurückkehren, das draußen, im Dunkeln, auf sie wartete. Doch war bei dem schlechten Wetter der Seegang sehr stark und erschwerte dem britischen Kommando die Abfahrt am Strand. Einer der Soldaten wurde so hart von einer Welle getroffen, daß er dabei sein Gewehr verlor. Um 3:40 Uhr erreichten sie erschöpft ihr Schiff und kehrten unbehelligt nach Großbritannien zurück – viel Risiko ohne effektiven Nutzen. Die Deutschen wunderten sich am nächsten Tag über einen englischen Karabiner, den sie am Strand fanden...

Am 12. September 1942 landete, ebenfalls heimlich und im Dunkel der Nacht, ein weiteres britisches Spezial-Kommando am Strand, nahe westlich des Tals Les Moulins vor St. Laurent. 13 Soldaten unter der Leitung des Majors March-Phillips hatten mit einem kleinen Motorboot den Ärmelkanal überquert – für ihre als *Operation Aquatint* bezeichnete Mission. Der Auftrag

Die Gräber der drei vor St. Laurent erschossenen Teilnehmer des mißlungenen "Aquatint"-Kommandos befinden sich auf dem Friedhof des Ortes. In den Grabstein des Tschechen Lehninger (auf dem Stein als Leonard benannt, links) ist ein Auszug aus der "Internationalen" in deutschem Wortlaut eingemeißelt: "Die Internationale wird die Menschheit sein."
Foto: von Keusgen 2005

Gedenktafel für das spektakulärste britische Spionage-Unternehmen "Aquatint" an der Mauer der Promenade vor Saint Laurent – in französischem und englischem Text.
Foto: von Keusgen 2006

der 13 Männer lautete, die Mannschaft des Widerstandsnestes, oder zumindest einen Teil davon, in aller Stille gefangen zu nehmen und nach Großbritannien zu bringen. Jedoch hatte man sich in der Finsternis verfahren, denn das eigentliche Zielgebiet war die fast fünf Kilometer weiter östlich gelegene schmale Bucht vor Ste.-Honorine-des Pertes mit ihrem nur kleinen WN 59.

Als sich die Männer gerade vom Strand aus an die falsche Verteidigungsanlage, das WN 68, schleichen wollten, näherten sich gleichzeitig von Vierville her zwei sogenannte Pendelposten mit einem Schäferhund. Die beiden deutschen Soldaten, die zur 3. Kompanie des Grenadier-Regiments 726 gehörten und auf dem WN 62 stationiert waren, „pendelten" zwischen ihrem Widerstandsnest und dem WN 72 vor Vierville hin und her, direkt am Saum des Strandes entlang. Plötzlich begann ihr Hund heftig zu bellen und unruhig an seiner Leine in Richtung des Strandes zu ziehen, dann fiel in der Nähe der Wachtposten ein Schuß. Die beiden Soldaten gingen in Deckung, riefen gleichzeitig dem Posten im WN 68 die Parole zu und feuerten eine Leuchtkugel ab, die das Umfeld sofort mit ihrem gleißenden Licht erhellte. Man erkannte schnell, daß an diesem Ort eine gegnerische Landung stattgefunden hatte. Major March-Phillips befahl seinen Männern augenblicklich den Rückzug. Mehrere Schüsse wurden abgegeben. Auch auf dem WN 66 und dem WN 70 wurden Leuchtkugeln abgeschossen. Die Posten an den Maschinengewehren feuerten auf den Strand und legten einen Moment lang Sperrfeuer vor die beiden benachbarten Widerstandsnester 66 und 68. Dann war es wieder still. Der Schäferhund der Wachtposten, der die Mitglieder des Kommandos am Strand aufgespürt hatte, war bei der Schießerei durch einen Streifschuß am linken Vorderbein verwundet worden. Am Strand lagen drei Tote: Major March-Phillips, Unteroffizier Williams und der Soldat Lehninger – ein Tscheche, der in der britischen Armee Dienst tat. Acht Briten ergaben sich und wurden gefangengenommen. Zwei Männer des Kommandos waren verschwunden.

Die Schießerei hatte einige Einwohner des Ortes aufgeschreckt. André Legallois erzählte:

„Man hat natürlich das Spektakel der Schießerei gehört, und die Bevölkerung kam *(trotz des Ausgehverbots)* angelaufen und hat sich den Ort des Geschehens angesehen. Die Toten lagen am Strand…"

In dem Durcheinander, das im Dunkeln entstanden war, gelang es Graham Hays und André Desgrandes zu entkommen – landeinwärts. Desgrandes wurde jedoch kurze Zeit später von den Deutschen gefangen; Hays gelang es mit Unterstützung der *Résistance* bis nach Spanien zu fliehen, wo ihn Francos Polizei verhaftete und an die Deutschen auslieferte. Er wurde in Paris zum Tode verurteilt und am 13. Juli 1943 exekutiert. *(Von französischer Seite wurde später das Gerücht verbreitet, der Deutsche Schäferhund sei mit dem EK I ausgezeichnet worden.)*

Nachdem die Plage-d'Or-Bucht für die Planer der Invasion inzwischen als eine der amerikanischen Landezonen bestimmt und gleichzeitig auf deutscher Seite nun der Ausbau der Befestigungsanlagen stark vorangetrieben wurde, waren genauere Untersuchungen am Strand von um so größerer Wichtigkeit. Auch die verschiedenen Typen der neu aufgestellten Strandhindernisse mußten untersucht werden, sowie die Bewaffnung und Besonderheiten der Verteidigungsanlagen. Die Luftaufnahmen, die immer wieder von Aufklärungsflugzeugen aus aufgenommen wurden, reichten für exakte Informationen nicht aus. So gingen in einer mondlosen Nacht Ende Januar 1944 zwei britische Kampfschwimmer in ihren schwarzen Tauchanzügen vor Vierville an Land. Major Logan Scott-Bowden und Feldwebel Ogden Smith waren von einem Klein-U-Boot einen Kilometer vor der Küste ins Wasser geglitten und sollten den Strand vermessen und Sandproben entnehmen.

Vorsichtig drückten sie eine kleine Metallstange in den Sand, befestigten daran eine Nylon-Schnur und krochen langsam den Strand hinauf, ständig mit ihren Kampfmessern behutsam vor sich im Sand nach Minen suchend. Dabei rollten sie die dünne Schnur weiter ab, an der alle zehn Meter eine kleine Kugel befestigt war. An jeder Stelle, an der ihnen eine solche Kugel durch die Finger glitt, nahmen sie Sandproben. Als sie an einer niedrigen Natursteinmauer vor der hohen Küste ankamen, ruckte es plötzlich heftig an der Schnur. Vom Strand her hörten die beiden Briten den deutschen Wachtposten Franz Gockel schimpfen. Der 18-jährige Gefreite befand sich mit einem Kameraden als sogenannter Pendelposten auf einer Patrouille entlang des Strandes zwischen Colleville und Vierville. Doch ungeachtet des Umstandes, daß plötzlich eine Schnur über den Strand gespannt war, setzten die beiden Soldaten ihren Rundgang fort... Für Scott-Bowden und Smith sollte die Tatsache, daß deutsche Soldaten im Dunkeln am Strand umhergehen, ein Beweis dafür sein, daß dieser Abschnitt nicht vermint war. Dann schwammen die beiden Briten in der Dunkelheit zurück zu ihrem kleinen U-Boot.

Die letzte gegnerische Aktion in der Plage-d'Or-Bucht ereignete sich Ende April 1944 – sechs Wochen vor der Invasion. Unmittelbar am Vorstrand, nahe des WN 62, befand sich eine kleine, 2-etagige Villa, in der sechs Marine-Soldaten stationiert waren, um ständig, besonders nachts, den Strand zu beobachten und feindliche Spionage- und Entführungs-Aktionen zu verhindern. Die Villa war umgeben von einem breiten Gürtel aus grobem Kies, auf dem man jeden Schritt hören konnte. Doch eines Morgens waren die Beobachter nicht mehr da. Ein britisches Spezial-Kommando hatte sie in der Nacht mit ihrer gesamten Ausrüstung samt Funkgerät entführt – nur 105 Meter vom WN 62 entfernt...

Désiré Lemière, täglich als Briefträger unterwegs in St. Laurent und Colleville – und als Informant für die Widerstandsgruppe "Alliance", obwohl Spionage mit der Todesstrafe geahndet wurde.

Foto: Kollektion J. Oxéant

Es waren aber nicht nur britische Kommando-Unternehmen, die an der Küste die Stärke der deutschen Verteidigungsanlagen ausspionieren sollten, auch einfache normannische Bürger lieferten der *Résistance* Informationen – so auch der 47-jährige Désiré Lemière, der mit seiner Familie nahe St. Laurent wohnte. Als Briefträger und Mitglied der Widerstandsgruppe *Alliance* war er mit seinem Fahrrad täglich in St. Laurent und Colleville unterwegs und konnte somit die Tätigkeit der Deutschen beobachten. Im Laufe der Zeit lieferte er der Widerstandsbewegung eine Menge wichtiger Informationen, die sie nach London weiterleitete. Doch Désiré Lemière wurde selbst beobachtet – von französischen Kollaborateuren, die für die Gestapo arbeiteten...

Am 5. Mai 1944 wurde der Briefträger verhaftet, als er gerade vormittags die Post austrug. Drei seiner *Alliance*-Kameraden waren bereits verhaftet und wegen Spionage hingerichtet worden – einer von ihnen war Briefträger im nahen Trévières, ein anderer der Leiter des Postamtes von St. Laurent. Désiré Lemière wurde im Gefängnis von Caen inhaftiert und mehrfach im Hauptquartier der Gestapo verhört. Wenn er ins Gefängnis zurückgebracht wurde, war seine Kleidung jedes Mal voll frischem Blut...

Die Planung der Landung

Omaha war *(nach Utah)* der Deckname des zweiten und 26,2 Kilometer langen amerikanischen Landeabschnitts an der normannischen Invasionsküste, und *Omaha* <u>*Beach*</u> jener, an dem die Truppenangelandet werden sollten. Der sechs Kilometer lange *Omaha Beach* hatte einen für ein Landeunternehmen geradezu idealen Strand mit einer ebenso idealen Umgebung – er eignete sich aber auch gut zur Verteidigung... Doch in einem Landstrich, dessen Gestade überwiegend aus fast senkrechten, haushohen Steilküsten bestehen, ist jede Geländeabsenkung zum Meer strategisch von großer Wichtigkeit, besonders, wenn es befestigte Zufahrtswege zum Strand gibt, und am *Omaha Beach* gibt es gleich fünf; ein sechster führt in der schmalen Bucht vor Ste.-Honorine-des-Pertes, nur 1,2 Kilometer östlich von Colleville, ins Hinterland. So wurde der zukünftige US-Landeabschnitt in Sektoren eingeteilt, beginnend von der am westlichen und rechten geplanten Angriffsflügel der Amerikaner gelegenen Ortschaft Vierville: Der erste Sektor sollte *Dog* sein, mit den drei Zonen *Green*, *White* und *Red (entsprechend der jeweiligen Aufgabe der an den vorbestimmten Gestaden landenden Soldaten)*; der zweiter Sektor *Easy* mit den beiden Zonen *Green* und *Red*; der dritte Sektor *Fox* mit der Zone *Green*. Der daran anschließende Sektor *Fox Red* reichte über *Omaha Beach* hinaus und bis an den *Omaha*-Sektor *George*. Ihre Nahtstelle befand sich in der Bucht von Ste.-Honorine-des-Pertes, von der aus der sechste Strandausgang ins Hinterland führte. Alle Landezonen grenzten genau dort aneinander, wo sich die Strandausgänge befanden *(mit Ausnahme der Zone „Dog White")*. Jeder Sektor hatte zwei Strandausgänge, die jeweils mit dem ersten Buchstaben ihres Code-Namens sowie den Nummern 1 oder 3 bezeichnet waren.

Den Angriff auf *Omaha*, zwischen der Vire-Mündung und Porten-Bessin, sollte das V. Korps unter dem Kommando des Generalmajors L.T. Gerow ausführen und dazwischen einen sogenannten Brückenkopf bilden. Von dort aus war ein Vordringen ins südlich hinter *Omaha* gelegene Hinterland, nach Caumont und St. Lô geplant, ferner das Zusammentreffen mit dem rechten Flügel der 2. britischen Armee. Die eigentlichen Angriffsstreitkräfte, die am Vormittag des *D-Day* landen sollten, würden als Force O *(= Omaha)* aus vier Regimentern der 1. und 29. Infanterie-Division bestehen. Insgesamt waren mit diesen beiden Divisionen 34.142 Soldaten und 3.306 Fahrzeuge an Land bringen...

Die 1. Division war bereits 1917 für den Einsatz im Ersten Weltkrieg in Nord-Frankreich aufgestellt worden, und ihre Soldaten trugen auf ihren Uniformjacken eine große rote Eins, die der Division auch ihren Beinamen verlieh: „Big Red One". Diese Division war schon am 7. November 1942 als „Sturmspitze" in Algerien und am 10. Juli 1943 auf Sizilien gelandet; Sie stellte für die Amerikaner infolge ihrer Kampferfahrungen die beste Waffe dar, bei dem Plan, die deutschen Verteidigungsanlagen am „Omaha Beach" in den Sektoren „Easy" und „Fox" zu stürmen. Die „Big Red One" probte die amphibische Landung wochenlang in den Sümpfen von Louisiana und an den Stränden von Virginia. Am 6. Juni 1944 beinhaltete die 1. Division 259 Fahrzeuge und wurde von Männern aus anderen Einheiten verstärkt, hauptsächlich von der 29. Division, sowie 919 Fahrzeugen und 48 Sherman-Panzern. Ihre Artillerie umfaßte das 5., 7., 32. und 33. Bataillon, verstärkt durch das 62. Die Pionier-Einheit wurde vom 1. Pionier-Bataillon gebildet, und die Versorgung erfolgte durch Transporteinheiten, speziellen Versorgungstruppen, einer eigenen Verwaltung, der Militärpolizei, einem Sanitätsbataillon, der Militärkapelle etc.

Die Soldaten der „Big Red One" genossen den Ruf, ein „wilder Haufen" zu sein und wiesen im Kampf jegliche Disziplin weit von sich. (Ihre Veteranen sind noch heute der Meinung, die US-Armee hätte im 2. Weltkrieg aus der 1. Division und acht Millionen Rekruten bestanden...)

Die 29. Division unterschied sich von den anderen US-Divisionen dadurch, daß sie eine reine National-Garde-Division war, ursprünglich eine Bürgerwehr, deren Einheiten bereits schon an den Unabhängigkeitskämpfen (1776) teilgenommen und später im Bürgerkrieg (1861-65) sowohl auf Seiten der Konföderierten als auch der Unions-Armee gekämpft hatten (deshalb das Emblem mit den Farben Blau und Grau). Doch die 29. Division war nur mangelhaft ausgebildet und vor dem "D-Day" noch nie im Einsatz gewesen.

Dennoch war sie jene der amerikanischen Divisionen, die vor der Invasion am längsten in Großbritannien stationiert war und deshalb den Beinamen „Englands Own" (Englands Eigene) erhielt. Ihr Schlachtruf lautete: „Let's go, Twentynine!"

Da den Planern der Invasion die erste und gefährlichste Phase des Angriffs für die kampferfahrenen Soldaten der 1. Division zu risikoreich erschien, übertrug man dieser Division nur die östliche Hälfte des Landeabschnitts *Omaha Beach*; in der westlichen Hälfte sollte die noch unerfahrene 29. Division landen. Man setzte bei ihren jungen Männern gerade infolge ihrer Unerfahrenheit auf einen bedingungslosen Kampfgeist. Sie hatten monatelang in britischen Camps hart trainiert und wollten nun endlich in den Krieg ziehen und den Angriff so schnell wie möglich hinter sich bringen...

Mit der ersten Angriffswelle am *Omaha Beach* sollten Teile der kampferprobten 1. Division unter der Leitung des Generalmajors Clarence R. Huebner und Teile der 29. Division unter Generalmajor Charles H. Gerhardt landen. Stellvertretender Kommandeur war Brigadegeneral Norman D. Cota. Die 1. Division sollte mit ihrem 16. Regiment landen, die 29. Division mit ihrem 116. Regiment. Beide Regimenter mußten hierfür zwei Bataillone zu je vier Kompanien zur Verfügung stellen, das jeweils 3. Bataillon sollte mit der nächsten Angriffswelle folgen. Eine Kompanie bestand aus zirka 180 Soldaten, die zu etwa 30 Männern mit

Der Kommandeur der 29. Division war Generalmajor Charles H. Gerhardt. 1895 geboren, besuchte er von 1913 bis 1917 die Militär-Akademie (Abschluß mit Auszeichnung), war bereits 1918 Offizier im Ersten Weltkrieg in Nordfrankreich, seit dem 22. Juli 1943 Kommandeur der 29. US-Division.

Fotos: National Archiv

Der Kommandeur der 1. US-Infanterie-Division, Generalmajor Clarence R. Huebner.
Foto: US National Archiv

Abzeichen der 1. US-Infanterie-Division (oben) sowie der 29. (unten) wurden am linken Ärmel der Uniformjacken getragen.
Foto: Archiv von Keusgen

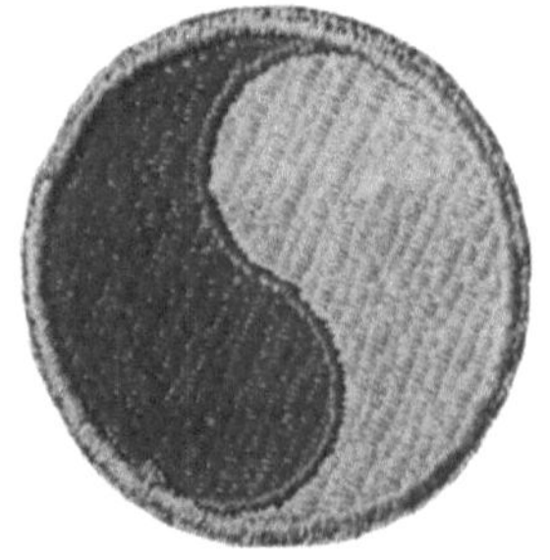

sechs LCAs zur Küste transportiert werden sollten, unterstützt durch Teile des 2. Ranger-Bataillons und dem 5. Ranger-Bataillon, von Artillerie *und Service-Einheiten sowie Pionieren, die für eine schnelle Beweglichkeit am Strand zu sorgen hatten. Der Army-Navy Special Engineer Task Force (Armee-Marine-Spezial-Pionier-Kampf-Sonderverband) wurde mit dem Sprengen von 16 Breschen durch die Strandhindernisse eine der wichtigsten, schwierigsten und gefährlichsten Aufgaben übertragen.*

Die Organisation der amerikanischen Zerstörer-Trupps war nur eine improvisierte gewesen. Ursprünglich sollte eine Marine-Einheit in 16 Teams aufgeteilt werden, die aus je einem Offizier und sieben Soldaten bestand. Die Luftaufklärung der Alliierten beobachtete jedoch in den letzten Wochen vor dem „D-Day" eine erhebliche Zunahme dieser Hindernisse. So wurde bald klar, daß die Trupps aus mehr als nur acht Männern bestehen mußten, um innerhalb der vorgesehenen halben Stunde die Breschen in die inzwischen 150 Meter breiten Hindernisgürtel zu sprengen. Da die Marine aber keine weiteren Spreng-Spezialisten mehr entbehren konnte, wurden jedem bestehenden Team fünf Pioniere der Armee zugeteilt.

In der zweiten Phase des Angriffs sollten das 18. RCT (Regimental Combat Team = Regiment-Kampf-Truppe) der 1. Division und das 115. RCT der 29. Division folgen.

Für *D+1 (D-Day + 1 Tag = 7. Juni)* und *D+2* waren Truppen der 2. Infanterie-Division mit 17.500 Soldaten und 2.300 Fahrzeugen geplant. An den Tagen von *D+3* bis *D+15* sollte der Rest der Divisionen mit 32.000 Soldaten und 9.446 Fahrzeugen an Land gebracht werden – und Massen an Munition, Treibstoff und Versorgungsgütern.

In der ersten Phase des Angriffs sollte das 116. Regiment der 29. Division mit seiner A-Kompanie im Sektor *Dog Green* an Land gehen. Dabei sollte es durch die C-Kompanie des 2. Ranger-Bataillons an der rechten Flanke, an der Grenze zum Sektor *Charlie*, unterstützt werden, sowie durch das 5. Ranger-Bataillon mit drei weiteren Kompanien des 2. Bataillons, das im Sektor *Dog* und auf der Grenze von *White* zu *Red* landen sollte *(nach ihrer Landung sollten die Ranger über Vierville und die Küstenstraße zur Pointe du Hoc marschieren).* Die G-Kompanie des 116. Regiments war für den Sektor *Dog White* vorgesehen, die F-Kompanie für *Dog Red,* die E-Kompanie für *Easy Green.* Die Aufgabe der 29. Division bestand in der Einnahme der Ortschaften Vierville und St. Laurent.

Das 16. Regiment der 1. Division sollte mit seiner E- und F-Kompanie im Sektor Easy Red landen, die Kompanien I und L im Sektor Fox Green. Eine Landung im Sektor Fox Red war wegen der dortigen, bis zu 56 Meter hohen Steilküste nicht geplant. Der 1. Division wurde die Einnahme der Ortschaft Colleville

übertragen. Der Vorstoß ins Hinterland des Landeabschnittes Omaha sollte mit nachfolgenden Divisionen ausgeführt werden:

Die als erste landenden RCTs (Regimental Combat Teams) hatten den Auftrag, die deutschen Stellungen mit leichten Schnellfeuergeschützen und Gewehrfeuer, Bazookas, 6-cm-Granat- und Flammenwerfern zu belegen. Den Angriffsteams sollten jedoch noch etliche Amphibien-Panzer, die Demolition(Zerstörer)-Teams und die Engineers (Pioniere) vorausfahren.

Die Demolition-Teams hatten die schwierigste und gefährlichste Aufgabe: Sie sollten, vermutlich unter deutschem Beschuß, die Strandhindernisse sprengen und die freigeräumten Pfade mit auffälligen Bojen und farbigen Wimpeln (entsprechend der jeweiligen Zone grün, weiß oder rot) an langen, dünnen Metallstangen markieren, um somit den nachfolgenden Booten auch bei aufgelaufener Flut den Weg zu weisen.

Das endgültige Datum der erst für den Mai, dann für den Juni geplanten Invasion hing von den Gezeiten-Verhältnissen ab, und von der Frage, ob man bei Ebbe oder bei Flut landen sollte. Die vielen Fotos der Luftaufklärung bewiesen, daß die Deutschen seit dem Frühjahr 1944 verstärkt am Ausbau des Atlantikwalls arbeiteten. Die massenhaft aufgestellten Strandhindernisse konnten nur dem Zweck der Zerstörung von Landungsbooten dienen, die bei Flut die Soldaten bis direkt an den Vorstrand bringen sollten. General Montgomery, der dem Planungskommitee angehörte, setzte eine Landung bei Ebbe durch – entgegen Eisenhowers ursprünglichem Plan, jedoch mit beginnender Flut, und glaubte, somit Rommels gesamten diesbezüglichen Aufwand weitgehend unwirksam werden zu lassen... (Auf deutscher Seite hatte niemand ernsthaft daran geglaubt, daß eine Landung bei Ebbe stattfinden würde, wenn von den Landungsbooten bis zu 300 Meter bis zum Wassersaum, dann weitere bis zu 500 Meter völlig freien Schußfeldes zu überlaufen oder überfahren wären. Deshalb waren die gesamten Verteidigungsanlagen gänzlich auf eine Landung bei Flut eingestellt. Alle Geschütze waren deshalb an der Küste so ausgerichtet, daß sie hauptsächlich nur den Vorstrand und den vorderen Strandbereich beherrschten.) Montgomery war sich des Risikos einer Landung bei Ebbe bewußt, aber er wollte eine Materialschlacht und kalkulierte

General Dwight D. Eisenhower (1890 bis 1969), Oberster Befehlshaber der Alliierten Expeditionsstreitkräfte (SHAEF).
Foto: US National Archiv

Sir Bernard L. Montgomery (1887-1976), britischer General und am 6. Juni 1944 Kommandeur der gesamten Invasionsstreitkräfte sowie der britischen 21. Armee-Gruppe (am 1. September 1944 zum Feldmarschall befördert).

Foto: Battlefield Historian Ltd.

deshalb starke Verluste auf dem offenen Strand ein. So entstand der Plan, gleich bei der ersten Angriffswelle Panzer mit anzulanden, um der Infanterie dahinter Deckung zu verschaffen. Als Termin für das mit dem Decknamen Overlord bezeichnete Landeunternehmen wurde erst Anfang Mai, dann, aus Zeitmangel wegen der umfangreichen Vorbereitungen, der 5. Juni 1944 festgelegt, da in den Tagen des 5., 6. und 7. Juni Vollmond herrschte (für die Luftlandeunternehmen und Bombardierungen wichtig) und der höchste Tide-Koeffizient herrschte (tiefste Ebbe mit breitestem Strand, die somit die längste Zeit für die Landung bot, und später, bei Flut mit höchstem Wasserstand – nachdem die Strandhindernisse beseitigt sein sollten – ein Heranfahren der Boote bis unmittelbar an den Vorstrand ermöglichte).

Einige Monate vor der Invasion war von dem in Ungarn geborenen und in Großbritannien arbeitenden Ingenieur Nicholas Straußler ein neuartiger Amphibien-Panzer für die Marine entwickelt worden. Doch die Admiralität lehnte das Fahrzeug als seeuntauglich ab – aber das Kriegsministerium interessierte sich für diesen Panzer-Typ, den man bei der Invasion gut gebrauchen konnte. Seine Seetüchtigkeit wurde als sekundär bewertet, primär wurde er als Überraschungswaffe angesehen. So ließ man etliche normale Sherman- und Stuart-Panzer in Amphibien-Fahrzeuge des sogenannten Typs Duplex Drive umwandeln. Dazu wurden simple, nach unten zusammenklappbare Metallgestelle an die schweren Panzer montiert und diese mit imprägnierten Segeltuchplanen, die als Bordwände dienten, umhüllt. Zwei Schiffspropeller am Heck jedes Panzers wurden vom Motor angetrieben *(Duplex Drive = Zweifach-Antrieb)*. Diese für eine sichere Landung wichtigen Panzer mußten absolut wasserdicht sein, da sie, von den Transportschiffen ins Meer ausgesetzt, eine nicht unerhebliche Strecke schwimmen sollten. Da nicht ein einziger Wassertropfen in die Fahrzeuge eindringen durfte, entwickelten britische Chemiker ein spezielles Dichtungsfett.

Bild links: Ein Duplex-Drive-Sherman-Panzer mit heraufgezogenem Schwimmsack wird von einem Panzerlandungsboot zu Wasser gelassen.

Bild rechts: Ein Duplex-Drive-Panzer mit herabgelassenem Schwimmsack.　　　　**Fotos: US National Archiv**

Die Besatzungen der Amphibien-Panzer waren wenig erfreut über ihre bevorstehenden Einsätze mit den „schwimmenden Särgen", wie sie die Duplex Drive nannten. Von den fünf oder sechs Soldaten, die in jedem Panzer saßen, war es nur dem Kommandanten im Turm und dem Fahrer mittels eines Periskops möglich, über den hohen Rand des Schwimmsacks zu sehen, in dem der Panzer hing. Die anderen drei Männer, unten im Panzer, konnten von den Ereignissen draußen weder etwas sehen, noch viel hören. Ihnen allen war aber bewußt, daß, sobald der Schwimmsack beschädigt oder von einer Welle überspült, der 31 Tonnen schwere Koloß, in dem sie saßen, sofort wie ein Stein im Meer versinken würde. Ein Aussteigen aus den engen Luken während der dann hereinbrechenden Wassermassen war geradezu unmöglich... Außerdem konnten diese Schwimm-Panzer zwar über eine spezielle Rampe des Transportschiffes ins Meer abgesetzt, aber nicht wieder an Bord genommen werden. Waren sie erst einmal im Wasser, hieß es für die Besatzungen, an Land zu kommen – oder unterzugehen. Zwar hatten spezielle Übungen *(bei geringer Tiefe)* ergeben, daß die Panzersoldaten mit ihrer U-Boot-Rettungsausrüstung aus einem sinkenden Panzer herauskommen konnten – daß es ihnen aber genauso oft nicht gelang...

Die Amphibien-Panzer sollten bei der Invasion in allen Landeabschnitten zum Einsatz kommen. Allein für *Omaha Beach* waren 64 Exemplare eingeplant, die zu je vier, mit 16 LCTs *(Landing Craft, Tanks = Landungsboot für Panzer)* in Strandnähe, möglichst bis direkt an den Strand, transportiert werden sollten. Das Kommando und die Verantwortung für die Überführung bis zur

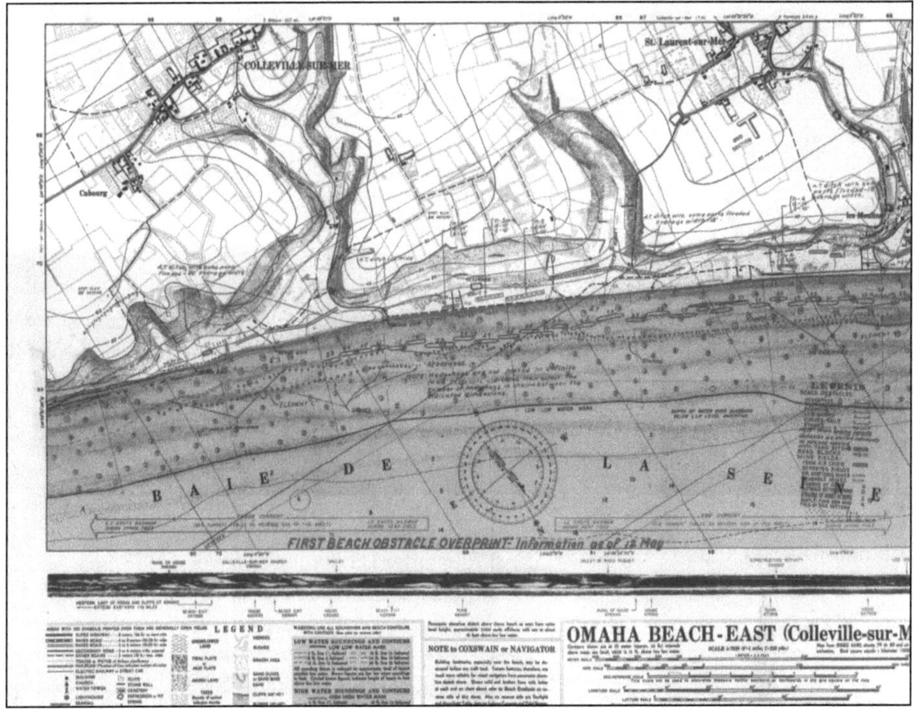

Zur bis ins Detail geplanten Invasion gehörten auch viele Karten und Pläne, die an die Einsatzleiter ausgehändigt wurden. (Die Karte mit dem Stempel BIGOT, dem Codewort für die höchste Geheimhaltungsstufe, zeigt den östli-chen Teil des US-Landeabschnittes "Omaha Beach", sowohl als Aufsicht wie auch – darunter – als schmales Panorama.) **Abbildung: Archiv von Keusgen**

französischen Küste dieser LCT-Flottille war dem Leutnant Dean L. Rockwell übertragen worden. Die 16 LCTs sollten am *D-Day*, in zwei Gruppen aufgeteilt, dem 741. und 743. Panzer-Bataillon zugestellt werden und in verschiedenen Sektoren an Land gehen. Das 741. Bataillon bestand aus 316 Männern und 80 Fahrzeugen einschließlich Panzern; das 743. Bataillon bestand aus 328 Männern und insgesamt 97 Panzern, darunter 15 Stuart-Panzer mit geringerer Tonnage als jener der Sherman. Das 745. war das dritte Bataillon des Panzer-Regiments, bestehend aus 381 Männern und 89 Fahrzeugen, und sollte erst nach einer erfolgten Einnahme des *Omaha Beach* landen.

Der Angriff auf *Omaha Beach* sollte für den *D-Day* aus drei aufeinanderfolgenden Phasen bestehen: Die erste Phase des amerikanischen Angriffsplans bestand darin, die deutschen Küstenverteidigungsanlagen zu zerschlagen. So sollte von 5:50 Uhr bis 6:27 Uhr ein gewaltiges Trommelfeuer der schweren Schiffsartillerie sowie der Beschuß durch Raketenwerfer stattfinden. Zusätzlich sollten von 6:00 Uhr bis 6:25 Uhr die Küstenstellungen von 400 Bombern aus der Luft bombardiert werden *(der Beginn des Bombardements wurde aber kurz vor dem „D-Day" auf 5:00 Uhr vorverlegt – um die tieffliegenden Bomber nicht durch den schweren Marine-Beschuß zu gefährden, und den Piloten durch Qualm und Rauch der einschlagenden Granaten und Raketen nicht die Sicht zu nehmen)*. Man erwartete auch, daß dadurch am Strand viele Bombenkrater entstehen, die den landenden Soldaten Deckung bieten könnten.

Bild unten:
Sherman-Panzer Typ M4A3
7,5-cm-Kanone
2 Maschinengewehre
Motor: 425 PS Chrysler
Geschwindigkeit: 40 km/h
Besatzung: 5 Soldaten
Länge: 6,06 m
Breite: 2,9 m
Höhe: 2,84 m
Panzerung vorn: 5,0 cm
Panzerung seitlich: 3,8 cm
Panzerung hinten: 3,8 cm
Gewicht: 31,1 Tonnen.
Foto: von Keusgen 2006

Die zweite Phase sollte im eigentlichen Angriff bestehen. Um 6:29 Uhr, eine Minute vor der *Stunde Null*, sollten 64 Panzer und 16 Tank-Dozer am Strand landen. Die Panzer hatten die deutschen Stellungen unter Feuer zu nehmen, die Dozer Durchfahrten in den Vorstrand-Wall zu brechen und durch den rutschigen Kiessaum Schneisen zu schieben, dann den Strand zu planieren und die Panzerabwehrgräben zuzuschütten. Außer der Panzer hatten einige der LCTs auch Halbketten-Lkw an Bord, die, nachdem die Panzer das Land erreicht hatten, am Strand abgesetzt werden sollten. Auf ihnen waren Kanonen und schwere Maschinengewehre installiert. Unmittelbar danach, exakt um 6:30 Uhr, war die Anlandung der ersten sieben Infanterie-Kompanien und 15 Minuten darauf die einer Ranger-Kompanie vorgesehen – 1.460 Männer in 43 Booten. Zwei Minuten nach der Infanterie sollte eine spezielle Pionier-Abteilung an Land gehen, die Hindernisse räumen, Schneisen sprengen und Wege markieren. Für diese Aktion war eine halbe Stunde eingeplant; erst danach sollte die Anlandung stärkerer Infanterie- und Artillerie-Einheiten in weiteren sogenannten Wellen folgen. Die Beseitigung der Hindernisse, bevor die Flut sie überspülte, war für die Fortsetzung und den Verlauf des Landeunternehmens von größter Wichtigkeit, weil sie derart geschickt aufgestellt waren, daß ein Manövrieren der mit der steigenden Flut immer näher ans Land herankommenden Landungsboote zwischen ihnen unmöglich war, aber auch, weil sie noch viel gefährlicher waren, wenn die Flut sie überspülte *(da auch mit Minen bestückt)* und sie dicht unter der Wasseroberfläche für die Bootsführer unsichtbar machte. Die Pioniere, die mit der höchst

Für eine amphibische Landung gab es auch spezielle Panzer mit hohen Luftschächten, die dem Motor und der Besatzung als eine Art Schnorchel dienten. Diese Panzer konnten in einer Wassertiefe abgesetzt werden, die ihnen bis zum Turm reichte.
Foto: US National Archiv

brisanten Aufgabe, die Hindernisse zu beseitigen, betraut waren, mußten Sprengladungen daran anbringen und die Zündleitungen legen. Die vor den Pionieren gelandeten Panzer und Infanteristen sollten ihnen während dieser Arbeit Feuerschutz geben.

Die dritte Phase sollte am frühen Nachmittag beginnen. Dann würden weitere 24.000 Soldaten an Land gebracht werden und ins Hinterland vorstoßen. Und noch etwas wurde anläßlich der Invasionsplanung beschlossen: Im Angriff auf die deutschen Küstenstellungen heranfahrende Landungsboote durften keine Schiffbrüchigen anderer havarierter Boote oder versunkener Panzer an Bord nehmen. Zu diesem Zweck sollten spezielle Bergungsboote eingesetzt werden.

Es lag etwas in der Luft...

Schon seit einiger Zeit wurde eine Invasion der West-Alliierten erwartet, weil Hitler und das OKW *(Oberkommando Wehrmacht)* erkannt hatten, daß die entsprechenden Vorbereitungen zum Abschluß kamen. Inzwischen wurde überall intensiv am weiteren Ausbau des Atlantikwalls gearbeitet und alle erdenklichen Maßnahmen zur Abwehr eines Angriffs getroffen. Der General der Artillerie, Erich Marcks, ab 1. August 1943 Chef des LXXXIV. Korps mit Sitz in St. Lô, ordnete ständige Übungen an. Doch auch diesbezüglich lief nicht alles so, wie es hätte sein müssen. Leutnant Erwin Hentschel sagte darüber:

„Wir sollten proben, wie wir mit Sturmgeschützen *(Panzer-3-Wanne und Fahrwerk)* angreifen konnten. Wochenlang hatten wir mit diesen Geschützen geübt, doch dann wurden sie irgendwo eingegraben, um irgend einen besonderen Abwehr-Schwerpunkt zu bilden..."

Leutnant Erwin Hentschel: "Ich war von der Abwehrkraft der deutschen Stützpunkte nicht überzeugt".
Foto: Kollektion E. Hentschel

Das deutsche Oberkommando der Wehrmacht war der Meinung, daß sich der Monat Mai für ein groß angelegtes Landeunternehmen der West-Alliierten am besten eignete.

Peter Lützen, Obergefreiter von der Ostfront und stellvertretender Stützpunktführer des WN 62. **Foto: Kollektion P. Lützen**

Hein Severloh, Gefreiter der 1. Batterie der I./352 und Soldat von der Ostfront (am 6. Juni 1944 auf dem WN 62 als MG-Schütze eingesetzt). **Foto: Kollektion H. Severloh**

Bereits *(spätestens)* seit Anfang Mai 1944 gab es von deutschen Luftaufklärern eindeutige Hinweise darauf, daß eine Invasion in der nächsten Zeit zu erwarten sei. *(Es war durchaus nicht so, wie in diversen Publikationen betreffs des „D-Day" 1944 immer wieder fälschlich geschildert, daß die deutsche Abwehr an der Küste der Normandie völlig überraschend und unvorbereitet vom Angriff der Alliierten getroffen wurde.)* Derartige Hinweise ergingen auch an die Befehlshaber der in der Normandie stationierten Truppen – sogar bis zu Offizieren niedrigerer Dienstgrade. Peter Lützen, Infanterist der 3. Kompanie des Grenadier-Regiments 726 und stellvertretender Stützpunktführer des WN 62, bestätigte dieses: „Vier Wochen vor der Invasion hatten wir Kompanie-Besprechung mit unserem Leutnant Claus. Da hielt er eine Ansprache und sagte, daß der Tommy kommt. Da wären große Truppenansammlungen in Süd-England, das hätten unsere Aufklärungsflugzeuge schon festgestellt – aber wann oder wo er kommen würde, das wußte keiner…"

Am 1. Juni kam ein deutsches Aufklärungsflugzeug aus nördlicher Richtung über den Ärmelkanal geflogen, stieß in flachem Winkel vom Himmel herab und stürzte kurz hinter der Küste ab. Leutnant Hans Heinze und einige Männer seiner Kompanie bargen den Piloten aus den Trümmern. Heinze berichtete: „Ich war dabei, als der Pilot herausgeholt wurde. Er erzählte, *da drüben (in Großbritannien), da liegen die Häfen voller Schiffe – Schiff an Schiff…* Wir glaubten, der Pilot stünde nach dem Absturz unter Schock, denn dann müßte ja Hermann *(Göring)* mit seiner Luftflotte kommen, denn bessere Ziele hätte er ja gar nicht haben können… Es kam aber kein einziger deutscher Flieger – an diesem Tag nicht, und während der nächsten Tage auch nicht…"

Hans Lücking erklärte dazu: „Natürlich bin ich mir im Klaren darüber, daß die Führung es gewußt hatte. Wir lagen in der letzten Zeit vor der Invasion mit unserer Einheit in Tierceville, ungefähr sechs Kilometer von der Küste entfernt. Wir lagen dort in festen Quartieren. Drei Wochen vor der Invasion bekamen wir Anweisung, nicht mehr im Ort zu übernachten, sondern für die Nacht ins Biwak zu ziehen. Wir haben darüber schwer geschimpft, aber es war wahrscheinlich von oben herunter eine Vorsorge, weil man sich sagte, *die Invasion kommt.* Also insofern kam sie nicht überraschend."

In vielen anderen Einheiten wurden dieselben Maßnahmen getroffen – auch in Kurt Kellers Aufklärungs-Abteilung:

„Anfang Juni 1944 mußten wir unsere Quartiere im romantischen Lingèvres verlassen und in Zelten biwakieren; gut versteckt unter Hecken, die sich endlos lang durch die Normandie ziehen…"

Hein Severloh sagte ebenfalls aus, daß man einen Angriff der Alliierten bereits seit einigen Wochen ernsthaft erwartet hatte.

Bild links: Massierte Schiffsansammlungen in den Häfen Süd-Englands: Landungsboot neben Landungs-boot... **Foto: Keystone / US National Archiv**

Bild rechts: Der Chef der 1. Batterie der I./352: Oberleutnant Bernhard Frerking. Auch er war von der Ost-front in die Normandie gekommen... **Foto: Kollektion R. Frerking**

Am 28. April 1944 hatte er an seine Schwester geschrieben *(auszugsweise):... Urlaubssperre ist auch seit gestern. Es wird hier was geben...*

Am 30. Mai fand Hein Severloh im Wohnraum seines Batteriechefs ein mit *Streng geheim!* abgestempeltes Dokument, auf dem geschrieben stand: *Schiffsansammlungen in südenglischen Häfen!*

„Nur zwei Tage später", erklärte Hein Severloh, „am Donnerstag, den 1. Juni, lag wieder und ganz offensichtlich eine Meldung auf dem Tisch wieder mit dem Stempel *Streng geheim!* versehen. Diesmal hieß es im Text: *Die Schiffe in den südenglischen Häfen werden beladen!*

Es lag etwas in der Luft, und mir war klar, daß mein Chef mich durch das offensichtliche Liegenlassen dieser Meldungen warnen wollte."

Am 2. Juni ließ der Kommandeur der I. Abteilung des Artillerie-Regiments 352, Major Werner Pluskat, seine sämtlichen Artilleristen in Mandeville antreten und hielt ihnen eine Ansprache, deren Worte seine Soldaten einen baldigen Angriff ahnen ließen und entgegen der üblichen Floskeln vom „Durchhalten bis zum letzten Blutstropfen" und von Heldentaten abriet:

„... Ein stinkender Leichnam rettet sein Vaterland nicht mehr..."

Noch deutlicher äußerste sich Leutnant Edmond Bauch, der Chef der 3. Kompanie des Grenadier-Regiments 726 und der Widerstandsnester 59 bis 63, beim Abend-Appell des 5. Juni: „Ihr müßt Euch vorsehen, sie werden heute Nacht kommen..."

Noch am selben Abend, um 21:45 Uhr, meldete der Ia des Oberbefehlshabers West, daß man um 21:15 Uhr eine verschlüsselte britische Radioinformation an die französische Widerstandsbewegung abgehört habe, deren Bedeutung bekannt war und die ein Bevorstehen der Invasion ankündigte. Sämtliche Kommandobehörden wurden fernmündlich darüber informiert. Um 22:33 Uhr wurden alle Generalkommandos und Hauptquartiere der nördlich der Seine stehenden 15. Armee wegen der Durchsage des zweiten Teils des Tarnspruchs gewarnt, daß mit dem Beginn der Invasion innerhalb der nächsten 48 Stunden zu rechnen sei – nicht aber die südlich der Seine stehende 7. Armee...

In fast allen bisherigen diesbezüglichen Publikationen werden die Witterungsverhältnisse seit Anfang Juni 1944 und auch noch am 5. und 6. Juni als schlecht bezeichnet. Tatsache

Bild oben: Während man sich auf deutscher Seite noch Gedanken über den Zeitpunkt einer Offensive der Alliierten machte, wurden bereits auf der anderen Seite des Ärmelkanals Truppen und Material für den Groß-angriff auf die "Festung Europa" verladen...

Bild links: Schon viele Tage vor dem D-Day befanden sich die Soldaten der Alliierten auf den Schiffen und warteten auf ihren Einsatz...

Fotos: US National Archiv

ist, daß sich innerhalb der zu dieser Zeit über dem Ärmelkanal herrschenden schlechten Gesamtwetterlage mit heftigem Wind, starker Bewölkung und Regen ein sogenanntes „Wetterfenster" von etwa 24 Stunden öffnete (was auch den deutschen Meteoro-logen und dem verantwortlichen Führungskräften bekannt war) weshalb der Beginn der Invasion im letzten Moment vom eigent-lich geplanten 5. Juni auf den 6. verschoben wurde. Dennoch herrschte auf dem Kontinent insgesamt besseres Wetter als in Großbritannien. Die Verhältnisse auf See blieben jedoch auch am 5. und 6. Juni schlecht – hohe Dünung und starke Oberflächenströmung von West nach Ost. Diese Meeresströmung wirkte sich am Grandcamp und somit im Landeabschnitt „Omaha" nachteiliger aus, als an der Cotentin-Halbinsel und dem dortigen, anderen US-Landeabschnitt „Utah", da er im Strömungs-schatten der Halbinsel lag.

Das Wetter war an der Küste der Normandie aber deutlich besser, als so oft dargestellt (Wer-te in Le Havre um jeweils 19:00 Uhr – 70 Kilometer vom „Omaha Beach" entfernt – aber See-gang, Wolkenbildung und Sichtverhältnisse waren in den verschiedenen geplanten, bis zu 90 Kilometer auseinandergezogenen Landeabschnitten unterschiedlich):

1. Juni: Windstärke 5, Seegang 4, Sicht bis 20 Seemeilen, Himmel gering bedeckt, +15°C

2. Juni: Windstärke 4, Seegang 3, Sicht bis 16 Seemeilen, Himmel bedeckt, +14°C

3. Juni: Windstärke 3, Seegang 2, Sicht bis 10 Seemeilen, Himmel fast bedeckt, +14°C

4. Juni: Windstärke 4, Seegang 3, Sicht bis 15 Seemeilen, Himmel fast bedeckt, +23°C

5. Juni: Windstärke 5, Seegang 4, Sicht bis 15 Seemeilen, Himmel fast bedeckt, +14°C

6. Juni (Le Havre um 5:00 Uhr): Windstärke 6, Seegang 4, Sicht bis 3 Seemeilen, Himmel bedeckt, +12°C (Das Wetter verbesserte sich aber in den frühen Morgenstunden deutlich.)

Am 6. Juni 1944 war mit dem niedrigsten Wasserstand um 5:25 Uhr zu rechnen, mit dem höchsten um 11:00 Uhr. Sonnenaufgang sollte um 5:58 Uhr sein, Sonnenuntergang um 22:07 Uhr. Als Termin für die Invasion war ursprünglich Montag, der 5. Juni, vorgesehen. Da das Wetter aber schlecht war (auf der britischen Seite des Kanals deutlich schlechter als auf der normannischen), entschied der Oberbefehlshaber der Alliierten, General Dwight D. Eisenhower, bereits am 4. Juni um 5:00 Uhr eine Verschiebung des als Unternehmen Overlord geplanten Angriffs; der D-Day (Decision Day = Entscheidungstag) sollte 24 Stunden später beginnen...

Edmond Scelles machte am Abend des 4. Juni eine für ihn sonderbare Beobachtung: „Die Nacht vom 4. auf den 5. Juni wollten die vierzig Deutschen nicht mehr auf unserem Anwesen schlafen – sie rechneten mit der Invasion...“

Hans Lücking berichtete über das Wetter in der Nacht zum 5. Juni: „Es war eine wunderbare, klare Nacht, ganz herrliches Wetter, und wir dachten noch gar nicht ans Schlafen. Wir hatten die Gitarre draußen und machten ein bißchen Hokus-Pokus. Um elf Uhr sahen wir über Caen die deutschen Scheinwerfer in V-Form am Himmel; und zwar leuchteten die immer nachts auf, als Hinweis für unsere Flugzeuge, die nach England ’rüberflogen, zum Bombardement. Es waren geringe Kräfte, die eingesetzt wurden, aber es waren auch immer geringere Angriffe. Wir haben noch gesagt, *unsere gehen wieder ’rüber...*“

Spät abends riß die Bewölkung auf, und das fahle Licht des Vollmondes schien auf die Normandie. Die ganze Küste entlang, zwischen Cherbourg und Ouistreham, flogen ab 22:20 Uhr Bomberpulks ins küstennahe Hinterland und begannen, für die Deutschen wichtige Nachschubwege, Verkehrsknotenpunkte und im nahen Hinterland aufgestellte Batterien zu bombardieren. Ab 0:11 Uhr setzten Fallschirmjäger-Absprünge an den Flanken des Invasionsraums sowie an strategisch wichtigen Orten ein – jedoch nicht hinter jenem Strand, der noch vom selben Tag an als Omaha Beach in die Weltgeschichte eingehen sollte...

Bild oben: In Großbritannien bereitete man sich auf eine stürmische Überfahrt vor...

Bild unten: Bomber über der Normandie.

Fotos: US National Archiv

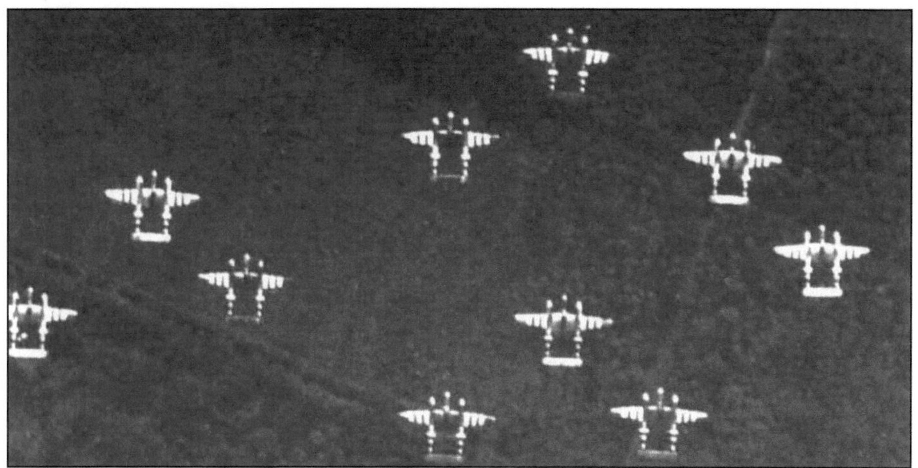

Der ehemalige US-Landeabschnitt Omaha Beach, Sektor Dog Red.
Reste von Landungsbooten, Fahrzeugchassis und Strandhindernissen ragten aus dem Sand – stumme Zeugen einer Tragödie größten Ausmaßes…

Foto: von Keusgen 1973

Teil 3

In der Hölle
von Omaha

Unteroffizier Ludwig Förster
Foto: Kollektion J. Stollenwerk

Leutnant Hans Heinze: Sorgen wegen seiner unerfahrenen Soldaten betreffs der bevorstehenden Invasion.
Foto: Kollektion H. Heinze

Soldaten der 3. Kompanie des Grenadier-Regiments 726 der 716. Infanterie-Division im Widerstandsnest 60. Auch sie sahen ihrer "Feuertaufe" zuversichtlich entgegen – wie die meisten der jungen deutschen Soldaten.

(Dritter von rechts: Grenadier Franz Wilden.)
Foto: Kollektion P. Wilden

Die Invasion ist da!

„Es geht los!"

Oberleutnant Bernhard Frerking, Chef der 1. Batterie des Artillerie-Regiments 352, hatte kurz nach Mitternacht die Tür zur kleinen Dachkammer seines „Burschen", dem Gefreiten Heinrich Severloh, auf dem großen Legrand-Anwesen bei Houtteville, geöffnet. Ruhig, aber bestimmt sagte er ins Dunkel:

„Komm, Hein, ich bin telefonisch benachrichtigt worden – es geht los. Drohende Gefahr!"

Auch Leutnant Hans Heinze wurde wenige Minuten nach Mitternacht alarmiert:

„Ich hab' mich fast gefürchtet, mit meiner Einheit in den Einsatz zu gehen. Wir hatten nur zehn Prozent Soldaten mit Fronterfahrung – alles Versehrte, Ältere, und fünfzig Prozent kamen aus Dresden und Leipzig, waren Großstadtjungen vom Jahrgang 1926 – also gerade 18 Jahre alt…"

Um kurz vor 1:00 Uhr betrat Unteroffizier Ludwig Förster den unterirdischen Mannschaftsbunker des Widerstandsnestes 62 und rief:

„Alarm! Der Tommy liegt vor uns! Die Invasion ist da!"

In allen Verteidigungsanlagen verließen die Soldaten, die schon seit einigen Wochen wegen des zu erwartenden Alarms in ihren Uniformen schlafen mußten, die Unterkünfte und suchten eilig ihre Positionen an den Waffen auf.

Fünf bis zwölf Kilometer im Hinterland standen die Eingreifreserven. Das I. Bataillon des Grenadier-Regiments 915 war nahe Trévièrs stationiert, acht Kilometer im Hinterland. Als man um 1:30 Uhr aus nordwestlicher Richtung, von der Pointe du Hoc her, das entfernte Donnern der beginnenden schweren Bombardierungen hören konnte, erschien bei Leutnant Erwin Hentschel dessen Schreiber. Er teilte ihm mit, daß Alarm ausgelöst worden

sei. Der Leutnant war der Meinung, es handele sich um eine weitere Übung:

„Das kann nicht sein, die Übung beginnt erst morgen früh um sieben Uhr..."

Hentschels Schreiber, ein österreichischer Rechtsanwalt aus Graz, erklärte, daß es sich nicht um die geplante Übung handelte, sondern um den Ernstfall. Erwin Hentschel blickte aus dem Fenster: „Da sah ich, daß der ganze Himmel rot gefärbt war..."

Der Leutnant ließ die 6. Kompanie informieren und setzte sich mit 160 Soldaten auf Fahrrädern zur Küste in Bewegung – nur für den Transport der Munition wurden einige Autos benötigt.

Funk- und Kommunikationszentrale auf der "Ancon".

Der Obergefreite Hans Lücking befand sich zu dieser Zeit in Bayeux. Er erzählte über die ersten Stunden des *D-Day*:

„Gegen zwölf Uhr nachts hatte das Bombardement begonnen. Das war der eigentliche Start zur Invasion. Drei, vier Stunden haben wir aber noch überlegt, war es nun die Invasion oder war es nur ein starker Luftangriff? Gewißheit hatten wir nicht. Erst als die Angriffe dann fortwährend und ohne Pause weitergingen, waren wir uns im Klaren, dies ist die Invasion. Die Nacht war durch die Leuchtbomben taghell..."

Seit einigen Stunden war die Marine-Operation der Alliierten angelaufen, die während der Invasion den Code-Namen *Neptune* trug. Dazu war eine amerikanische und eine britische Armeegruppe gebildet worden. Die amerikanische stand unter dem Kommando Generalleutnants Omar N. Bradley, dessen Hauptquartier sich auf der *USS Augusta* befand – dem Flaggschiff des Konteradmirals Alan G. Kirk, dem Befehlshaber der westlichen Marinestreitkräfte. Schon seit einigen Stunden räumten britische Taucher Seeminen vor der *Omaha*-Bucht. Es waren Männer der *Landing Craft Obstruction Clearence Units (Landungsboothindernisräumeinheit)*. Ihre Aufgabe bestand darin, den Weg für die Landungsboote, die tief im Wasser liegenden Duplex-Drive-Panzer und die sich im Verlauf der Kampfhandlungen der Küste nähernden Zerstörer frei zu räumen. *(Sie arbeiteten auch noch, als bereits die ersten Landungsboote über sie hinweg fuhren und die Sperrfeuer-Granaten der deutschen Artillerie um sie herum einschlugen...)*

Der Kommandeur der amerikanischen Armee-Gruppe, Generalleutnant Omar Nelson Bradley (1893-1981).

Die "USS Ancon", Flaggschiff des Konteradmirals J. L. Hall mit dem Hauptquartier für die Omaha-Beach-Streitkräfte.

Fotos: US National Archiv

Um 1:00 Uhr orientierte das LXXXIV. Armeekorps die 352. Division:

Alarmstufe II – Fallschirmjäger bei der 716. Infanterie-Division abgesprungen!

Daraufhin hatte die Division bis um 1:15 Uhr sämtliche Truppenteile telefonisch alarmiert.

Dennoch, in den deutschen Führungsstäben war man sich nicht sicher, ob es sich nun tatsächlich um die so lange erwartete Invasion handelte... Bei der Marine hingegen war man sich ganz sicher und alarmierte die Küstenstation und die in den Häfen liegenden Streitkräfte. Um 2:14 Uhr meldete der Seekommandant Normandie, Konteradmiral Walter Hennecke:

„Feindliche Seeziele 11 Kilometer nördlich Grandcamp geortet."

Die erste offizielle Meldung betreffs einer sich der normannischen Küste nähernden Flotte erhielt die 352. Infanterie-Division vom Seekommandanten Normandie um 2:18 Uhr telefonisch:

„Nördlich Grandcamp in 11,5 Kilometer feindliche Seeziele geortet."

(Vermutlich handelte es sich bei den gemeldeten Seezielen um Vorposten-Schiffe, da die Flotte der Alliierten zu diesem Zeitpunkt noch annähernd 30 Kilometer von der Küste entfernt war.)

Panzer-Landungsschiff (LST) für den Transport und zur Anlandung von Panzern und anderen schweren Fahrzeugen. Auf ihnen wurden auch kleine Landungsboote wie LCAs, LCPs und LCVPs in die Bereitstellungsräume transportiert – und massenhaft Soldaten.

Die Kriegsschiffe näherten sich wegen der Gefahr durch Seeminen in Reihen hintereinander der Küste der Normandie, immer den Minensuchbooten folgend (im Vordergrund das britische Schlachtschiff "HMS Nelson", dahinter ihr Schwesterschiff "HMS Rodney").

Fotos:US National Archiv

Um 1:50 Uhr war das Flaggschiff des Konteradmirals J. L. Hall jr., die *USS Ancon*, mit dem Hauptquartier der *Force O* weit vor *Omaha* vor Anker gegangen – umgeben von einer Armada von insgesamt 6.479 Schiffen und Booten.

Von den beiden hochgelegenen Widerstandsnestern 60 *(bis 61 Meter über NN)* und 62 *(bis 52 Meter über NN)* konnten einige Soldaten am grauen Horizont über dem Meer massenhaft dunkle Punkte sehen... Der Grenadier Heinz Bongard, im WN 60, war von der riesigen Armada beeindruckt:

„Wir konnten die riesige Flotte am Horizont schemenhaft erkennen, weil es nachts über dem Meer nicht so dunkel ist, wie über dem Land."

Um die 34.142 Soldaten und 3.306 Fahrzeuge der ersten Angriffswelle auf den *Omaha Beach* zu transportieren, waren 7 Transportschiffe und 248 Landungsschiffe und Landungsboote über den Kanal gebracht worden: 8 LSIs *(Landing Ship, Infantry = Landungsschiff für Infanteristen)*, 24 LSTs *(Landing Ship, Tanks = Landungsschiff für Panzer)*, 33 LCILs *(Landing Craft, Infantry, Large = Landungsboot für Infanteristen/groß)*, 36 LCM3s *(Landing Craft, Mechanized Mark 3 = Landungsboot für Markierungen)* und 147 LCTs *(Landing Craft, Tanks = Landungsboot für Panzer)*. Dazu gehörten auch noch viele kleinere Landungsfahrzeuge wie DUKWs *(Amphibien-Lastwagen)*, LCAs *(Landing Craft, Assault = Landungsboot für den Angriff)*, LCIs *(Landing Craft, Infantry = Landungsboot für Infanteristen)*, LCPs *(Landing Craft, Personnel = Landungsboot für Personen)*, LCVPs *(Landing Craft, Vehicle und Personnel = Landungsboot für Fahrzeuge und Personen)* und LCMs *(Landing Craft, Material = Landungsboot für Materialien)*. Zur *Force O* gehörten auch noch 33 Minenräumboote und 585 weitere Schiffe und Boote.

Bereits gegen 3:00 Uhr wurde die bis dahin 24 Kilometer hinter der Plage-d'Or-Bucht stationierte Korps-Reserve, das Grenadier-Regiment 915 der 352. Infanterie-Division *(Kampfgruppe Meyer)*, alarmiert und aus seinen Bereitstellungsräumen südlich Bayeux in westliche Richtung in Marsch gesetzt. Das II. Bataillon des Grenadier-Regiments 915 und das dem Regiment angeschlossene Füsilier-Bataillon 352 sollten, auf Fahrrädern

Generalmajor Leonard T. Gerow, Kommandeur des V. US-Korps, das aus der 1., 2. und 29. Infanterie-Division bestand.

"USS Thompson" – einer der elf Zerstörer vor dem Landeabschnitt "Omaha Beach" (hier beim Auftanken).

Fotos: US National Archiv

fahrend, die Spitze bilden. Das I. Bataillon und weitere Regimentseinheiten folgten mit Lkw. Die meisten der Lastwagen waren schon lange vorher von den Franzosen requiriert worden und die Fahrer, hauptsächlich französische Zivilisten, die der deutschen Order nur widerwillig folgten. So gab es beim Abmarsch des Regiments nicht unerhebliche Verzögerungen. *(Das Regiment erreichte sein nur etwa 14 Kilometer entferntes Zwischenziel erst fast fünf Stunden nach dem Einsatzbefehl.)*

Inzwischen hatte sich die Armada der Alliierten im Dunkel der Nacht und hinter einer Wand aus künstlichem Nebel langsam der Küste bis auf eine Distanz von annähernd 20 Kilometer genähert. Ab 3:00 Uhr begann man damit, die Landungsboote von den Transportschiffen zu Wasser zu lassen. 34.142 Soldaten der *Force O* bereiteten sich darauf vor, in ihrem Landeabschnitt *Omaha Beach* an Land zu gehen... Im Gegensatz zu den kleineren britischen LCAs, die bereits vor dem Herablassen vom Deck ihrer Transporter von den GIs bestiegen wurden, mußten die schwereren amerikanischen Higgins-Landungsboote erst herabgelassen und dann unten von den GIs bemannt werden. Bei jedem Boot, das zu Wasser gelassen wurde, war als einziger der Rudergast an Bord.

An jedes Regiment war ein eigenes, ganz spezielles schriftliches Reglement ausgegeben worden, das die jeweilige Vorgehensweise instruierte. Es war auf mehrere hundert Seiten geschrieben und zu einer daumendicken Mappe zusammengefaßt. Nachdem der Oberst einer der Landungstruppen es durchgelesen und seinen Männern mühsam zu erklären versucht hatte, wollte er es wütend zerreißen, doch war die Mappe zu dick. Zornig warf er sie fort und rief: „Vergeßt das verdammte Ding! Ihr bringt Eure Ärsche auf den Strand, und dort bin ich und sage Euch, was Ihr zu tun habt. In diesem Plan steht nichts, das funktionieren könnte..."

Auf dem Truppentransporter *USS Thomas Jefferson* wollte der Kommandeur des 2. Bataillons des 116. Regiments einige Bootsführer aussuchen, denen die Verantwortung übertragen werden sollte, seine Soldaten sicher zum Strand zu bringen. Als er die jungen, überwiegend britischen Bootsführer sah, war er schockiert:
„Alle sahen aus wie 18-jährige Kinder..."

Auf den Decks der Truppentransporter bereiteten sich die GIs mit ihren umgebundenen Schwimmschläuchen auf den Umstieg in die kleinen Landungsboote vor. Zum Schutz vor dem Seewasser hatten sie ihre Gewehre in Kunststoff-Folien verpackt. **Foto: US National Archiv**

Die Bootsführer gehörten oft zur Küstenwache, kamen meistens aus Großbritannien und waren häufig sogar nur 16 oder 17 Jahre alt.

Per Lautsprecher wurden die Soldaten aufgerufen. Müde, dicht gedrängt und nicht selten bereits seekrank, standen sie auf den nassen Decks der großen, sich ständig vom schweren Seegang hin und her neigenden Schiffe. Über ihre Gewehre hatten sie vorsorglich spezielle Plastikfolien gezogen, um zu vermeiden, daß salziges Meerwasser dem empfindlichen Schloßmechanismus schaden könnte. Soldaten, die beim dabei ihre Folie zerrissen hatten, zogen einfach eines der drei ihnen vor dem Einsatz ausgehändigten Präservative über die Gewehrläufe. Dann wurden über die Lautsprecher einige aufmunternde Worte General Eisenhowers verlesen und Tabletten gegen Seekrankheit verteilt. Da jedoch bekannt war, daß die Einnahme dieser Tabletten starke Müdigkeit hervorrief, nahmen sehr viele GIs aus Sorge, am *Omaha Beach* schläfrig oder desolat anzukommen, diese Tabletten lieber nicht ein. Darum erhielt jeder Soldat zusätzlich eine stabile braune Papiertüte...

Auf dem großen, aber veralteten britischen Truppentransportschiff für Landungsboote und Soldaten, der *HMS Empire Javelin*, machten sich die Männer der A-Kompanie des 116. Regiments bereit, in die Landungsboote zu steigen. Unter diesen Soldaten befanden sich auch 38 junge Männer aus dem kleinen Ort Bedford in Virginia. Sie alle hatten sich freiwillig zur Armee gemeldet – nicht aber für die erste Angriffswelle, deren Bestandteil sie nun bilden und um 6:30 Uhr im Sektor *Dog Green* landen sollten...

Der Chef der A-Kompanie war Hauptmann Taylor N. Fellers. Er sollte zusammen mit dem Führer der kleinen, fünf Boote umfassenden Flottille, dem Oberleutnant zur See, Jim Green, im Signalboot *(dem ersten Boot einer jeden Kompanie)*, dem LCA 910, vorausfahren. Noch auf dem Truppentransporter bat Fellers den Oberleutnant, daß dessen Leute von der *National Guard* die Landungsboote so nah wie möglich an den Strand heranfahren möchten und dabei mit den Bord-Maschinengewehren über die Köpfe seiner jungen Soldaten aus Bedford hinweg und auf den Strand feuern sollten, um ihnen somit Mut zu machen.

An breiten, von den mehr als sieben Meter hohen Bordwänden der Truppentransporter herabgelassenen, grobmaschigen Kletternetzen aus starkem Tau mußten die Soldaten nun zu den LCAs, LCIs und LCVPs hinunterklettern – ein durchaus nicht

Die GIs verließen die Truppentransporter an Kletternetzen und stiegen zu den Landungsbooten hinab.

Foto: US National Archiv

ungefährliches Unternehmen, im Dunkeln, mit dem Stahlhelm auf dem Kopf, dem Gewehr über der Schulter und der umfangreichen Ausrüstung völlig überladen. Bei jedem Betreten der Maschen rutschten die Netze an den sich von der starken Dünung ständig hin und her neigenden Schiffe auf und ab. Das größte Risiko stellten jedoch die schon zu Wasser gelassenen Landungsboote dar, die mit jeder hohen Welle an den Bordwänden empor stiegen, um gleich darauf wieder in die Tiefe hinab zu sinken – und einen Moment später den Herabkletternden wieder entgegen zu kommen. Nicht immer gelang es den GIs, im richtigen Moment vom Netz ins Boot zu springen. Manche der Amerikaner kletterten ein Stück zu tief, und das plötzlich aufwärts treibende Landungsboot quetschte ihnen Füße und Beine. Bereits in der ersten Stunde wurden mehr als einem Dutzend Soldaten auf diese Weise Füße und Beine gebrochen. Mehrere Männer verloren an den nassen, rutschigen Netzen den Halt und stürzten hinab. Für jene, die in die Landungsboote fielen, hatte das Verletzungen zur Folge; auch wurden bei manchen Stürzen mehrere Kameraden getroffen. Für Männer, die ins Wasser und zwischen die Bordwände und die in diesem Moment etwas abgedrifteten Landungsboote fielen, bestand augenblicklich akute Lebensgefahr. Drei Soldaten wurden bei derartigen Unfällen zu Tode gequetscht.

Unter den jungen Männern, die sich auf der *Empire Javelin* auf ihren Angriff vorbereiteten, gehörten auch die 19-jährigen Zwillingsbrüder Ray und Roy Stevens aus Bedford. Roy Stevens erzählte: „Wir wußten, dies ist der Ernstfall. Wir hatten viel trainiert und wollten es hinter uns bringen; danach wollten wir nach Hause gehen und unsere Familien gründen – doch es kam ganz anders…"

Als Roy begann, an dem rutschigen Netz hinabzuklettern, streckte sein Bruder nochmals die Hand nach ihm aus, aber Roy sagte: „Wir treffen uns in Vierville, an der Straßenkreuzung…"

So hatten sie es vorher miteinander vereinbart. Deshalb reichte er seinem Bruder nicht noch einmal die Hand. Roy sah seinen Bruder zum letzten Mal: „Er ließ den Kopf sinken – so, als ob er gewußt hatte, daß dies das Ende war…"

Ray stieg einige Minuten später in ein anderes Landungsboot.

In dem Durcheinander, das während des Ausbootens in der Dunkelheit entstand, ereignete sich auch eine tragische Situationen mit geradezu grotesk-makabrem Charakter:

Aus irgendeinem unerklärlichen Umstand hing eines der zu Wasser gelassenen und voll besetzten LCAs noch eine halbe Stunde lang an den langen Tauen unter der Bordwand der *Empire Javelin* fest – unglücklicherweise einige Meter unter dem Abflussrohr der Schiffslatrinen… Der Bataillonskommandeur, Major Tom Dallas, befand sich in diesem LCA:

„Die Schreie aus unserem Boot blieben dort oben ungehört. Strahle aus canarisgelb, über siennabraun bis olivgrün – der unaufhaltsame Strom ins Boot unseres Kommandos bedeckte jeden Mann. Wir fluchten, wir weinten, wir lachten, aber es nützte nichts. Bevor wir zum Angriff starteten, waren wir bereits alle über und über voller Scheiße…"

Bild links: In LCMs wurden bis zu 36 Soldaten transportiert.

Bild rechts: Ein mit 30 Infanteristen vollbesetztes LCA.
Fotos: US National Archiv

Der 17-jährige Tom Harbour war Führer eines der Landungsboote, einem LCVP. Er gehörte zur 2. Boots-Division, die aus 19 LCVPs, zwei LCTs und einem großen Truppentransporter bestand. Er berichtet:

„Die Soldaten, die wir an Bord hatten, waren sehr schwer bepackt und darauf vorbereitet, an den Strand zu gehen. Ich wurde mit meinem LCVP als viertes Boot losgeschickt, aber als ich abfuhr, war es so dunkel, daß man die Hand nicht vor den Augen sehen konnte. Wir waren noch gar nicht weit gefahren, als eine hohe Welle das Heck meines Bootes überspülte. Für einen Moment stand ich bis zum Hals im Wasser. Ich hatte keine Ahnung, in welche Richtung ich das Boot fuhr – einfach dahin, wohin die anderen auch fuhren…"

Um 3:30 Uhr ging beim Befehlshaber der Sicherung West eine Meldung des Seekommandanten Normandie ein:

„Vor Porten-Bessin und Grandcamp Landungsboote."

Die müde und fröstelnd in ihren Stellungen hockenden, alarmierten deutschen Soldaten gewahrten dann das sich nähernde Motorengeräusch Hunderter Flugzeuge. Die Bewölkung war inzwischen aufgerissen, und im blassen Mondlicht konnten sie die tief fliegenden Maschinen der Alliierten mit ihren drei weißen und zwei schwarzen Balken an den Rümpfen und Tragflächen deutlich erkennen *(Kennzeichnung sämtlicher am D-Day teilnehmender Flugzeuge)*, auch die vielen Lastensegler voller Soldaten und Kriegsgerät, die an langen Seilen hinterhergezogen wurden. Der Gefreite Ludwig Kwiatkowski stand am Zwillings-MG der Fliegerabwehrstellung auf dem WN 62:

„Der Himmel war ganz klar, keine Wolke, Vollmond, alles war hell. Ich hätte bei dem Licht einen Brief schreiben können… Da kamen die ersten Flugzeuge. Ich wunderte mich, was die Flugzeuge da hinter sich herzogen. Ich konnte alles genau sehen, sogar die Seile, mit denen die hinteren Flugzeuge gezogen wurden. Ich lief zum Mannschaftsbunker und rief hinein, *die Invasion ist im Gang! Die kommen mit ganz vielen Flugzeugen mit Schleppern d'ran…*

Die Segler sind dann ein ganzes Stück weiter im Hinterland 'runtergekommen. Ich vermutete, daß sie unsere zurückliegende Artillerie ausschalten wollten. Wir konnten dann die Schießerei im Hinterland hören. Es war zwischen 3:00 und 4:00 Uhr…"

Der 19-jährige Gefreite Ludwig Kwiatkowski, MG-Schütze im Widerstandsnest 62.
Foto: Kollektion L. Kwiatkowski

Auf dem Weg zur Normandie: Bomber überfliegen die Invasionsflotte.
Foto: US National Archiv

Um 4:02 Uhr begann am östlichen Horizont mit einem schmalen, silbernen Streifen die Morgendämmerung heraufzuziehen. Um 5:00 Uhr näherten sich über das immer noch im Dunst liegende Meer 446 B24-Bomber der 8. US Air Force dem *Omaha Beach* – mit 13.000 Bomben mit einem Gewicht von insgesamt 1.285 Tonnen *(durchschnittlich 91,8 Tonnen Bombenlast pro Widerstandsnest)*...

Heinz Bongard, 19-jähriger Grenadier und MG-Schütze im WN 60.

Foto: Kollektion H. Bongard

Louise Oxéant mit ihren Kindern (vorn der 10-jährige Bernard).
Foto: Kollektion J.-M. Oxéant

Anders als im US-Landeabschnitt *Utah*, wo mittlere Bomber des Typs *Marauder* eingesetzt wurden, kamen am *Omaha Beach* die schweren *B24-Liberators* zum Einsatz. Diese Bomber verwendeten Ziel-Instrumente, die wesentlich ungenauer waren, als Bombenabwürfe nach Sicht. Da der Führungsstab der 8. US-Luftflotte angesichts der schlechten Witterungsverhältnisse nicht das Risiko eingehen wollte, daß die Bomber eventuell die bereits zu diesem Zeitpunkt auf die Küste zufahrenden Landungsboote träfen, verlegte man den Abwurf um ein paar Sekunden *(bis zu 30 Sekunden)* nach hinten. So verfehlten die meisten der Bomben ihre Ziele *(bis zu 5 Kilometer)*. 117 der 446 *B24*-Bomber kehrten mit ihrer Bombenfracht vorzeitig zu ihrer Basis in Großbritannien zurück – sie hatten ihr Zielgebiet gar nicht gefunden. Alles das sollte für die Amerikaner in diesem Landeabschnitt noch fatale Folgen haben...

Heinz Bongard beobachtete das Bombardement vom WN 60 aus: „Der ganze Segen kam zwar hauptsächlich an den vorderen oberen Hängen und hinter den Stützpunkten herunter, aber das Bombardement sah so aus, als wenn es Bindfäden regnete; man konnte da hindurch fast nichts mehr sehen..."

Der Gefreite Ludwig Kwiatkowski machte auf dem WN 62 die gleiche Beobachtung:

„Bei dem Bombardement ist keine einzige Bombe auf unserem Stützpunkt ´runtergekommen..."

Die GIs beobachteten das schwere Bombardement von den Booten aus. Sie rechneten nun damit, daß ihnen nach ihrer Landung eine Menge Krater im Sand des Strandes ausreichend Deckung bieten würden...

Die zu spät abgeworfenen Bomben richteten jedoch im Hinterland nicht unerhebliche Schäden an. Auf den Weiden wurde das Vieh durch den Luftdruck und die Stahlsplitter getötet und viele Häuser der kleinen Ortschaften zerstört. Die auf eine Invasion zu diesem Zeitpunkt völlig unvorbereitete Bevölkerung erlitt großen Schaden und sehr viel Leid.

An diesem Morgen war seit der Dämmerung Louise Oxéant mit ihrem 10-jährigen Sohn Bernard unterwegs, um für einen Nachbarn die Kühe zu melken, der diese Arbeit für einige Tage nicht erledigen konnte. Auf einem Esel, den sie führte, saß ihr Sohn, über den Rücken des Tieres waren zwei Milchkannen gehängt. Sie hatten gerade die zwei Kilometer von der Küste entfernte Weide erreicht, da kamen die Bomber...

Seitdem das schwere Bombardement begonnen hatte, machte sich Louises Ehemann Aristide große Sorgen um seine Frau und seinen Sohn. Da er wußte, wohin sie gegangen waren, begab er sich auf die Suche. Er fand sie an der Weide seines Nachbarn – beide waren tot.

Um 5:25 Uhr hatte die Ebbe ihren Tiefstand erreicht. Von nun an begann die Flut wieder zu steigen; anfangs fast unmerklich, dann immer stärker werdend – und mit ihrem Einsetzen sollte der Angriff beginnen...

Um 5:32 Uhr meldete das Grenadier-Regiment 916:

In der Bucht von Colleville-Vierville nähern sich Landungsboote dem Strand. Weiter sind größere Schiffseinheiten mit Kurs West festgestellt. Ein Verband mit 5 Kriegsschiffen, Fahrtkurs O, und kleine Landungsboote haben Kurs auf Land genommen. Anscheinend nebelt sich der Gegner ein.

Um 5:35 Uhr orientierte der Ia *(1. Generalstabsoffizier)* der 352. Division den Stabschef des LXXXIV. Armee-Korps in St. Lô:

Weitergabe der Meldung von Grenadier-Regiment 916, außerdem in weiterer Entfernung von St. Laurent 5 Kriegsschiffe beobachtet, 3 davon nähern sich der Küste, dabei eine große Anzahl von Landungsbooten. Bisher 12 Gefangene eingebracht (dabei handelte es sich um gefangene Besatzungen abgeschossener oder notgelandeter Flugzeuge).

Überall wurden zu dieser Zeit im Invasionsraum Meldungen von Bomber- und Lastensegler-Einflügen, von Fallschirmjäger-Absprüngen und Schiffen auf See, sogar von Landungsbooten gemeldet. Jedoch war man sich nicht sicher, ob es sich tatsächlich um die erwartete große Invasion handelte, oder um einen Scheinangriff, der von der eigentlichen Invasion (erwartungsgemäß am Pas-de-Calais) ablenken sollte. Außerdem erwartete man lediglich angreifende Engländer...

Um 5:35 meldete der Ic (Feindabteilung) des LXXXIV. Korps (auszugsweise):

Anlandungen Vier und Port-en-Bessin nicht bestätigt. Bisher hat noch kein englischer Soldat von See her den Armeebereich betreten. (Man hatte mit einer Invasion ausschließlich seitens der Briten gerechnet.)

Um 5:50 Uhr verflüchtigte sich mit dem ersten hellen Tageslicht der künstliche Nebel über dem Meer. Über den gesamten Horizont erstreckten sich wie eine durchgehende Mauer die dunklen Schiffskörper. Darüber glänzten Hunderte, an langen Seilen schwebende, Zeppelinen ähnliche Sperrballone – eine defensive Abwehrmaßnahme gegen deutsche Tiefflieger-Angriffe. Sofort ging eine Meldung an den Befehlshaber der Sicherung West, dem mitgeteilt wurde, daß vor Vierville viele feindliche Seestreitkräfte stehen, die die Küste ansteuern.

Um 5:52 Uhr informierte das Artillerie-Regiment den Stab der 352. Division über sich nähernde Landungsboote (auszugsweise): Etwa 60 bis 80 schnelle Landungsboote nähern sich der Küste bei Colleville. Von der eigenen Artillerie sind diese Boote nicht zu erfassen... Die Kriegsschiffe auf hoher See stehen für eigene Artillerie zu weit entfernt.

Leutnant Hans Heinzes Bataillon war hinter der Küste, westlich Colleville, stationiert. Die MG-Kompanie lag vorn, die drei Schützen-Kompanien blieben in einem fast fünfhundert Meter tiefen Raum, etwa 1,5 Kilometer hinter der Küste. Hans Heinze saß zu dieser Zeit auf einem improvisierten Beobachtungsposten in einem Baum auf einer über fünfzig Meter hohen Erhebung, fast einen Kilometer vom Strand entfernt, zwischen den

Hans Lücking (rechts) auf einem Beobachtungsstand auf dem Dach des ehemaligen Priesterseminars in Bayeux: „Von dort oben aus konnten wir die Invasionsflotte am Horizont liegen sehen..."

Foto: Kollektion I. Lücking

Widerstandsnestern 62 und 64. Über seine Eindrücke im zarten Dämmerlicht, kurz vor dem Sonnenaufgang, berichtete er: „Als ich das erste Mal durchs Fernglas gesehen hatte, war es über dem Meer noch völlig nebelig. Dann kam leichter Wind auf. Erst entdeckten wir eine große Anzahl Mastspitzen, die wie Spargel aus dem noch dünnen Nebel ragten. Wenige Minuten danach riß der Wind den Nebel gänzlich fort. Dieses schaurig-schöne Bild, das sich unseren Augen darbot, werde ich nie vergessen. Im ersten Augenblick glaubte ich, eine Vision zu haben, aber kurz darauf erkannte ich die schreckliche Wirklichkeit dieses Szenarios... Da waren Tausende Schiffe, die in der Zwischenzeit vor der Küste aufgefahren waren. Ich war erst 21 Jahre alt, trotzdem fühlte ich mich sehr erwachsen. Wir waren es im Einsatz gegen die Russen gewohnt gewesen, oft gegen eine Übermacht zu kämpfen, aber das hier, das war etwas ganz anderes. Es war mir, als hätte sich die ganze Welt gegen uns aufgestellt..."

Der Obergefreite Hans Lücking stand in diesem Moment mit einem Fernglas auf einer Beobachtungsplattform auf dem Dach des ehemaligen Priesterseminars in Bayeux, unweit der alten Kathedrale:

„Es war über dem Meer noch sehr diesig, und die Schiffe am Horizont waren wohl dreißig Kilometer weit entfernt, nur verschwommen zu sehen, aber es war ein phantastischer Anblick. Der ganze Horizont war schwarz, wie ein breites, schwarzes Band, unglaublich..."

Kurz darauf erhielt Hans Lücking in Bayeux den Befehl, sich mit seiner Einheit zur Küste zu begeben: „Wir mußten uns sofort einsatzbereit machen. Das heißt, daß eben die nötige Munition

Ausblick vom WN 62. Die deutschen Soldaten, die im Morgengrauen die Armada der Alliierten erblickten, sprachen von „einem einzigen, ohne Unterbrechung durchgehenden, schwarzen Band am Horizont" (an dem bereits vor „Utha Beach" ein US-Zerstörer von einer 21-cm-Kanonen der Marine-Küsten-Batterie Crisbecq in zwei Teile geschossen worden war, die gerade qualmend im Meer versinken).

Foto: Archiv von Keusgen

Die deutschen Küstenstellungen waren im schweren Trommelfeuer der Schiffsartillerie, Raketenwerfer und dem dunklen Qualm schon nach wenigen Minuten von See her nicht mehr zu erkennen....

Foto: US National Archiv

ausgeteilt und auch Handgranaten empfangen wurden. Wir haben nun mit allem rechnen müssen..."

Um 5:55 Uhr meldete das Grenadier-Regiment 916:

Vor Vierville 45 kleine Landungsboote beobachtet – die Beschießung der Küste eröffnet.

(Diese lapidar abgefaßte Meldung beschrieb nicht annähernd die Ausmaße dessen, daß sich nun tatsächlich zutrug.)

Ein Inferno brach los. Brüllender Donner dröhnte von See herüber und war noch bis zu siebzig Kilometer im Inland hörbar – die Kriegsschiffe eröffneten ihren Beschuß auf die Küste. Der Obergefreite Peter Lützen befand sich in diesem Moment auf der höchsten Erhebung des Widerstandsnestes 62. Er beschrieb den ersten Augenblick, da das Trommelfeuer begann:

„Das war nur ein einziger Feuerschweif; das ganze Meer war am blitzen, und dann kam da so ein großes Ding angeflogen... Wir 'rein in den Graben und 'runter... Rumms!"

Die Schlachtschiffe USS Texas, USS Arkansas (beide Schiffe beschossen auch „Utah Beach"), die französischen Kreuzer Georges Leygues und Montcalm sowie elf Zerstörer belegten die deutschen Stellungen mit schwerem und schwerstem Artilleriefeuer. (Die Zerstörer waren die USS Baldwin, USS McCook, USS Carmich, HMS Glasgow, USS Frankford, HMS Tanatside, USS Burcking, HMS Malbreach, USS Harding, USS Thompson und USS Doyle; an den Flanken befanden sich noch – westlich – die USS Satterlee, HMS Talybond und – östlich – die USS Emmons, doch beschossen diese Schiffe Ziele weit außerhalb des „Omaha Beach".) An diesem Trommelfeuer waren auch noch 105 weitere Schiffe und Boote beteiligt. Granaten mit Kalibern bis zu 42,5 Zentimeter heulten zur Küste, und spezielle Raketenwerfer-Prähme feuerten kreischende Salven von bis zu 324 Raketen ab.

Auf dem WN 62, im vordersten MG-Tobruk-Stand und nur 75 Meter vom Strand entfernt, standen der 18-jährige Grenadier Friedrich Faust und der 20-jährige Gefreite Ludwig Kwiatkowski, der den ersten Moment des Trommelfeuers beschrieb: „Auf einmal ging's los. Wir haben die dicken Granaten der schweren Geschütze in der Luft auf uns zufliegen sehen. Wupp, wupp, wupp, kamen sie angeflogen. Faust und ich glaubten zuerst, die Dinger schlagen direkt bei uns ein. Köpfe 'runter und Deckung...

Unser Stützpunkt war doch noch gar nicht fertig ausgebaut. Da standen noch die Loren 'rum, und als die Bauarbeiter gerade kurz vor der Schießerei gekommen waren, hatte man denen noch schnell ein paar Karabiner in die Hände gedrückt...“

Die Explosionen ließen hohe Erdfontänen aufspritzen, heiße Granatsplitter fetzten umher, und große und kleine aufgewirbelte Steine regneten wie schwerer Hagel herab. Grelle Blitze zuckten, die Luft vibrierte, schmeckte bitter nach verbranntem Sprengstoff und reizte die Augen, Nasen- und Rachenschleimhäute der Soldaten. Von den ungeheuren Detonationen bebten die Bunker, und die deutschen Soldaten kauerten sich verängstigt und Deckung suchend in die schmalsten Nischen ihrer Stellungen oder preßten sich an den Erdboden. Leutnant Hans Heinze erzählte über den schweren Beschuß durch die Schiffsartillerie:

„Unser Glück war es, daß die Mehrzahl dieser großen Granaten mit beachtlichem Getöse über uns hinweg orgelten. In Sorge war ich um die 6. Kompanie, die von meinem Kameraden, Leutnant Heller, geführt wurde. Von meiner B-Stelle aus konnte ich beobachten, wie in seinem Bereitstellungsraum einige Bomben niedergingen. Später erfuhr ich, daß keine nennenswerten Verluste eingetreten waren. Die ganze Kompanie hatte sich eingegraben. Leutnant Heller war ein Trommelfell geplatzt.“

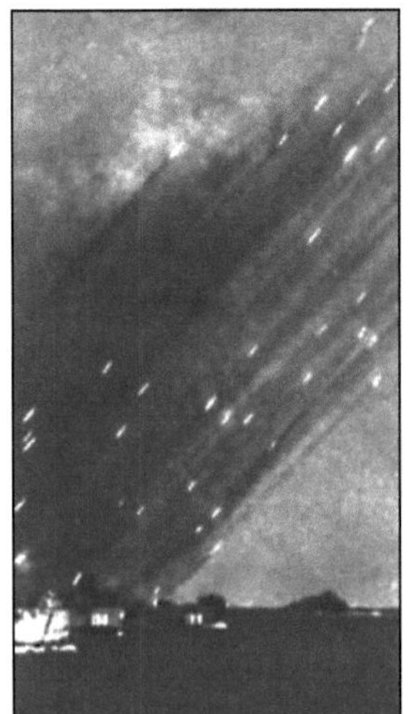

Bild oben: Ein LCR konnte für eine einzige Salve mit bis zu 324 Raketen bestückt werden.

Bild links: Abschuß einer Raketensalve von einem LCR.

Fotos: US National Archiv

Unter dieser Glocke massierten Trommelfeuers näherten sich als erstes die 16 LCTs mit den Amphibien-Panzern. 13 Kriegsschiffe beschossen die Küste am *Omaha Beach*. Insgesamt sollten sie 3.500 Granaten unterschiedlichster Kaliber abfeuern. Außerdem waren auf 13 spezielle LCGs *(Landing Craft, Guns = Landungsboote mit Kanonen)* leichte Sturmgeschütze montiert, die sich während ihrer Fahrt zum Strand in den letzten 30 Minuten vor der *Stunde Null* noch mit 9.000 Granaten an dem Trommelfeuer zu beteiligen hatten, und von neun LCRs *(Landing Craft, Rokkets = Landungsboote mit Raketenwerfern)* sollten zusammen 9.000 Raketen abgeschossen werden. Doch von diesen 21.500 Geschossen *(durchschnittlich 358 Granaten und Raketen pro 100*

Der durch das Trommelfeuer entstandene Dunst, der die Kriegsschiffe einhüllte, beeinträchtigte die Sichtverhältnisse ihrer Artilleristen ganz erheblich... **Fotos: US National Archiv**

Der Bootsführer und einer der zwei MG-Schützen auf einem LCVP.

Meter des Landeabschnitts „Omaha Beach") erreichte nur ein geringer Teil ihr Ziel. Die Raketen verfügten ohnehin über keinerlei Treffsicherheit. Die Geschütze auf den LCGs kamen wegen des hohen Seeganges nur ungenügend zum Einsatz – einerseits, weil man kaum schießen konnte, andererseits, weil die Schützen bei der Schaukelei ihre Ziele gar nicht trafen. Die Schiffsartillerie hatte ebenfalls mit Problemen zu käm pfen: Bedingt durch den bezogenen Himmel und dem nur geringeren Wind, der herrschte, war die Küste durch den Granat- und Raketenbeschuß sehr schnell in dunklen Qualm gehüllt. Als fast schwarze, wabernde Masse verdunkelte er unter der niedrigen Wolkendecke stark den Himmel und das Land darunter, wodurch die Zielortung der noch bis zu mehr als 20 Kilometer entfernten Kriegsschiffe äußerst schwierig wurde. Die gute Tarnung der deutschen Stellungen bereitete den Amerikanern weitere Schwierigkeiten. Außerdem beschoß ein Teil der Kriegsschiffe auch die beiden schweren Batterien auf den hohen Küstenplateaus bei Longuessur-Mer und an der Pointe du Hoc, deren Stellungen gegen einen Angriff von See her ausgerichtet waren, ihre Kanonen sich aber nicht an den Ereignissen vor *Omaha Beach* beteiligten. Insgesamt war der Beschuß nicht direkt genug, aber für noch mehr Schiffe fehlte es an Raum, und für das Trommelfeuer auf die deutschen Stellungen waren nur 35 Minuten eingeplant. Ironischerweise war es die taktische Planung der Armee gewesen, das Feuer auf 35 Minuten zu begrenzen *(es dauerte dann aber nur 32 Minuten)*. Dennoch, die Soldaten in den heranfahrenden Landungsbooten waren beeindruckt. Sie ahnten nicht, daß der unzulängliche Beschuß ihrer Schiffsartillerie für sie noch katastrophale Konsequenzen haben würde...

Der 17-jährige Tom Harbur konnte auf seinem LCVP trotz des anbrechenden Morgenlichts im Qualm der Schiffsgeschütze immer noch nicht die genaue Richtung erkennen, in die er sein Boot steuern sollte. Der junge Bootsführer erzählte: „Als ich dann an dem Schlachtschiff *Nevada* vorbei kam, habe ich mich daran orientiert, in welche Richtung ihre Kanonen schossen – und diese Richtung habe ich dann auch genommen..."

Während des Beschusses hatten sich die Kriegsschiffe der Küste bis auf 17 Kilometer genähert. Gegen 6:00 Uhr setzte das Trommelfeuer aus, und General Bradley versuchte, sich vom Hauptquartier-Schiff aus von dessen Wirkung zu überzeugen. Nach einer kurzen Pause begannen die mächtigen Kanonen der Schiffsartillerie wieder mit dem brüllenden Beschuß, und wieder heulte Raketensalve auf Raketensalve aus 2.916 Abschußrampen.

Die Masse der Geschosse hatte aber hauptsächlich nur die oberen Küstenhänge getroffen. Viele waren sogar weit darüber hinaus ins Hinterland geflogen und hatten etliche Häuser der französischen Bevölkerung schwer beschädigt. Auf dem Anwesen der Familie Scelles schlugen vier Granaten ein, „doch unsere dicken Mauern waren sehr solide, und wir glaubten, daß sie dem Beschuß standhalten würden", sagte Edmond Scelles, „doch dann schlug eine schwere Granate direkt neben unserem Wohnhaus ein. Alles hat schrecklich gezittert und gebebt. Da haben wir vorsichtshalber unser Haus verlassen. Auf der anderen Seite der Straße gab es einen von den Deutschen aufgegebenen Unterstand aus dicken Baumstämmen, in dem haben wir uns dann versteckt…"

Zwar erlitten die deutschen Soldaten durch das Trommelfeuer einige Verluste, doch hatte nach dem fehlgeschlagenen Bombardement nun auch der Beschuß der Schiffsartillerie weitgehend seine zerstörerische Wirkung verfehlt. Dennoch sah der dunkel qualmende Küstenstreifen in der Bucht für die sich in weiter Entfernung befindenden amerikanischen Beobachter auf der *Ancon* beeindruckend aus. Doch bei den vielen hellblauen Rauchsäulen, die sich eindrucksvoll vor dem von verbranntem Sprengstoff geschwärzten Himmel deutlich abzeichneten, handelte es sich nur um brennende Ginstersträucher, die man zur Tarnung in den Verteidigungsanlagen stehengelassen hatte…

Dann wurde das Trommelfeuer wieder fortgesetzt.

Um 6:04 Uhr meldete Grenadier-Regiment 916 an seine Division:

In der Vierville-Bucht stehen auf See seit 5:45 Uhr insgesamt 140 Schiffseinheiten. Die Küstenbefestigungen liegen unter starkem Feuer der Schiffsartillerie.

Um 6:15 Uhr meldete das Grenadier-Regiment 726: *WN 60 liegt unter besonders schwerem Artillerie-Feuer…*

In ihrem Tobruk-Stand auf dem WN 62 kauerten noch immer die MG-Schützen Kwiatkowski und Faust. Kwiatkowski berichtete weiter:

Kurt K. Keller: „Wir im Hinterland hatten zwar auch immer vom Bevorstehen einer Invasion gehört, doch nicht so unmittelbar – wir waren vollkommen überrascht…"

Foto: Kollektion K. K. Keller

„Daß wir uns nicht in die Hosen gemacht haben, war ein Wunder. Die ganze Zeit des Beschusses haben wir nicht ein einziges Mal die Köpfe aus unserer Luke gereckt, noch nicht einmal nach oben gesehen… Aber niemand von uns auf dem Stützpunkt wurde von den Granaten getroffen, die gingen alle über uns hinweg…"

Zu dieser Zeit bekam die Aufklärungs-Schwadron den Befehl, sich mit ihren Fahrrädern zur Küste in Bewegung zu setzen. Kurt Keller sagte: „Ab Mitternacht hatten wir schon den stärkeren Einsatz von schweren Bombern feststellen können. Inzwischen war das Bombardement und das Trommelfeuer dort oben an der Küste bereits in vollem Gang. Wir konnten trotz der großen Entfernung das Beben des Bodens spüren. Dann kam der Befehl: *Abbau des Biwaks! Fertig machen! Die Invasion ist da!*

Den weiten Weg von unserem Standort bei Tilly mußten wir so schnell wie möglich mit unseren Fahrrädern bewältigen. Ich nahm auf meinem Fahrrad mein Maschinengewehr und zwei Munitionskästen mit. Ich war, wie wir jungen Soldaten alle, ganz erpicht darauf, den Engländern an die Kehle zu gehen. Ich war auch überzeugt, daß wir den Feind zusammenhauen würden. Wir waren wirklich der Meinung, daß dort, wo der deutsche Soldat stand, kein anderer hinkäme…"

Schwimmpanzer – die nicht schwimmen konnten...

Die 16 großen LCTs des Leutnants Rockwell wurden noch einige Zeit vor den kleinen Landungsbooten durch die dichte, schießende Kriegsflotte manövriert, dann trennten sich die Panzer-Transporter in zwei Gruppen, jene des 741. und des 743. Panzer-Bataillons, und jede nahm Kurs auf ihren Landeabschnitt. Rockwell wußte, daß ein pünktliches Ankommen der Panzer wichtig für ein schnelles Öffnen der Strandausgänge war. Ihm war aber klar, daß die Amphibien-Panzer bei dem starken Seegang nicht in der Lage wären, sich aus eigener Kraft und schwimmend dem Strand zu nähern. Auch der Vorgesetzte des Leutnants, mit dem Rockwell über Funk aus einem der Panzer noch an Bord des LCTs sprach, war seiner Meinung. So entschied er, mit seinen acht LCTs des 743. Bataillons direkt bis zum Strand zu fahren...

Der verantwortliche Offizier der anderen Schwimmpanzer-Gruppe, jener des 741. Panzer-Bataillons, blieb bei dem ursprünglich gefaßten Plan, die Duplex-Drive-Panzer ins Meer zu entlassen. Bereits um 5:50 Uhr hatte er begonnen, seine Schwimmpanzer über die schmalen Rampen in die rauhe See auszusetzen – noch weite sechs Kilometer vom Strand entfernt. Der erste Panzer tauchte vorsichtig in die wogenden Fluten und schwamm in Richtung Land. Doch noch bevor der zweite Schwimm-Panzer folgen konnte, beobachteten dessen Besatzungsmitglieder gerade noch, wie der erste plötzlich im Meer versank – dann rollte auch der zweite über die Rampe...

Die Rampe eines LCTs, von der aus die Schwimmpanzer ins Wasser rollen mußten – für die Besatzungen dieser Panzer ein schauriger Anblick... (Im Hintergrund drei bereits zu Wasser gelassene Duplex-Drive-Panzer.)

Foto: US National Archiv

Das Problem, mit dem die Duplex-Drive-Panzer im Meer konfrontiert wurden, bestand in den viel zu fragilen Metallgestellen, an denen die Schwimmsäcke aufgehängt waren. Die Metallkonstruktionen hielten den starken Druck der hohen Wellen nicht stand, knickten ein, das Wasser überflutete augenblicklich den Panzer – und der sank sofort wie ein Stein.

Noch bevor der dritte Panzer ins Meer geschickt wurde, war auch der zweite versunken, dann verschwanden auch der vierte und der fünfte Panzer von der Wasseroberfläche...

In den sinkenden Panzern ereigneten sich schreckliche Situationen. Gegen die mit einem Tonnengewicht durch die Luken hereinstürzenden Wassermassen anzukämpfen, war den Besatzungsmitgliedern unmöglich. Vielmehr wurden sie von den schweren Fluten bis in die äußersten Ecken der Innenräume gepreßt. Erst wenn die Panzer gänzlich vollgelaufen waren, gab es für die Männer eine Chance, auszusteigen. Doch nur diejenigen Soldaten, die von ihrer U-Boot-Rettungsausrüstung schnell genug Gebrauch machen konnten, waren in der Lage, überhaupt bis dahin zu überleben – außerdem mußten sie in dieser Situation einen klaren

Verstand behalten, um einer Panik entgegenzuwirken. Nur ein einziger Mann, der in diesem Moment der hereinbrechenden Flut die Nerven verlor, konnte der gesamten Besatzung das Leben kosten.

Dann begann der Ausstieg aus den engen Luken. Jeder wollte als erster hinaus, denn die Panzer sanken in jeder Sekunde tiefer. Nur wenigen Männern gelang es, sich unter Wasser aus den „stählernen Särgen" *(wie die Panzersoldaten die Duplex-Drive-Panzer nannten)* zu befreien und mit dem gefährlichen und weiten Aufstieg an die Wasseroberfläche beginnen. Die Wassertemperatur betrug knapp 12 Grad Celsius – in tieferen Bereichen war es noch deutlich kälter…

Dieser gesamten fünfköpfigen Besatzung eines versunkenen Duplex-Drive-Panzers war es gelungen, die Wasseroberfläche zu erreichen, und sie wurde von einem der speziellen Bergungsboote aufgenommen.
Fotos: US National Archiv

In der Entfernung von der Küste, in der die Amphibien-Panzer sanken, hatte das Meer, je nachdem wie weit sie noch schwimmen konnten, eine Tiefe von anfangs mehr als 30 Metern und, näher an der Küste, mindestens 18. In derartige Tiefen hinabgerissen zu werden und wieder unbeschadet hinauf zu kommen, war für die Panzersoldaten, die nicht mit der Taucherei vertraut waren, infolge mehrerer negativer Umstände geradezu unmöglich. Durch das plötzliche Eindringen großer Wassermassen entstand in den Innenräumen der Panzer ein rasch zunehmender Überdruck, dem die gegen das Wasser ankämpfenden Männer hilflos ausgesetzt waren. Dieser Druck wirkte sich gleichermaßen nachteilig auf die Ohren (als Gleichgewichtsorgane) und die Lungen aus. Sicherlich waren die Besatzungsmitglieder zuerst einmal damit beschäftigt, so schnell wie möglich aus ihren kleinen Atembeuteln Luft zu bekommen – sofern sie nicht in Panik gerieten. Wenn es ihnen dann gelang, die sinkenden oder bereits auf den Grund gesunkenen Stahlkolosse durch eine der Luken zu verlassen, wurden sie von ihren Schwimmwesten schneller nach oben gezogen, als ihr Organismus es vertragen konnte, auch strampelten diese Männer mit den Beinen und ruderten mit den Armen, um so schnell wie möglich die rettende Wasseroberfläche zu erreichen – was zur Folge hatte, daß sie auf dem Weg nach oben leicht das Bewußtsein verlieren konnten. Jenen Soldaten, die durch einen zu langen Zeitverlust ihre nur begrenzte Luftreserve verbraucht hatten und dann mit angehaltener und nicht ausgeatmeter Luft aufstiegen, platzten mit abnehmendem Umgebungsdruck unweigerlich die Lungen. Wer jedoch dem schmerzhaften Druck seiner Lunge nachgab und noch rechtzeitig ausatmete, hatte infolge der körperlichen Kraftanstrengung oft nicht mehr genug Reserve, mit leerer Lunge bis nach oben zu kommen...

Von den vier LCTs der A-Kompanie des 741. Bataillons wurden 13 der Schwimm-Panzer und die 8 Tank-Dozer ins Meer ausgesetzt. Wegen einer defekten Rampe konnten drei Panzer ihr LCT nicht verlassen. Während ihres sechs Kilometer langen Weges zum Strand versanken vier Panzer und sieben Dozer. Einigen Besatzungsmitgliedern gelang es, sich zu retten. Da man bei der Planung der Landung ohnehin damit disponiert hatte, daß einige Panzer im Meer versinken würden, waren ihre Besatzungsmitglieder mit auffälligen gelben Schwimmwesten ausgestattet worden, um sie im Meer rasch finden und bergen zu können.

Auch auf dem LCT 600 der B-Kompanie wurden die Rampen zu Wasser gelassen. Dann rollte der erste Panzer ins Meer, schwamm einige Meter, die Stahlstreben des Schwimmsacks gaben nach, knickten ein, die Wassermassen überfluteten augenblicklich das schwere Kettenfahrzeug – und es versank. Entgegen seiner Order ließ der Skipper die Rampen sofort wieder einziehen und das LCT trotz des Artillerie-Sperrfeuers bis an den Strand fahren. Die drei Panzer, die dann aus dem LCT 600 rollten, waren die einzigen der B-Kompanie, die den Strand erreichten.

Auf der deutschen Seite wurden inzwischen die LCTs des 743. Panzerbataillons entdeckt. Um 6:23 Uhr informierte der Ia der 352. Infanterie-Division die Panzerjagdabteilung 352 über das *Auftreten der ersten Panzerlandungsboote in der Bucht vor Vierville*.

Fahrt in die Hölle

Der 18-jährige Alan Reid war Brite und fuhr auf einem der vielen Sicherungsboote der Armada der Alliierten:

„Ich war als MG-Schütze an Bord dieses Bootes, das mit mehreren anderen amerikanische Truppentransporter eskortierte. Unser Boot fuhr zick-zack, weil wir auf deutsche U-Boote aufpassen und horchen sollten. Wir sahen die vielen Schiffe um uns herum und wunderten uns, daß wir selbst dazwischen waren. Man hatte an uns Aufputsch-Tabletten verteilt, damit wir nicht müde wurden – sie hießen *Benzedrin*, und man hatte uns gesagt, daß ihre Wirkung ausreichte, damit bis zu sechzig Stunden ohne Schlaf auszukommen."

Aber die Tabletten hatten noch ganz andere Auswirkungen... Und nun fuhr Alan Reids Boot zwischen den Landungsbooten näher an die Küste heran, um dann davor zwischen *Omaha Beach* und *Utah Beach* hin und her zu patrouillieren.

Im Schutz des schweren Trommelfeuers der Schiffsartillerie näherte sich auch die erste Angriffswelle der Landungsboote. In den 24 LCMs der zwei Engineer Combat Teams und den insgesamt 43 LCAs der Infanteristen standen, hockten oder knieten meistens 31 GIs dicht neben- und hintereinander zusammengedrängt.

Der 18-jährige britische Seemann Alan Reid fuhr als MG-Schütze auf einem der Sicherungsboote.

Foto: Kollektion A. Reid

Foto: US National Archiv

*Bild oben: Die GIs mußten ihre Plätze in den Landungsbooten nach ge-
nauer Vorgabe und in bestimmter Reihenfolge einnehmen.*

*Bild links: Immer wieder stießen die schwerfälligen, eckigen Landungs-
boote mit ihrer platten Frontpartie in die hohen Wellenberge und holten
somit ständig massenhaft Wasser über, das die GIs im Laufe der Zeit
völlig durchnäßte...*   *Fotos: US National Archiv*

Jede Infanterie-Kompanie wurde mit sechs LCAs transportiert – außer der A-Kompanie des 116. Regiments, die für ihre
nur 144 Soldaten lediglich fünf Boote benötigte. Unter den Männern waren Berufssoldaten, Freiwillige und zum Militär eingezo-
gene, die meisten jünger als 25 Jahre. Jedes Boot hatte üblicher-
weise einen Offizier an Bord und war in bestimmter Reihenfolge
besetzt *(von vorn nach hinten)*:

Der erste Mann, der das Boot verlassen mußte, war ein Offizier mit der Funktion des Zugführers. Ihm folgten fünf Schützen
mit Karabinern und jeweils 96 Schuß Munition; dahinter vier Stacheldrahtschneider, von denen zwei Männer mit großen Draht-
scheren ausgerüstet waren und zwei mit kleinen; zwei BAR-
Teams *(Browning Automatic Rifle = leichtes Maschinengewehr)*,
bestehend aus jeweils zwei Soldaten mit 900 Schuß Munition
pro Gewehr; zwei Barzooka *(Panzerfaust)*-Teams aus je zwei
Männern; zwei Granatwerfer-Teams aus jeweils zwei Soldaten
mit je einem 6-cm-Granatwerfer und 20 Granaten; zwei Flammenwerfer-Männer; ein Zerstörer-
Team, bestehend aus fünf Soldaten, die außer ihrer TNT-Sprengstoffpakete noch einen Mar-
kierungswimpel in den Farben der jeweiligen Landezone *(grün, weiß oder rot)* an einer dünnen,
langen Metallstange mitführten. Im Heck eines jeden Bootes befanden sich außerdem ein Sanitäter und ein stellvertretender Zugführer *(in manchen LCAs auch ein Funker)* sowie die aus
drei Seeleuten bestehende Bootsmannschaft, von denen einer das Boot fuhr und zwei aus kleinen MG-Ständen schon während der Anfahrt auf die Küste auf feindliche Ziele feuern konnten.
Alle Soldaten trugen spezielle „Angriffs-Jacken" mit extragroßen Taschen und einen im Rücken
eingearbeiteten Beutel. Zur Ausrüstung und Bewaffnung gehörten auch eine Gasmaske, fünf
Eihandgranaten, 250 Gramm TNT-Sprengstoff mit voreinstellbaren Zündern und sechs Eindrit-
tel-Rationen Verpflegung. Alles, was die Soldaten bei sich trugen, mußte für zwei Tage ausrei-
chen – außer der Munition. Über der Uniform wurde ein Doppel-Schwimmschlauch getragen,

der mittels einer am Koppel befestigten kleinen Preßluftpatrone aufgeblasen werden konnte. Die Uniformen waren gegen Gas imprägniert und dadurch fast doppelt so schwer. Jedoch sonderte diese Imprägnierung, wenn sie naß wurde, einen äußerst üblen Geruch ab...

Auf der offenen See, zwanzig Kilometer von der Küste entfernt, begannen die Boote, nachdem sie ihre Mutterschiffe eine halbe Stunde lang umkreist hatten, endlich ihre Fahrt zur Küste. Die amerikanischen Higgins-Landungsboote dümpelten über die zwar bis zu mehr als zwei Meter hohen aber sanften Wellenberge, doch je näher sie der Küste kamen, um so kürzer waren die Abstände der Wellen, und ihre Brecherzonen wurden immer rauher. Die flachen, kiellosen Rümpfe der plumpen und schwerfälligen Prähme waren aus einem mit nur 16 Millimeter dünnen Sperrholzplatten bezogenen, leichten Holzskelett gefertigt und nur wenig seetüchtig. Den Bootsführern und Soldaten hatte man gesagt, daß diese Boote, da sie aus Holz gebaut waren, unsinkbar wären. Die einzige Panzerung stellte die schwere, stählerne Frontrampe dar. Bis zu zwei Stunden und mehr brauchten die LCAs, um von ihren Bereitschaftsräumen, in denen ihre Mutterschiffe sie zu Wasser gelassen hatten, bis zur Küste zu fahren. Die mit ihren schweren, bis zu 50 Kilo wiegenden Ausrüstungen und Waffen bepackten Soldaten wurden von der hoch wogenden See in den Booten hin und her gestoßen. Schulter an Schulter, Ellenbogen an Ellenbogen und Knie an Knie stießen sich die Soldaten. Blasse, ausdruckslose Gesichter. Die

Viele der Soldaten in den Landungsbooten litten während der bis zu mehr als zwei Stunden dauernden Anfahrt zum „Omaha Beach" unter der Seekrankheit und damit verbundener Übelkeit. Der vor den Rampen aufsteigende Gischt übersprühte und durchnäßte die Männer. Dieses LCVP näherte sich gerade einem der Schwimmpanzer (rechts), der unmittelbar nachdem dieses Foto entstand, im Meer versank...

Foto: US National Archiv

Sämtliche GIs waren zu ihrer Sicherheit mit aufblasbaren Schwimmschläuchen ausgerüstet – nur viele legten sie nicht richtig an. Um ihren im Notfall erforderlichen Zweck zu erfüllen, mußten sie direkt unter den Achseln getragen werden (siehe den im Boot stehenden Zugführer), statt sie fälschlich um die Hüfte und unterhalb des schweren Sturmgepäcks zu tragen (wie der hinter dem Offizier knieende Soldat es getan hatte).

Die zweiteiligen, durch eine kleine Preßluftpatrone aufblasbaren Schwimmschläuche boten ihren Benutzern auch die Möglichkeit, mittels spezieller Mundstücke aus ihnen Luft holen zu können.

Männer, die bereits seit etlichen Tagen in den britischen Häfen auf den Schiffen hatten verweilen müssen, waren müde, durchnäßt, froren und waren ob ihres bevorstehenden Einsatzes verängstigt. Immer wieder kippten die eckigen Prähme in die tiefen Wellentäler hinab, und die flachen, steilen Frontklappen rammten polternd gegen die sich vor ihnen auftürmenden Wellenberge. Die auf und ab und hin und her schaukelnden LCAs ließen viele GIs seekrank werden. Mit zwischen die Beine geklemmten Gewehren, sich mühsam in ihrer hockenden Stellung haltend, versuchten sie eilig und mit zitternden Händen, die braunen, bereits vom Seewasser durchnäßten Papiertüten auseinanderzufalten, um sich dahinein zu übergeben – was bei vielen der nicht seekranken Soldaten ebenfalls Brechreiz auslöste. Da die Männer zu eng neben- und hintereinander standen oder hockten, erbrachen sie zwangsweise auch auf die Rücken und Sturmgepäcke der vor ihnen stehenden. Über eine solche Situation sagte Robert Slaughter:

„Ich hatte meine Kotzbeutel vorher einem Kameraden gegeben, weil ich noch nie zuvor seekrank war. So nahm ich nun meinen Helm ab und erbrach da hinein. Dann schüttete ich den Inhalt des Helms über die Bordwand und spülte ihn in dem schmutzigen Wasser aus, das in unserem Boot herum schwappte. Dann mußte ich mich wieder erbrechen…“

Immer wieder schlugen steile Wellen über die schulterhohen, hölzernen Bordwände, schwappte weiteres kaltes Salzwasser über die Männer. Wenn die Boote in die Wellentäler hinabstießen und weißer Gischt vor den Rampen hoch aufstieg, wehte ihn der Wind als feinen, salzigklebrigen Spray über die offenen Prähme…

In zehn der Boote, die bereits nach kurzer Fahrtzeit gänzlich von hohen Wellen überspült wurden, spielten sich tragische Szenen ab. Harold Baumgarten war GI in einem dieser LCAs:

„Unsere Boote wurden auf dem Wasser wie Streichholzschachteln hin und her geschleudert. Das Meer war wild, die Wellen bis zu vier Meter hoch. Jeder Mann war sofort durchnäßt. Dann fingen die Boote an, voll Wasser zu laufen, weil sie zuviel Tiefgang hatten. Die Pumpen wurden mit dem Wasser nicht fertig. Jeder von uns mußte seinen Helm abnehmen und Wasser schöpfen, damit wir nicht untergingen…“

Die GIs schöpften mit ihren Helmen das Wasser im Akkord wieder über die blaugrauen Bordwände zurück ins Meer. Einige Offiziere befahlen ihren Männern, schnellstens die schweren Ausrüstungen über Bord zu werfen, um die Boote somit leichter werden zu lassen. Dennoch versanken mehrere LCAs bereits während ihrer ersten Fahrt, und etliche Soldaten wurden von ihren schweren Ausrüstungen in die Tiefe gezogen – viele von ihnen konnten gar nicht schwimmen. Man hatte ihnen zwar aufblasbare Schwimmschläuche ausgehändigt, jedoch nicht erklärt, wie sie richtig anzulegen waren. Statt sie über Brust und Rücken und unter den Achseln zu tragen, hatten viele der GIs die Schläuche um die Hüften gelegt – und trieben nun, die Oberkörper vom schweren Gepäck herabgezogen, mit dem Kopf nach unten im Wasser...

Auch das Boot. auf dem Alan Reid als MG-Schütze mitfuhr, befand sich zwischen den sinkenden LCAs: „Wir konnten vom Boot aus beobachten, daß die GIs alle seekrank waren, auch viel zu schwer bepackt. Wenn die Boote untergingen, ertranken sie. Es trieben viele Tote im Meer... Wir hatten den ausdrücklichen Befehl, niemanden aus dem Wasser zu retten...“

Wenn manche Offiziere, die in jenen LCAs standen, auch nicht an diesen Unglücksstellen vorüberfahren und die Bootsführer veranlassen wollten, die im Meer treibenden Männer zu bergen, fuhren sie dennoch weiter – sie hatten ihre Befehle gemäß den „Gesetzen des Krieges“ während eines planmäßig geordneten Angriffs und riefen:

„ Wir sind Angriffsboote, keine Rettungsboote!“

Oft trieben nur wenige Meter neben diesen Prähmen Überlebende im Meer, reckten flehentlich die Arme, riefen um Hilfe. Es gab spezielle Bergungsboote – doch kamen sie für viele Soldaten zu spät...

Viele Amerikaner auf den vorbeifahrenden LCAs mußten mit ansehen, wie ihre Kameraden schon auf dem Weg zum Strand ums Leben kamen. Und wer diesen Anblick nicht ertragen konnte, wandte seinen Blick zur anderen Seite der Boote oder tauchte hinter den Bordwänden so tief hinab, daß sie die im kalten Wasser treibenden und verzweifelt winkenden Männer nicht mehr sehen konnten – doch die Schreie der Hilflosen verfolgten sie noch lange – mache ihr Leben lang...

Über die schreckliche Szenerie der heranfahrenden und mit den widrigen Umständen kämpfenden Landungsboote und ihren Insassen donnerte, dröhnte, heulte, kreischte und brüllte unentwegt das Trommelfeuer der Schiffsartillerie und Raketenwerfer auf die Küste.

Unter den zur Küste fahrenden Landungsbooten befanden sich auch die sechs LCAs der A-Kompanie des 116. Regiments. Die sechs Boots-Teams der A-Kompanie wurden von zwei Offizieren geleitet und bestanden jeweils aus einem vier Männern starken Granatwerfer-Trupp *(mit 6-cm-Werfern)*, einem vier Mann starken MG-Trupp, einem fünf Männer starken Demolition*(Zerstörer)*-Team, fünf Gewehrschützen und vier Männern mit Bangalore-Torpedos *(Rohr-Torpedos zur Sprengung von Breschen in Zäune, Mauern und Wälle)*.

Neun Kilometer vor der Küste mußte sicherheitshalber jeglicher Funkverkehr eingestellt werden. Von nun an waren alle Boots- und Zugführer auf sich selbst gestellt. Etwa fünf Kilometer vor der Küste befand sich die sogenannte LOD *(Line of Departure = Abfahrtslinie)*, an der sich nochmals alle Landungsboote einer jeden Angriffswelle neu formierten, bevor sie ihre endgültige Anfahrt auf den Strand begannen. An dieser, von speziellen Booten gekennzeichneten Linie wurde den Landungsbooten der Weg zu ihren jeweiligen Sektoren gewiesen. Die Startzeit zur eigentlichen Angriffsfahrt war 6:13 Uhr – 17 Minuten vor ihrer Landung...

Als sich nun alle Boote auf die Küste zu bewegten, näherten sich plötzlich die LCAs des 1. Bataillons des 116. Regiments einer Gruppe der großen, 126 Tonnen schweren und langsam vor

Die GIs verließen über zwei seitlich des Bugs aufgehängte Fallreeps das LCI/L.
Foto: US National Archiv

Wie von sehr vielen anderen Schiffen und Booten der Angriffsflotte auch, hatte man von diesem LCI/S (Landing Craft Infantry / Small = Landungsboot für Infanteristen / klein) einen großen Sperrballon gegen eventuelle deutsche Tieffliegerangriffe aufsteigen lassen.
Foto: US National Archiv

ihnen her fahrenden LCTs mit den Amphibien-Panzern. Oberleutnant zur See Jim Green, der dafür verantwortlich war, daß die sechs Boote der A-Kompanie pünktlich im Zielgebiet ankamen, fragte den in seinem Boot befindlichen Chef der A-Kompanie, der wiederum für einen zeitgenauen Einsatz seiner Männer zu sorgen hatte, ob man die langsam fahrenden, schwerfälligen LCTs überholen sollte, was Hauptmann Fellers befürwortete – eine verhängnisvolle Entscheidung…

Um 6:27 Uhr waren die ersten Landungsboote der ersten Angriffswelle nur noch wenig mehr als einen halben Kilometer vom Strand entfernt. Das Trommelfeuer der Schiffsartillerie auf die Küste wurde eingestellt, und es schien den heranfahrenden GIs in den Prähmen, als sei die plötzlich eingetretene Stille hörbar – trotz des Motorenlärms der Landungsboote. Stumm harrten die Soldaten aus; nur einige flüsterten flehentliche Gebete. In das dumpfe Röhren der 250-PS-Dieselmotoren mischte sich das gelegentliche Würgen der sich erbrechenden seekranken Männer. Zwischen den Füßen der Soldaten schwappten Seewasser und Erbrochenes hin und her – in vielen Booten mehr als knöcheltief.

Doch noch bevor die erste Welle der Landungsboote den breiten Strand im Sektor *Dog Green* erreichen konnte, näherte sich am anderen Ende der Bucht, vor Colleville, ein LCIL *(Landing Craft, Infantry / Large = Landungsboot für Infanteristen, groß – für 160 Soldaten)* aus nordöstlicher Richtung der östlichen Flanke des US-Angriffsbereichs *Omaha Beach*, fuhr bis in den Sektor *Fox Green* und direkt vor das WN 62. In einer Entfernung von annähernd 500 Metern vor der Küste lief das schlanke, kiellose Boot auf die erste Sandbank und ließ seine beiden seitlich des Bugs aufgehängten Fallreeps herab. In geordneten Reihen, Mann hinter Mann, stiegen die Soldaten langsam die beiden Fallreeps hinab, sprangen ins kalte Wasser, das ihnen bis zur Hüfte, teilweise sogar bis zu den Schultern reichte, manche sogar gänzlich darin versanken. Dann hielten sie sich befehlsgemäß gegenseitig am Koppel des Vordermanns fest und begannen, langsam zum Strand zu waten.…

Die deutschen Soldaten hatten immer mit einer Invasion der Engländer gerechnet und waren erstaunt, die großen weißen Buchstaben *US* am Bug des Schiffes zu sehen. Der stämmige Gefreite Hein Severloh, der als „Bursche" seines Batteriechefs, Oberleutnant Bernhard Frerking, diesen zur Artillerie-Beobachtungsstelle auf das WN 62 hatte begleiten müssen, stand im Laufgraben und hinter seinem Maschinengewehr auf halber Höhe des Widerstandsnestes *(27 Meter über dem Meeresspiegel)* – 17 Tage vor seinem 21. Geburtstag. Er berichtete:

„Es war in diesem Augenblick fast völlig ruhig in der Bucht, und kein einziger Schuß fiel. Wir hatten strikte Anweisung, so lange mit dem Schießen zu warten, bis die GIs nur noch in knietiefem Wasser wateten."

(In tieferem Wasser waren die Amerikaner noch zu weit entfernt, außerdem hätten sie darin Deckung finden können; wenn sie jedoch den Strand erreicht hatten, konnten sie sich durch Laufen aus dem Gefahrenbereich retten. Waren sie aber in knietiefem Wasser, war ihnen weder das Eine noch das Andere möglich…)

So wie Hein Severloh, beobachteten in diesem Moment fast dreihundert deutsche Soldaten die sich anbahnenden Ereignisse von den Widerstandsnestern aus – auch die Chefs und Feuerleitoffiziere der im nahen Hinterland gelegenen Batterien. Oberleutnant Frerking verließ seinen kleinen Beobachtungsbunker und ging den nur sieben Meter langen Laufgraben bis zu Hein Severloh. Sie beobachteten, wie die Amerikaner, mit Waffen und Ausrüstungen bepackt, langsam und völlig schutzlos durch die wogenden Wellen dem Strand entgegen wateten.

„Arme Schweine…“, sagte der Oberleutnant leise.

In weiter Entfernung konnten die beiden die sich nähernde erste Welle der Landungsboote erkennen. Dann wandte sich Frerking wortlos ab und ging zu seinem Bunker zurück, um die Koordinaten und den Feuerbefehl für das Sperrfeuer auf den Strand an seine Batterie telefonisch durchzugeben. Hein Severloh blickte zu den GIs hinab. Sie hatten inzwischen das flache Wasser erreicht. Severloh entsicherte sein modernes und weitreichendes MG 42. Über diesen Augenblick sagte er:

„Ich war mir darüber im Klaren, daß sich die GIs dort unten geradezu auf ihre eigene Schlachtbank begaben – aber auch ich hatte das Gefühl, selbst ein Schafott zu besteigen…“

Dann begann der junge Bauernsohn aus Metzingen in der Lüneburger Heide zu feuern. Die Amerikaner warfen sich ins kalte Wasser, aber es bot ihnen keinen ausreichenden Schutz. Doch beließ es Severloh nicht dabei, nur auf jene ersten GIs zu schießen, die sich im flachen Wasser befanden:

„Ich hatte erst fünfmal zuvor mit dem Maschinengewehr ein paar Übungsschüsse auf den Strand abgegeben und war von der Treffgenauigkeit und der Wirkung meines Maschinengewehrs selbst überrascht. So lenkte ich das Feuer bis zu dem Schiff, dann die Fallreeps hinauf – bis ich es leergeschossen hatte…“ (Siehe Severlohs Autobiographie „WN 62“.)

Wenige Augenblicke später zog sich das LCI/L langsam rückwärts fahrend in jene Richtung zurück, aus der es gekommen war. Die GIs in den heranfahrenden Landungsbooten wußten indessen noch nichts von dem ersten Omaha-Desaster vor WN 62. Obwohl sich die kleinen Prähme noch an der LOD und vor den jeweiligen Sektoren versammelt hatten, bevor sie zur Küste fuhren, erreichte die erste Angriffswelle nicht in gleichmäßiger Formation den Strand. Die widrigen Strömungsverhältnisse vereitelten eine gleichzeitige Landung über die gesamte Breite des Omaha Beach. Durch das in östliche Richtung und strömungsbedingte zunehmende Abdriften der Boote, war folglich ihr Weg zur Küste immer länger, und somit erreichten sie auch immer später den Strand.

Als die GIs der ersten Boote kurz vor dem Auflaufen auf die Sandbänke im westlichen Bereich der Bucht noch einmal vorsichtig über die Bordwände zur Küste hinüberblickten, erschien ihnen alles ganz ruhig, geradezu friedlich, dennoch gespenstisch. Nirgendwo war jemand zu sehen. Ein paar Villen standen halb abgerissen oder zerstört in der Nähe des Strandes, nur der Himmel über den Anhöhen war vom Qualm gänzlich schwarz verhangen. Hellblaue Rauchsäulen brennender Ginsterbüsche stiegen entlang der Küste fast senkrecht in den verdunkelten Himmel auf. Es war, als sei dieser durch die Ruinen der von den Deutschen halb abgerissenen und von einigen Granaten getroffenen Häuser am Vorstrand ungewöhnlich bizarr anmutende Ort völlig verlassen. Auf die amerikanischen Soldaten wirkte das Szenario, das sich ihren Augen darbot, eher beruhigend. Manche GIs begannen zu scherzen und zu lachen. Man hatte ihnen auf den Transportschiffen ja auch gesagt, daß es keine Deutschen mehr geben würde, wenn sie an den Strand kämen – und so sah also eine Küste aus, deren feindliche Verteidigungsanlagen völlig zerschlagen waren. Außerdem konnte man ohnehin nirgendwo Bunkeranlagen, Kanonen und Maschinengewehre erkennen, noch nicht einmal ein paar deutsche Soldaten – ein folgenschwerer Trugschluß. Und noch etwas konnte man nicht erkennen: Die charakteristischen Orientierungspunkte im Gelände, nach denen sich die Bootsführer zu richten hatten, um ihre Boote mit den Soldaten und ihren jeweils speziellen Aufgaben in die vorgesehenen Sektoren bringen zu können, denn der Rauch und Qualm hatte sie verhüllt. Alan Reid beschrieb die Situation:

„Die Sicht war sehr schlecht. Die ganze Küste lag unter einer dicken Decke aus dunklem Qualm. Es waren auch kaum Flugzeuge da…"

Zwischen den Rauchschwaden konnte auch Leutnant Hans Heinze von seinem Baum aus die Landungsboote kommen sehen:

„Sie hatten sich wohl vorgestellt, es wäre nun ein Spaziergang, über den Strand zu gehen. Wenn erstmal ihre Bomber und die Schiffsartillerie darüber streichen, würde von unserer Seite kaum Gegenwehr drohen, aber es kam dann doch etwas anders…"

Noch immer befand sich das Sicherungsboot, auf dem der 18-jährige Alan Reid als MG-Schütze mitfuhr, in dem großen Pulk der ersten LCAs. Auch Reid machte sich Gedanken über das Ziel der Boote:

„Wir waren nicht darüber informiert, wohin wir fuhren, aber wir näherten uns Omaha Beach *(Sektor „Dog Green" vor Vierville)*. Plötzlich wurden wir von rechts mit schwerer Artillerie beschossen. Wir nahmen an, es wären die gefürchteten Kanonen der Pointe du Hoc…"

(Tatsächlich war es die schwere Batterie der Heeres-Küsten-Artillerie-Abteilung 1718 beim etwa 14 Kilometer westlich gelegenen Maisy).

Da die Beschießung der deutschen Stellungen nur wenig effektiv gewesen war, begannen nun die ersten deutschen Kanonen im Sektor *Dog* auf die vordersten Boote der ersten

Angriffswelle zu feuern. Auch das LCA 911 der A-Kompanie mit seinen seekranken GIs wurde unter Beschuß genommen. Zwischen den Booten stiegen infolge der Granateinschläge die ersten hohen Fontänen auf. Die jungen GIs erschraken.

Im LCA 910 stand Oberleutnant zur See Jim Green neben dem Bootsführer und konnte nun beim näheren Heranfahren an die Küste einige deutsche Stellungen nahe des Strandausgangs *D1* erkennen. Er hoffte, daß diese Positionen nach dem Trommelfeuer inzwischen nicht mehr besetzt waren. Green ließ sein LCA etwas weiter nach Westen steuern und somit an die äußerste rechte Flanke des amerikanischen Angriffsraums *Omaha Beach*.

Bild oben: Bis zu zwanzig Meter hoch stiegen die Wassersäulen nach den nahe beieinander eingeschlagenen Granaten der deutschen Batterien auf.

Bild rechts: Die erste Welle der amerikanischen Landungsboote näherte sich der Küste.

Fotos: US National Archiv

Plötzlich wurde LCA 911, das links von Greens Boot fuhr, von einer Granate getroffen und auf der Backbord-Seite völlig aufgerissen. Ein Soldat verlor dabei einen Arm. Das Boot fuhr langsam weiter. Aus dem Oberarmstumpf des GIs quoll das Blut in Strömen. Seine Kameraden ermahnten ihn, sich hinzulegen. Doch der junge Soldat wollte weder im hereinströmenden Seewasser noch im Erbrochenen liegen und blieb tapfer stehen – bis er bewußtlos zusammenbrach. In seiner Aufregung und dem nun im Boot entstandenen Tumult verlor Unteroffizier John Barnes die Nerven und seinen Schwimmschlauch. Geistesgegenwärtig schnitt Leutnant Gearing, der Barnes´ aufkommende Panik bemerkt hatte, im letzten Moment dessen schwere Ausrüstung vom Körper, dann versank das Boot unter ihnen. Der Funker, der ein 20 Kilo schweres Funkgerät auf seinen Rücken geschnallt hatte, schlug verzweifelt und panisch mit den Armen um sich und schrie um Hilfe. Noch bevor ihm ein Kamerad helfen konnte, versank er im Meer. Doch für John Barnes und seine Kameraden, die den Untergang ihres LCAs überlebt hatten und nun im Meer trieben, war ihr Schiffbruch das Glück im Unglück, denn der A-Kompanie stand in nur wenigen Minuten eine Katastrophe bevor...

Die erste Angriffswelle

„Als der Artillerie-Beschuß aufgehört hatte", erzählte Ludwig Kwiatkowski, einer der sechs MG-Schützen im WN 62, „hatten die Amerikaner wohl geglaubt, sie hätten alles plattgehauen – und dann kamen sie mit ihren Landungsbooten..."

Von der ersten Angriffswelle landete, bedingt durch die starke Strömung, kein einziges Boot an seinem vorgesehenen Bestimmungsort – außer den fünf LCAs der A-Kompanie des 116. Regiments und jener zwei der Ranger, die von dort aus die Pointe du Hoc zu Fuß erreichen sollten. Außerdem lag *Dog Green* noch im Strömungsschatten der nahen, ins Meer hinausragenden Landzunge des Pointe et Raz de la Percée. Die E-Kompanie versetzte beim Heranfahren an die Küste um einen ganzen Kilometer in östliche Richtung, und den Booten des 16. Regiments der 1. Division erging es nicht anders. Je weiter östlich des *Omaha Beach* sie landen sollten, um so weiter wurden sie abgetrieben. Somit entstand eine Situation, in der die Soldaten der A-Kompanie (vorerst) allein in ihrem Sektor kämpfen mußten und im gesamten Bereich *Dog* viel zu wenig Männer landeten, als vorbestimmt und erforderlich waren.

Die kleinen LCAs der A-Kompanie waren mit nur jeweils 24 Soldaten leichter besetzt, als die größeren LCVPs mit 31 und bis zu 36 Männern. Als die erste Welle der Landungsboote den Strand erreichte, war er stellenweise noch bis zu 500 Meter breit, und die Masse der Hindernisse noch unzerstört... (In der Bildmitte befindet sich ein LCG mit einem auf der Bordwand montierten leichten Sturmgeschütz. Die dunklen Punkte im Wasser sind umhertreibende Soldaten...) **Foto: US National Archiv**

LCA 910 war das erste Boot, das am Omaha Beach, im Sektor Dog Green, fast genau planmäßig, um 6:31 Uhr, landete – jedoch vor den drei nahe beieinander befindlichen Widerstandsnestern 71, 72 und 73, somit an der am stärksten befestigten Stelle der gesamten Bucht. Jim Green erkannte, daß es kaum Spuren des Bombardements gab, und auch keine Krater im Strand, wo die Soldaten Deckung finden könnten. Und die Panzer, die längst auf dem Strand stehen sollten? Die hatte man ja bereits vor einiger Zeit selbst überholt... Dennoch ließ Green die Rampe herunter, und Fellers und die ersten Männer aus Bedford verließen in geordneter Reihe das Boot. Hintereinander wateten sie durchs hüfthohe Wasser. Green ließ die schwere Rampe wieder hochziehen und befahl dem Bootsführer, zurückzufahren und auf dem Weg zur Empire Javelin die Überlebenden des gesunkenen LCA 911 aus dem Wasser zu bergen.

Rückwärtsfahrend zog sich das LCA vom Strand zurück. In diesem Moment eröffneten die Maschinengewehre der drei Widerstandsnester ihr Feuer auf Feller und seine Männer. Ray Stevens, der ein Treffen mit seinem Zwillingsbruder Roy an der Straßenkreuzung in Vierville verabredet hatte, fiel als einer der Ersten...

In den folgenden Booten befand sich auch Roy Stevens. Sein LCA wurde von einer Granate getroffen:

„Wir waren nur noch einige hundert Meter vom Strand entfernt, als unser Boot getroffen wurde und sofort sank. Ich konnte nicht schwimmen und wäre fast ertrunken, weil ich meine schwere Ausrüstung nicht los wurde. Aber ich hatte Glück, denn ich trug einen Schwimmschlauch, der mich über Wasser hielt, und mein alter Freund, Clyde Powers aus Bedford, hat mich gerettet. Wir trieben eineinhalb Stunden im Wasser – uns kam es wie eine Ewigkeit vor...“

Infolge schwieriger Navigation und falsch angelaufener Landeplätze gerieten auch die GIs durcheinander. Außerdem waren sie müde, seekrank und durchnäßt, immerhin hatten sie sich mehr als drei Stunden auf den kleinen, schaukelnden Booten aufgehalten, und ihr Kampfgeist war längst lähmender Lethargie gewichen.

Viele Soldaten der ersten Angriffswelle mußten noch weite Strecken durch tiefes Wasser bewältigen – im heftigen deutschen Granat- und MG-Feuer... **Foto: US National Archiv**

Unmittelbar nach dem LCA 910 liefen die nächsten vier Boote der A-Kompanie auf den Strand auf. Bedford Hobacks zwei Jahre jüngerer Bruder Raymond sprang von einem dieser Boote und rannte auf den Strand. Da wurde er von einem Geschoß getroffen und stürzte. Kameraden in seiner Nähe sahen, daß seine Verwundung nicht lebensgefährlich war und ließen ihn vorerst am Strand zurück, um ihn später zu bergen. Nur bedachten sie im Moment des Chaos´ nicht, daß die Flut stieg...

Unteroffizier Robinson hatte einen Rosenkranz in der Hand. Er kniete vollerer Angst nieder und fing an zu beten – eine Maschinengewehrgarbe zerriß ihm dabei den Unterleib....

Foto: R. Capa / US National Archiv

Direkt nach den Landungsbooten der A-Kompanie mit den Freiwilligen aus Bedford sollten auch die 12 LCAs der Kompanien F und G mit ihren 350 Soldaten zur Verstärkung folgen. Doch eines der LCAs der C-Kompanie wurde schon während der Anfahrt versenkt. Dabei starben 14 GIs. Außerdem wurden alle Boote über einen Kilometer weit nach Osten und in die Sektoren *Dog Red* und *Easy Green* abgetrieben, wo sie den Strand erst etwas später erreichten. So konzentrierte sich das deutsche Abwehrfeuer in diesem Bereich nun ausschließlich auf die noch übrig gebliebenen vier Boote der A-Kompanie. Die Rampen fielen auf die vorgelagerten Sandbänke und ins flache Wasser der Priele. Annähernd 500 Meter war der Strand in diesem Moment der niedrigsten Tide, aber gerade wieder einsetzenden Flut breit – und immer noch standen überall die hölzernen und stählernen Hindernisse mit ihren gefährlichen Minen. Nirgendwo waren die angekündigten Panzer zu sehen, die bereits auf dem Strand stehen sollten, um den Soldaten Feuerschutz zu bieten. Im Sand des Strandes waren keine Bombenkrater, in denen man hätte Deckung finden können. Auch an den Küstenhängen konnten die Amerikaner nur wenige Einschläge von den Granaten der Schiffsartillerie sehen – folglich waren die deutschen Stellungen gar nicht zerstört, und in dem Dickicht aus Strandhindernissen gab es nirgendwo Schneisen, die von dem breiten, gefährlichen Strand zum Vorstrand hinaufführten...

Trillerpfeifen schrillten, dann sprangen die nächsten GIs auf die Rampen – und wieder eröffneten die deutschen MG-Schützen ihr Feuer...

Den deutschen Soldaten hinter den Maschinengewehren hatte man gesagt, sie müßten in jenem Moment schießen, da die Rampen herabfallen, die GIs aus den Booten springen und noch nah beieinander sind. Jene, die dem ersten Geschoßhagel entkommen konnten, sollten mit Karabinern unter gezielten Beschuß genommen werden. Die deutschen Maschinengewehrsalven trafen die GIs bereits bei ihren ersten Schritten auf der Rampe. Viele der völlig verwirrten Amerikaner versuchten in ihrer Panik, ihre Boote seitlich oder nach hinten zu verlassen, um so dem Hagel der MG-Geschosse auszuweichen.

Auf einem der nachfolgenden LCAs befanden sich Leutnant Ray Nance, 17 Stabs-Soldaten sowie ein Sanitäter und die Bedford-Boys John Reynolds und John Clifton. Da sich die Rampe ihres Bootes nicht sofort öffnen ließ, stieß der Leutnant fest dagegen, und sie schlug klatschend auf das Wasser. Dann sprang er hinaus und versank bis zum Hals darin. Als er vorwärts waten wollte, wurde er von seiner schweren Ausrüstung immer wieder heruntergezogen. Irgendwann lag er im Sand des Strandes, noch nahe des Wassersaums. Um ihn herum lagen die gefallenen GIs der A-Kompanie oder trieben im flachen, blutigroten Wasser. In der Nähe

des Leutnants lag auch sein Funker John Clifton; er trug noch immer sein zerstörtes Funkgerät auf dem Rücken. Clifton, den die steigende Flut zu umspülen begann, stöhnte: „Ich bin getroffen..."

Leutnant Nance, der seinen Kopf auf den Sand preßte, um nicht von den umhersirrenden
Geschossen getroffen zu werden, blieb einen Moment lang liegen, dann fragte er seinen Funker: „Kannst Du Dich bewegen...?"

Doch bekam er keine Antwort. Als Nance zu ihm hinüber sah, war Clifton im Wasser verschwunden...

Einen Moment später sah der Leutnant vier Soldaten, die sich alle schutzsuchend hinter einem *Tschechenigel* zusammendrängten. Nance rief ihnen zu: „Geht auseinander!"

Im selben Augenblick schlug bei ihnen eine Granate ein und tötete drei Männer; einer wurde schwer verwundet.

Obwohl Leutnant Nance nirgendwo einen einzigen deutschen Soldaten sehen konnte, wurde plötzlich gezielt auf ihn geschossen. Als Nance dann endlich den MG-Schützen entdeckt
hatte, legte er sein Gewehr an, zielte – und mußte feststellen, daß es nicht mehr funktionierte.
In diesem Augenblick sah er den 22-jährigen John Reynolds mit dem Karabiner in den Händen
rennen. Er versuchte, den um ihn herum einschlagenden Geschossen auszuweichen – doch
er wurde tödlich getroffen.

Dann spürte der Leutnant einen Schlag am Fuß – ein Teil seiner Ferse war mitsamt seines
Schnürschuhs weggeschossen worden. Ray Nance stellte sich tot, wurde aber dennoch weiter beschossen. Er kroch etwas vorwärts und begann dann, auf dem Bauch liegend, mit den
Händen im Sand des Strandes eine Mulde zu graben, um sich dort hinein zu rollen. Ein anderer Soldat in seiner Nähe machte es Nance nach. Dennoch war das bei der steigenden Flut
kein Ort, an dem sie sich länger aufhalten konnten. Zwei tote Offiziere wurden mit den Wellen der steigenden Flut in ihre Nähe gerollt. Nance und dem anderen GI gelang es, langsam
bis nahe an die ansteigende Böschung zum Vorstrand zu kriechen. Auf dem Kiessaum verlor
Nance dann das Bewußtsein – er hatte inzwischen zuviel Blut verloren... *(Ray Nance überlebte den Krieg.)*

Zu dieser Zeit funkte das 16. US-Regiment zum Hauptquartier auf der *USS Augusta*:

*Die erste Welle landete nach Plan am Strand der Normandie und trifft auf starken Wider-
stand. Der Strand liegt unter starkem Maschinengewehr- und Gewehrfeuer. Es wurde kein
Fortschritt an Raumgewinn gemacht, weil der Strand mit Bunkern und Minenfeldern am Saum
gesichert ist.*

Bereits kurze Zeit nachdem die Rampen der ersten Landungsboote herabgefallen waren, wurden viele tote GIs im flachen Wasser an den Strand gespült. **Foto: US National Archiv**

Als die Rampen herunterfielen, hämmerten die deutschen Maschinengewehre weiter zwischen die aus den Landungsbooten drängenden GIs. Der Aufprall der Geschosse ließ die eilig aus den Booten springenden Männer zuckend zusammenbrechen. Etliche der heißen MG-Geschosse durchschlugen gleich zwei Soldaten, und wenn die vorderen fielen, liefen die nachdrängenden in den Stahlhagel... Die deutschen MG-Schützen feuerten auf die ersten wenigen auf den Strand auflaufenden Boote – und richteten gleich zu Beginn und in den ersten Minuten der Landung ein Massaker unter den landenden Amerikanern an.

Leutnant Tidrick sprang als erster seines Zuges ins Wasser und erhielt in diesem Moment einen Schuß in die Kehle. Er versuchte dennoch, den Vorstrand zu erreichen, brach aber kurz darauf auf dem Strand zusammen. Er fiel neben dem Soldaten Leo Nash nieder, der sich Deckung suchend hinter einem Hindernis zusammengekauert hatte. Unter großen Schmerzen spornte Tidrick den Soldaten an, sich sofort dem vorwärts drängenden Trupp der Stacheldrahtschneider anzuschließen – dann wurde Tidrick von einer anhaltenden MG-Garbe erfaßt und vom Kopf bis zur Hüfte aufgerissen.

Als Unteroffizier Thomas Valance über die Rampe gelaufen und ins Wasser gesprungen war, versuchte er, mit seinem Gewehr auf die deutschen Stellungen zu schießen, doch konnte er kein Ziel finden. Auch seine schwere Ausrüstung bereitete ihm Schwierigkeiten, sich aufrecht im Wasser zu halten. Er warf sie einfach fort. Ein Geschoß verwundete Valance dabei an der Hand. Kurz darauf bohrte sich ein anderes in seinen linken Hüftknochen. Im anhaltenden MG- und Granatwerfer-Feuer kroch der Unteroffizier über den breiten Strand, auf dem inzwischen etliche GIs stöhnend und schreiend lagen. Zwischen ihnen ließen die krachenden Einschläge der Granaten deutscher Batterien den Sand immer wieder in hohen Fontänen aufspritzen und die Soldaten überschütten. Dem schwerverwundeten Thomas Valance gelang es dennoch, über den breiten Strand und zwischen den Hindernissen hindurch bis zu dem drei Meter hohen Steinwall zu kriechen, auf dem die Promenade den Strand vom Vorstrand trennte. Dann brach Valance bewußtlos zusammen, zwischen einigen seiner schon dort liegenden Kameraden – als einziger Lebender zwischen Zerrissenen. Sie hatten sich, Deckung suchend, versehentlich auf die Minen geworfen...

Von den ersten vier Kompanien des 116. Regiments war die E-Kompanie jene, deren sämtliche Boote am weitesten von ihren Zielgebieten abgetrieben wurden. Der Sektor *Dog Green*

Bild oben: Die Minen in dem mehrere Meter breiten Kieswall wurden vielen GI zu einem tödlichen Verhängnis... **Foto: US National Archiv**

Bild links: Harry Parley, 24-jähriger GI der 29. US-Division – war bei der ersten Angriffswelle dabei... **Foto: Kollektion H. Parley**

sollte ihr Bestimmungsort sein, doch landeten sie 2,1 bis 2,5 Kilometer weiter östlich – im Feuerbereich der beiden Widerstandsnester 61 und des besonders starken WN 62. Harry Parley berichtete:

„Damals, in England, waren wir in eine Wellblechhütte geführt worden, und man hatte uns gesagt, daß unsere Kompanie in der ersten Angriffswelle dabei sein würde und daß dreißig Prozent Verwundete zu erwarten wären. Dann hat man mir einen Flammenwerfer gegeben und uns in die Normandie geschickt. Irgendwann befanden wir uns auf einem Landungsboot, duckten uns unterhalb der Bordwand und lugten hinüber. Jemand sagte nur, *ach du heilige Scheiße...*

Als dann die Rampe 'runterfiel, war ich mitten in der Hölle, und uns kamen Garben von MG-Projektilen entgegen. Das Geräusch war zipp, zipp, zipp, als sie auf's Wasser trafen. Mehrere Boote um uns herum waren von Granaten getroffen worden, einige brannten, manche versanken. Die Luft war voller Qualm. Überall das Krachen der krepierenden Granaten. Bei der Landung wäre ich fast ertrunken, denn ich war von der anstrengenden Fahrt noch zu erschöpft, und der Flammenwerfertank war sehr schwer. Nur im Schritttempo kam ich über den Strand; andere, die liefen, wurden von den Projektilen getroffen...

Als ich endlich den Fuß des Kliffs erreichte, herrschte dort völliges Chaos. Männer versuchten, Deckungslöcher zu graben – manche in ihrer Verzweiflung nur mit den blanken Fingernägeln... Jeder versuchte nur, irgendwie am Leben zu bleiben. Ich legte den Flammenwerfer ab und versuchte, auch ein Loch zu graben. Dann half ich, voller Furcht, verstört und laut betend, einigen Verwundeten. Zweimal überwand ich meine Angst, rannte über den Strand zurück und zog hilflose GIs auf's Trockene, bevor sie in der steigenden Flut ertranken..."

Ab 6:35 Uhr rollten die ersten Panzer der A-Kompanie des 741. Bataillons, denen es gelungen war, bis zur Küste zu schwimmen, endlich in den östlichen Sektoren auf den Strand – und gerieten in das deutsche Artilleriefeuer. Zwei von ihnen wurden sofort zerstört. Um 6:45 Uhr rollte der einzige nicht im Meer versunkene Tank-Dozer in die Flachwasserzone vor dem Strand – und erhielt von der 8,8-cm-Kanone des WN 61 einen Granat-Volltreffer. So erreichten von den

13 Duplex-Drive-Panzern und acht Tank-Dozern des Bataillons nur sieben Panzer und kein einziger Bulldozer den Strand.

Von den acht Amphibien-Panzern der B-Kompanie kamen nur drei am Strand an *(gegen 7:00 Uhr)* – die anderen fünf waren versunken. Die C-Kompanie verlor alle acht Tank-Dozer – auch sie lagen auf dem Grund des Meeres.

Einigen Mitgliedern der Panzer- und Dozer-Besatzungen war es gelungen, vor dem Untergehen noch rechtzeitig heraus zu kommen, und manchen gelang es auch, aus den sinkenden Panzern auszusteigen *(meistens den in den offenen Türmen sitzenden Kommandanten)*. Dann trieben sie im auf und ab wogenden Seegang, zwischen oder sogar vor den heranfahrenden Landungsbooten – deren Bootsführer unbeirrt und rücksichtslos geradeaus weiterfahren mußten. Ihr Befehl lautete:

„Ihr seid Angriffsboote, keine Rettungsboote!"

Dennoch widersetzten sich etliche Bootsführer diesem Befehl – auch unter dem Druck der an Bord befindlichen Soldaten, und bargen, sogar noch während ihrer Anfahrten in die Zielgebiete, viele im kalten Wasser treibende Männer aus ihren lebensbedrohlichen Situationen. Die Mannschaften der später eintreffenden Bergungsboote beobachteten schreckliche Szenen. Erschöpfte GIs

Im relativen Schutz eines der ersten abgesetzten Panzer näherten sich etliche GIs dem zu dieser Zeit noch mehrere hundert Meter breiten Strand.

Foto: US National Archiv

Die Soldaten auf einem mit Halbkettenfahrzeugen beladenen LCT beobachteten die Ereignisse an jenem unter heftigem Feuer liegenden Strand, an dem auch sie nur kurze Zeit später abgesetzt wurden.

Foto: US National Archiv

klammerten sich an alle möglichen auf dem Wasser umhertreibenden Dinge – auch an das durch auffällige gelbe Schwimmwesten gekennzeichnete, ertrunkene Personal versunkener Duplex-Drive-Panzer...

Inzwischen hatten sich die langen Transportboote des 743. Panzer-Bataillons des Leutnants Rockwell trotz des heftigen deutschen Artillerie-Sperrfeuers planmäßig der Küste vor dem Sektor *Dog* genähert – um 6:35 Uhr – nachdem ein Teil der GIs der ersten Angriffswelle bereits gelandet war... Von den vier LCTs der A-Kompanie rollten in ihrer Landezone *White* acht Panzer und acht Dozer auf den Strand. Von den acht Panzern wurden sofort fünf durch Artillerie-Beschuß zerstört, von den acht Dozern sechs. Die B-Kompanie mußte bereits bei ihrer Anfahrt auf den Sektor *Dog Green* schwere Verluste durch die deutsche Artillerie erleiden. Eines der beiden LCTs hatte einen Volltreffer erhalten und war mit seinen vier Panzern und dessen Besatzungen noch einige hundert Meter vor der Küste gesunken. Auch der Kompaniechef befand sich unter den Opfern *(vier weitere Offiziere wurden später vermißt)*. Alle vier Panzer und ein Halbketten-Lkw des zweiten LCTs erreichten den Strand. Bereits am Saum des Wassers eröffneten die Panzer ihr Feuer auf die deutschen Stellungen und gerieten dabei selbst sofort unter heftigen Granatbeschuß. Nur der C-Kompanie gelang es, im Sektor *Dog Red* alle acht Panzer unversehrt auf und über den Strand zu bringen.

Als die ersten GIs der anderen Kompanien endlich die Strandhindernisse erreicht hatten, versuchten sie, dahinter etwas Deckung vor dem Hagel der MG-Geschosse und dem gezielten Beschuß der deutschen Soldaten mit ihren Karabinern zu finden. Da trotz des schweren Bombardements noch fast sämtliche Telefonleitungen unversehrt waren und jene, die zerrissen wurden, schnell wieder repariert werden konnten, war es den deutschen Feuerleitoffizieren in den Beobachtungsstellen möglich, die Koordinaten an die Geschützführer in den vier bis fünf Kilometer im Hinterland gelegenen Batterien durchzugeben. Mit der nun auf der ganzen Breite der Plage-d'Or-Bucht stattfindenden Anlandung begannen auch die schweren Geschütze der Batterien ihr Sperrfeuer vor die gesamte Bucht zu legen. So heulten nun die 10,5-cm-Granaten der drei Batterien der I./352, die 15,5-cm-Granaten der zwei Batterien der II./352, die 10,5-cm-Granaten der einen Batterie der III./352 sowie die 15-cm-Granaten der Heeres-Küsten-Artillerie-Abteilung 1716 über die deutschen Küstenstellungen hinweg, auf den Strand und zwischen die landenden Amerikaner.

Nachdem das Trommelfeuer auf die Küste eingestellt worden war, kreisten auch die ersten Jabos *(Jagdbomber)* über den deutschen Widerstandsnestern. Immer wieder stießen sie auf die Stellungen herab, feuerten mit ihren Bord-MGs und schossen ihre unter den Tragflächen hängenden Raketen ab. Nur blieben ihre Attacken meistens wenig erfolgreich, denn die deutschen Soldaten waren in ihren vergleichsweise kleinen, befestigten Stellungen von den schnell fliegenden Propellermaschinen nur schwer zu treffen.

Die ersten Marine-Soldaten, die am *Omaha* Beach landeten, waren die Demolition-Teams *(Zerstörer-Trupps)*, die Beachmaster *(Strandmeister)* und die Vorgeschobenen Beobachter zur Leitung des Artilleriefeuers der Kriegsschiffe. Die wichtige Aufgabe der Beachmaster bestand darin, am Strand Fahnen in den Farben der jeweiligen Landezone aufzustellen *(später auch große, weithin sichtbare Schilder)*, an denen sich die nachfolgenden Landungsboote orientieren konnten. Aber von den 16 Beachmaster-Teams erreichten nur vier den Strand – am völlig falschen Ort...

In dem am Strand entstandenen Durcheinander landeten dann, nur eine bis drei Minuten später, die beiden Engineer Combat Teams und die beiden Demolition-Control-LCMs. Das 146.

Ein mit Schnorcheln ausgerüsteter Sherman-Amphibien-Panzer fuhr plötzlich in voller Fahrt den Strand entlang. Noch war die auflaufende Flut weit entfernt und der Strand breit genug...
Foto: US National Archiv

Engineer-Combat-Team *(Pionier-Kampf-Team)* näherte sich mit 12 LCMs und 16 Bulldozern an Bord seinem Einsatzgebiet *Dog Green,* doch drifteten sämtliche Boote in den Sektor *Dog White* ab. Während ihrer Anfahrt wurden 10 Dozer samt ihrer Mannschaften und der sie transportierenden LCMs versenkt.

Um 6:35 Uhr erreichten endlich die restlichen Transportboote mit den letzten sechs Bulldozern den Strand – und sofort wurden drei von ihnen Opfer deutscher Artilleriegranaten. Als von einem anderen LCM ein mit Sprengstoff beladenes Schlauchboot des Pionier-Teams Nummer 11 zu Wasser gelassen wurde, schlug in der Nähe eine Granate ein. Umherfliegende heiße Stahlsplitter brachten augenblicklich den Sprengstoff zur Explosion. Acht Soldaten wurden getötet, nur einer überlebte schwerverwundet. Auch das Schlauchboot des Teams 12 explodierte zu früh, und 19 Pioniere verloren dabei ihr Leben. Im Team 14 starben durch einen weiteren Granattreffer, der ebenfalls ihren Sprengstoff zur Explosion brachte, acht Männer. Team 15 kämpfte sich mit seinem Schlauchboot durch die Brandung bis auf den Strand, dann wurde es von einer Granate getroffen und explodierte – drei Tote, vier Schwerverwundete.

Sechs Pioniere versuchten, in einem ihrer Schlauchboote zwei verwundete Kameraden an den Strand zu bringen.   **Foto: US National Archiv**

Als letztes näherte sich das Team F mit einem LCM dem Strand. Das Boot erhielt einen Granattreffer direkt auf die stählerne Rampe. Dabei starben drei Soldaten, das LCM geriet außer Kontrolle; dann ein zweiter Treffer im Frontbereich – 15 Tote. Nur fünf Männer erreichten verwundet den Strand.

Dem 299. Engineer Combat Team erging es vor *Easy* und *Fox* nicht besser. Zuerst hatte es beim Umladen des Materials und der Männer von den LCTs auf die LCMs Verzögerungen gegeben, die zu Verspätungen beim Eintreffen in den Sektoren führten, dann waren sämtliche Boote viel zu weit nach Osten abgetrieben worden – in die falschen Zielgebiete. Vor zwei der heranfahrenden LCMs schlug eine Salve 10,5-cm-Granaten der 1./352 so dicht ein, daß die Boote in die Luft aufstiegen und sich rückwärts überschlugen. Die herausgeschleuderten Soldaten, die den Überschlag überlebt hatten, gerieten, noch im Meer schwimmend, in den Hagel deutscher Maschinengewehr-Geschosse. Einigen der Pioniere gelang es, den Strand zu erreichen. Sie zogen die noch unzerstörten und schweren, mit Sprengstoff beladenen Boote hinter sich her. Ihnen folgten die Pioniere der anderen Boote. Jeder einzelne dieser Männer war eine „lebende Bombe", da sie in allen Taschen ihrer Kampfanzüge, auf dem Rücken und sogar in ihren Proviantbeuteln Sprengstoff zum Zerstören der Hindernisse bei sich trugen. Beim Vorwärtsstürmen vermieden sie es deshalb, zu nah nebeneinander her zu laufen. Dennoch verwandelten sich mehrere der Pioniere plötzlich im vollen Lauf und mit lautem Donner in hoch auflodernde, gleißend wabernde Feuerbälle...

Um 6:37 Uhr orientierte die 352. Infanterie-Division das Grenadier-Regiment 726: *Die ersten Landungsboote landen an der Küste vor WN 65 und 69, dabei Panzerlandungsboote.*

Bild links: Gordon Strevel (links) war als 22-jähriger Unteroffizier mit einem Lkw und seinem Kameraden mit der ersten Angriffswelle an Land gegangen. **Foto: Kollektion G. Strevel**

Bild rechts: Ein Halbkettenfahrzeug mit aufgesetztem Geschütz und MG. **Foto: US National Archiv**

Sechs Soldaten befanden sich auf einem Halbketten-Lastwagen mit einem Geschütz, der mit einem LCT vor Vierville an Land gebracht worden war. Einer dieser Männer war der 22-jährige Unteroffizier Gordon Strevel. Er gehörte ursprünglich zur Air Force, war dann aber für drei Tage zur Artillerie abgestellt worden – und nun war er MG-Schütze und sollte mit einem auf der Plattform des Lkw montierten Maschinengewehr sofort die deutschen Stellungen beschießen. So fuhren sie bis nahe an die Hindernisse heran, doch das deutsche Abwehrfeuer war derart heftig, daß die sechs Soldaten den Lastwagen verlassen mußten. Schnell krochen sie unter das Fahrzeug, um etwas Deckung vor dem heftigen Beschuß zu finden. Gordon Strevel beschrieb die Momente der Angst:

„In England hatte man uns keinerlei Informationen über die Stärke der Deutschen und ihrer Befestigungsanlagen an der Küste gegeben. Ich stand am Omaha Beach zum erstenmal im Feuer, wie die anderen unserer Division auch. Wir wurden sofort, als wir das LCT verließen, von den Deutschen heftig beschossen. Wir hatten alle große Angst. Dann lagen wir mit unseren Waffen unter dem Lastwagen. Ich hatte eine Pistole dabei, drei andere Kameraden einen Karabiner, eine Thompson-Maschinenpistole und eine Bazooka. Die anderen beiden hatten keine Waffen. So lagen wir da unter dem Fahrzeug, zwischen den Ketten, und konnten nicht viel sehen. Aber das, was wir sahen, war schrecklich. Überall um uns herum fielen Männer, und ein Boot in unserer Nähe wurde von einer Granate getroffen und flog in tausend Teile auseinander...“

Die Boote vor *Easy* und *Fox* wurden teilweise bis zu zwei Kilometer von ihren geplanten Landezonen abgetrieben. So entstand unter den Infanteristen und Pionieren erhebliche

Verwirrung, denn sie waren alle mit speziellen Aufgaben betraut, die sie in ihrer eigentlichen Kampfzone auszuführen hatten. Es gelang zwar einigen Pionier-Teams *(Demolition Teams)*, an sechs verschiedenen Stellen die Strandhindernisse zu erreichen und damit zu beginnen, schmale Korridore freizusprengen, jedoch nicht dort, wo es geplant war – vor den strategisch wichtigen Strandausgängen. Aber die Amerikaner suchten nun hauptsächlich jene Bereich auf, in denen das deutsche Abwehrfeuer nicht ganz so heftig war...

Trotz des gegenüber der GIs deutlich erhöhten Risikos der *Demolition Teams* war es für sie einfacher, ihre Aufgabe zu erfüllen als für die Infanteristen. Wenn die Offiziere der infanteristischen Kampfgruppen, nachdem sie mit ihren Männern im falschen Zielgebiet gelandet waren, nicht wußten, was sie nun tun sollten *(sie hatten ja eine spezielle Aufgabe für einen extra vorbestimmten Sektor)*, konnten die Pioniere, wo immer sie auch angelandet waren, sofort mit ihrer Arbeit beginnen und Schneisen in die Hindernisse sprengen...

Dickie Overstreet, einer der jungen Freiwilligen aus Bedford, hatte es geschafft, mit seinem Flammenwerfer und dem schweren Flammöltank auf dem Rücken, unverwundet von seinem LCA durchs Wasser zu waten und den Strand zu erreichen. Dort suchte er hinter einem der kurz vorher gelandeten Panzer etwas Schutz vor den umhersirrenden Geschossen. Overstreet legte den Flammenwerfer und den Tank ab und nahm das Gewehr eines Gefallenen. Einen Moment später wurde der Panzer von einer Granate getroffen. Ein Feuerball quoll aus dem Motorraum, dann explodierte die Munition im Innenraum. Verschreckt rannte der GI über den Strand und wurde von zwei Geschossen getroffen – ins Bein und in den Bauch. Dennoch gelang es ihm, den hohen Wall zu erreichen, auf dem die Promenade am Strand entlangführt. Overstreet rief um Hilfe, und es dauerte noch eine Weile, bis ein junger Sanitäter kam, der ihm jedoch kaum helfen konnte. *(Dickie Overstreet lag in dem am Strand entstandenen Durcheinander mit seinen schweren Verwundungen noch fast 21 Stunden an der Böschung – bis zum 7. Juni, 4:30 Uhr. Dann wurde er mit einem Lazarettschiff nach Großbritannien überführt. Es dauerte sechs Wochen, bis seine Wunden verheilt waren, aber er hatte für den Rest seines Lebens Magenbeschwerden.)*

Zwei an ihren Beinen verwundete Soldaten aus Bedford, Gill Murdock und George Roach, wollten versuchen, sich aus dem direkten Gefahrenbereich am Strand in den Schutz eines

Trotz des heftigen Beschusses gab es immer wieder etliche beherzte Männer, die ohne jede Deckung aufrecht am Strand stehend, ihren Kameraden aus lebensbedrohlichen Situationen halfen – wie hier den verwundeten Überlebenden eines von einer Granate zerrissenen Landungsbootes.
Foto: US National Archiv

Hinweis: *Die Landungsboote am oberen Bildrand sind über jenem Strandbereich angeordnet, an dem sie planmäßig anlanden sollten. Die von ihnen ausgehenden Linien bezeichnen am Ende den tatsächlichen Ort ihrer Landung. Jedes Boot am Bildrand ist gekennzeichnet mit der darin befindlichen Einheit, der Anzahl der zusammengehörenden Boote sowie der Anzahl der insgesamt darin befindlichen Soldaten oder Panzer oder Tank- bzw. Bulldozer.*

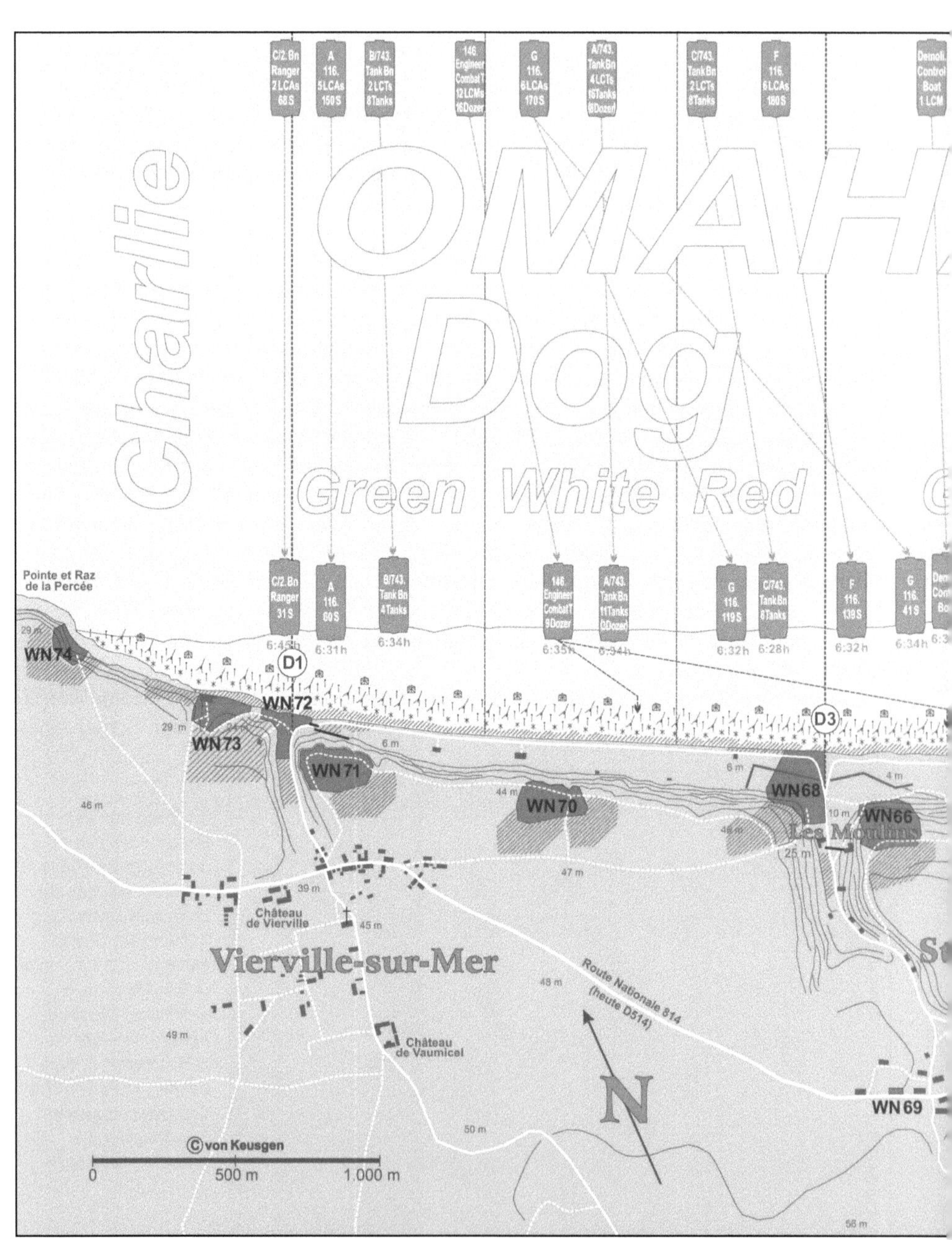

Grafik: von Keusgen

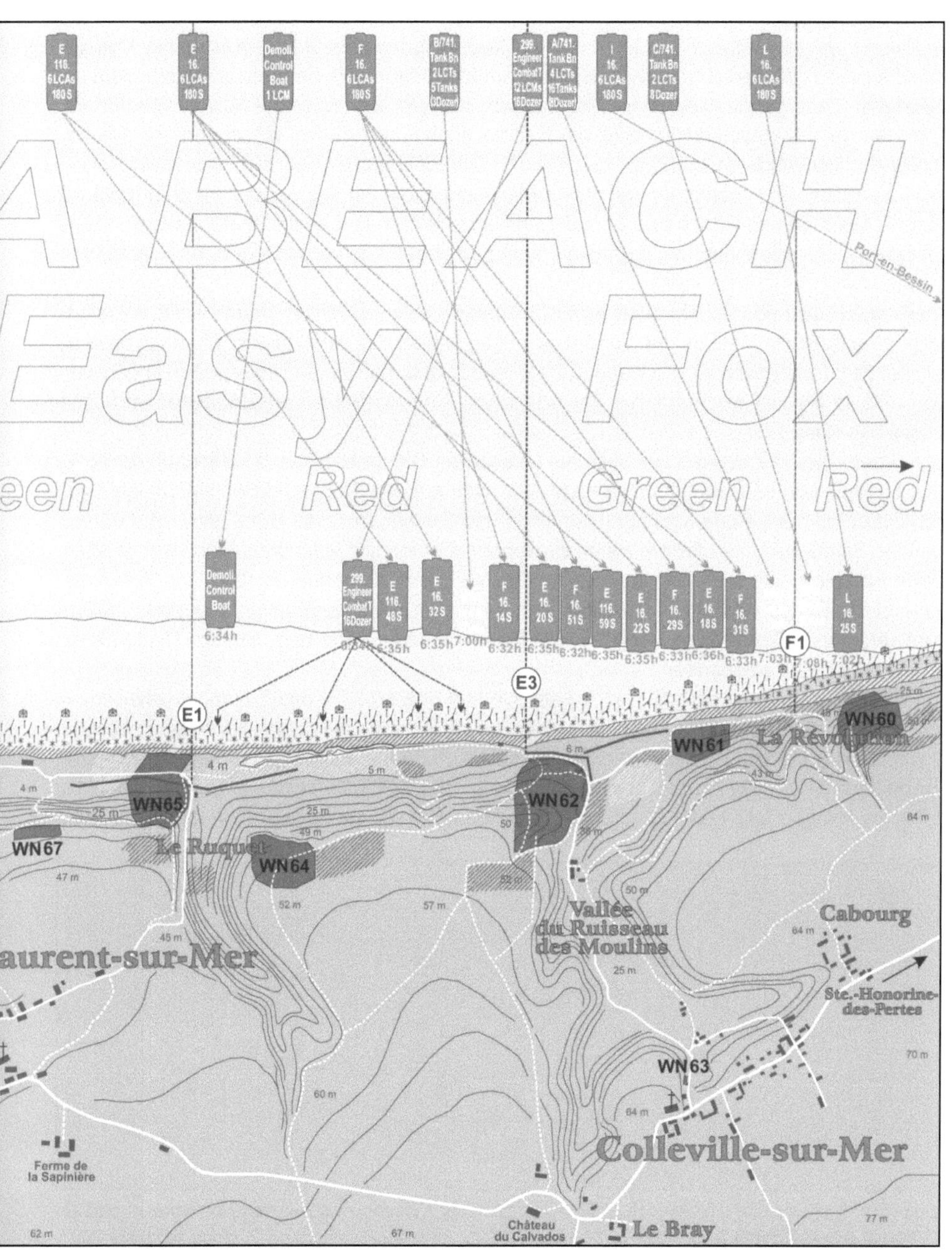

zerstörten Amphibien-Panzers zu bringen, der noch im eineinhalb Meter tiefen Wasser stand. Trotz ihrer offenen Wunden schwammen sie durchs salzige Meerwasser zu dem Panzerwrack mit den beiden hohen, Schornsteinen ähnlichen, eckigen Metallschnorcheln. Als sie den Sherman erreicht hatten, fanden sie den Panzerkommandanten hinter dem Geschützturm sitzend. Von seinem linken Bein war alles Fleisch des Unterschenkels abgerissen, nur der Schienbeinknochen hing ohne Fuß ins Wasser. Die anderen Männer der Besatzung lebten noch, saßen im Panzer, waren apathisch und taten nichts. Murdock fand im Erste-Hilfe-Kasten des Panzers Morphium und gab dem Kommandanten eine Spritze. Dann wollte der Panzerkommandant unbedingt an Land gehen, weil er der Meinung war, dort sicherer zu sein – obwohl von dort der Lärm der Kampfhandlungen schallte, der Himmel noch immer dunkel verhangen und das Geschrei der Verwundeten zu hören war. Der Panzerkommandant ließ sich seinen Entschluß nicht ausreden, und zusammen mit seiner Mannschaft, die ihn zog, schwamm er in Richtung Strand. Murdoch und Roach blieben auf dem Panzer sitzen und beobachteten, wie die kleine Gruppe der Panzermänner mit der auflaufenen Flut abgetrieben wurde – und kurz darauf versank...

George Roach und Gill Murdoch verabschiedeten sich voneinander. Roach wollte weiter ins Meer hinausschwimmen, um ein Landungsboot zu finden, das ihn mitnahm. Murdoch blieb allein auf dem Panzerwrack zurück und wartete darauf, daß man ihn dort irgendwann finden würde... *(Beide Männer wurden einige Zeit später von Rettungsbooten aufgenommen und überlebten den Krieg.)*

Auf dem Strand kämpften indessen die gelandeten GIs weiterhin ums Überleben. Um 6:40 Uhr, nur acht Minuten, nachdem die ersten Rampen auf den Strand gefallen waren, lebte von den Offizieren der A-Kompanie nur noch einer, und der war an seiner Hüfte und dem Fuß verwundet. Sämtliche Unteroffiziere waren verwundet oder tot, und jeder dritte Mann war gefallen, bevor man die Boote verlassen konnte. Die Verluste dieser Kompanie an Toten und Verwundeten hatten bereits innerhalb der zwei Minuten, nachdem das erste Boot gelandet war, 98 Prozent betragen... Die wenigen Überlebenden lagen auf dem Strand zwischen den Hindernissen und ohne Kontakt zueinander.

Parallel zur Landung der US-Truppen am „Omaha Beach" sollte das 2. Ranger-Bataillon mit den Kompanien D, E und F sowie einer Verstärkungstruppe an der sieben Kilometer entfernten Pointe du Hoc landen, um die vermeintlichen sechs 15,5-cm-Langrohr-Kanonen zu eliminieren (siehe den Titel „Pointe du Hoc" dieser Buch-Serie). Die C-Kompanie des 2. Ranger-Bataillons sollte als Ranger-Task-Force B mit zwei britischen LCAs an der äußersten westlichen Flanke

"Dog Red" 6:45 Uhr: Die GIs des 116. RCT lagen Deckung suchend zwischen den Hindernissen und am Kiessaum des Vorstrandwalls. **Foto: US National Archiv**

des Sektors „Dog Green" den Strand erreichen und zuerst die A-Kompanie des 116. Regiments unterstützen und mit ihr vor Vierville an Land gehen. Danach sollten die Ranger zum 500 Meter westlich gelegenen Pointe et Raz de la Percée ziehen und die dortige Radar-Anlage „Imme" eliminieren (die aber bereits durch das Bombardement zerstört worden war). Dann sollten sie auf der Küstenstraße zur Pointe du Hoc marschieren.

Die Ranger waren Berufssoldaten; und als sich die Männer der C-Kompanie in ihren beiden kleinen britischen LCAs der Küste näherten, waren sie noch sehr zuversichtlich und glaubten, daß es überhaupt kein Problem sei, am Omaha Beach zu landen. In einem der Boote sangen einige nicht seekranke Soldaten anläßlich des dritten Hochzeitstages ihres Unteroffiziers Walter Geldon ein Lied. Danach prosteten sie sich mit ihren Feldflaschen zu. Plötzlich rief Leutnant Gerald Heaney:

„Dort ist niemand auf dem Strand! Wir landen in einem Sektor, den noch kein Amerikaner betreten hat!"

Die Ranger waren bestürzt.

Unmittelbar darauf, nicht mehr weit vom Strand entfernt, wurde das LCA von einer Granate getroffen, die Rampe von dem stumpfen Bug gerissen und ein Ranger dabei völlig zerfetzt. Alle anderen wurden mit seinem Blut bespritzt. Unmittelbar darauf schlug eine zweite Granate in der Backbordseite des aufgerissenen Bootes ein und zerstörte es noch weiter. Mehrere Männer wurden dabei verwundet, alle schrien durcheinander. Das LCA-Wrack fuhr weiter. Dann schlug eine dritte Granate in die Steuerbordseite ein. In dem nun entstandenen Chaos fiel Unteroffizier Donald Scribner ins Wasser:

„Ich trug ein Funkgerät, mein Gewehr, meine Granaten, Extra-Munition und meinen ganzen aberwitzigen Krempel – und versank im Meer. Ich glaubte nicht, daß mein Untergang jemals enden würde..."

Um 6:45 Uhr rutschte auch das andere Boot der Ranger auf den breiten Strand, und geriet ebenfalls in das weiterhin eskalierende, tosende Omaha-Beach-Chaos. Die A-Kompanie des 116. Regiments hatte inzwischen große Verluste erlitten. Auf dem nur 15 Minuten nach der „Stunde X" völlig verwüsteten Strand lagen 91 verwundete und tote GIs. Am Wassersaum trieb das völlig zerfetzte LCA 911, und brennende Panzer standen schwarz qualmend im noch flachen Wasser des Meeres und auf dem Sand, unweit der vordringenden Wasserlinie. Dann verließen die Ranger das erste Boot, das LCA 1038, und gerieten in den Geschoßhagel deutscher Maschinengewehre. Der Führer des 2. Zuges, Leutnant Sidney A. Salomon, beschrieb seine Landung am Strand vor Vierville:

„Ich stand ganz vorn im Boot, und plötzlich hörte ich das Aufschlagen von MG-Projektilen auf dem Stahl der Rampe. Als die

Trotz eines offiziellen Verbots hielten die ebenso eigenmächtigen wie selbstlosen Rettungsaktionen etlicher amerikanischer Soldaten weiterhin an. Immer wieder versuchten sie, ihren Kameraden zu helfen – denn nicht alle konnten schwimmen... Einige ganz besonders beherzte GIs entledigten sich sogar ihrer hinderlichen Uniformen und stiegen trotz des nur 11 Grad kalten Wassers, völlig nackt und nur mit ihrem schmalen Schwimmschlauch ausgestattet, in das kalte Wasser des Meeres.
Foto: US National Archiv

Rampe dann herabfiel, sprang ich als Erster auf der rechten Seite hinaus. Der nächste Mann, Feldwebel Oliver Reed, sprang links hinaus, und so weiter, bis alle Ranger aus dem Boot heraus waren. Ich stand bis zur Hüfte im Wasser. Reed wurde neben mir getroffen und verlor das Bewußtsein. Er trieb direkt unter die Rampe. Ich stellte meine Füße quer ins Wasser und zog ihn wieder unter der Rampe hervor. Ich zog ihn mit mir, als ich mich auf den Weg zum Wassersaum machte. Als er das Bewußtsein wiedererlangte, sagte ich zu ihm, er sei nun auf sich selbst angewiesen, da wir eine Mission zu erfüllen hätten. Es waren noch 200 Yards (183 Meter) von der Wasserkante bis zur Steilküste. Ich lief los. In diesem Moment schlug eine Granate direkt hinter mir ein und tötete sämtliche Männer meines Granatwerfer-Teams. Durch die Druckwelle flog ich mit dem Gesicht in den Sand. Als ich aufsah, spritzte mir MG-Feuer weiteren Sand ins Gesicht. Ich sprang auf und rannte zur Klippe. Maschinengewehre, Granatwerfer und Artillerie verwandelten die Strecke bis dahin in ein Blutbad. Viele wurden verwundet oder getötet."

Sidney Salomons Kamerad, Feldwebel Henry Golas, wurde bereits am Wassersaum von MG-Geschossen getroffen. Trotzdem hob er sein Gewehr wieder auf und lief quer über den Strand. Maschinengewehrgeschosse trafen ihn bei fast jedem Schritt – bis er auf die Knie fiel und vornüber kippte. „Der schlimmste Teil dieses denkwürdigen Tages", berichtete Salomon weiter, „war für uns die Überquerung des Strandes."

Auch Leutnant Gerald Heaney schilderte seine Eindrücke: „Überall um mich herum lagen plötzlich Tote und Verwundete."

Bereits nach wenigen Sekunden waren 12 Ranger tot. Das Wasser vor dem Boot färbte sich rot.

Gerade als das zweite Boot, LCA 418, auf den Sand des Strandes auflief, erhielt es einen ersten Granattreffer, der ihm die stählerne Rampe abriß und weit in die Luft schleuderte. Die zweite und dritte Granate zerfetzte die gesamte Backbord-Flanke des Bootes – 15 Männer wurden getötet. Leutnant Salomon erzählte weiter:

„Körper lagen dort, wo sie hingefallen waren. Ausgetretenes Blut versickerte überall im Sand. Die Verwundeten krochen, sofern sie es überhaupt konnten, vorwärts…"

Hauptmann Goranson, Kommandeur der C-Kompanie, erklärte: „Man bewegte sich wie in einem Traum über den Strand. Alles geschah ganz automatisch…"

Bilder oben und rechts: Innerhalb der ersten Minuten waren die Verluste unter den Amerikanern am größten; hauptsächlich beherrschten die deutschen Maschinengewehre den Strand…

Fotos: US National Archiv

Als die Ranger endlich die schroffe Steilwand westlich des Tals vor Vierville erreicht hatten, fühlten sie sich unterhalb des 29 Meter hohen Kliffs erst einmal in Sicherheit vor MG-Beschuß und Granatwerfern. Jedoch erwartete sie dort noch Schlimmeres...

Über den Amerikanern befand sich auf dem Plateau das WN 73, das bis an den Rand der Steilküste reichte. An diesen Rand hatten die Deutschen französische 27-cm-Großkalibergranaten als sogenannte Minenbomben aufgehängt. Als die Männer des Widerstandsnestes nun beobachteten, daß sich immer mehr Amerikaner unter das Kliff flüchteten, ließen sie die Granaten, die mit Aufschlag- und teilweise mit Zugzündern ausgestattet waren, herabfallen. *(An den ringförmigen Zugzündern waren Reißleinen angebracht, die bei einer bestimmten Sturztiefe der Minenbomben die Explosionen auslösten – kurz über dem Strand)...*

Nachdem mehrere Minenbomben herabgefallen waren und weitere schwere Verluste unter den Amerikanern gefordert hatten, warfen die deutschen Soldaten noch einige Handgranaten auf die schutzlosen GIs und Ranger unter ihnen hinab. Von den kurz vorher noch 68 Männern starben in wenigen Augenblicken 37 auf dem Strand und unterhalb des Kliffs, 18 waren verwundet, einige davon schwer. Von den 37 Männern in Salomons Boot hatten nur neun überlebt. (Mit ihren 68 Soldaten war die C-Kompanie der Ranger die kleinste Einheit am 6. Juni, und auf alle Kompanien gerechnet, hatte sie die meisten Toten.)

Über den unter dem Kliff schwerverwundeten Sidney Salomon sagte Unteroffizier Golas:

„Ihm war beinahe die Hälfte seines Kopfes von einer Granate weggerissen worden, doch er stand immer noch mit seinem Gewehr am Fuß des Kliffs, feuernd und zu den Krauts heraufbrüllend, sie sollten herauskommen und kämpfen...“

Wie es dem Ranger-Unteroffizier Donald Scribner gelungen war, den Strand zu erreichen, wußte er später nicht mehr:

„Ich erinnere mich nur, daß ich mich dreimal hingeworfen hatte. Jedes Mal sah ich MG-Garben, die den Sand aufspritzen ließen. Einmal fiel ich, weil ich so erschöpft war, doch war mir klar, was mir geschehen würde, wenn ich anhielte. Als ich endlich das Ufer erreicht hatte, fand ich Walter Geldon am Strand liegend, den Arm noch ausgestreckt, wohl um Hilfe herbeizuwinken. Aber Walter hatte es nicht mehr geschafft – er starb an seinem dritten Hochzeitstag...“

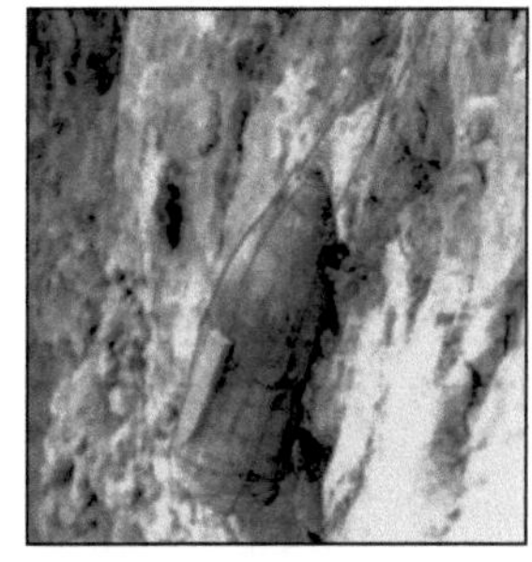

Unter dem oberen Rand des Kliffs waren etliche zu sogenannten Minenbomben umfunktionierte französische Großkalibergranaten aufgehängt worden – mit höchst gefährlicher Sprengwirkung.

Foto: Kollektion Marc Kulisch

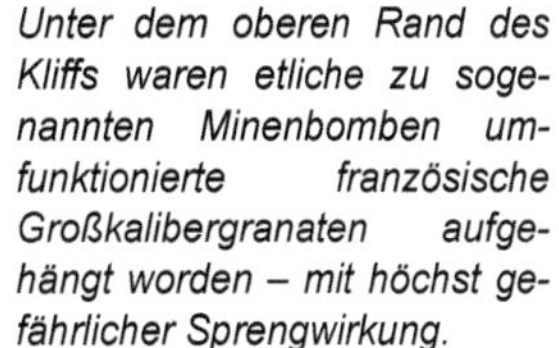

Unter dem hohen Kliff, nahe des WN 73, sammelten sich erschöpfte und verwundete Ranger und Soldaten des 116. Regiments, denen es gelungen war, das schwere deutsche Abwehrfeuer auf dem Strand zu überleben.

Fotos: US National Archiv

Um 6:45 Uhr meldete das deutsche Grenadier-Regiment 914 an die 352. Division (auszugsweise):

... Einige Landungsboote haben bei Vierville den Strand erreicht.

Das 16. Regiment der 1. US-Division hatte im Gegensatz zum 116. Regiment der 29. Division Kampferfahrung – doch nutzte das den Soldaten am Omaha Beach wenig. In Großbritannien hatte man den Bootsführern und Einsatzleitern Fotos mit markanten Orientierungspunkten an der Küste gezeigt. So auch jenen, die sich nun dem Sektor Fox Green näherten. Eines dieser Fotos zeigte den Turm der Kirche von Colleville. Dazu hatte man überzeugend erklärt:

„Ihr könnt Euch nicht darauf verlassen, daß er noch steht..., denn er wird nicht mehr stehen; und das grüne Gras an den Abhängen wird verbrannt sein, so sehr werden wir alles bombardieren..."

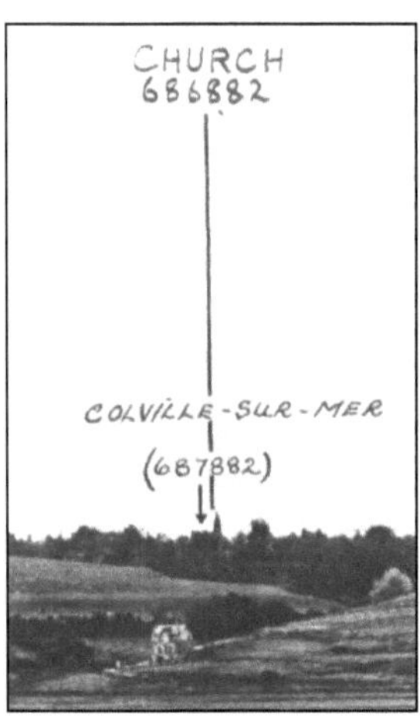

Dieses Foto, das während der D-Day-Planungsphase heimlich von einem kleinen U-Boot aus aufgenommen worden war, zeigt den östlichen Teil des WN 62 mit der als Wachstube genutzten Villa, dem Eingang des Tales nach Colleville und den Kirchturm der kleinen Orteschaft, an dem sich die Fahrer der Landungsboote des Sektors „Fox Green" orientieren konnten. Die eingetragenen Nummern bezeichneneten die Koordinaten des Ortes und der Kirche.

Bild rechts: Während ihrer langsamen Anfahrten in ihre Zielgebiete wurden etliche Landungsboote von Granaten getroffen und explodierten – wie dieses mit 34 Männern an Bord.

Fotos: US National Archiv

Als sich die GIs endlich nach fast vier Stunden Fahrzeit der Küste näherten, war das Gras an den Hängen aber immer noch grün und der Kirchturm stand auch noch... Doch liefen die Boote in den falschen Sektoren, Easy Red und Fox Green, auf den Strand – weil sie noch weiter abgetrieben wurden, als die Boote des 116. Regiments, folglich auch mit größerer zeitlicher Verzögerung. Die Boote der L-Kompanie versetzten durch die Strömung bis in den Sektor Fox Red. Von den sechs LCAs der I-Kompanie versanken zwei während ihrer Anfahrt im Meer, vier verfuhren sich um drei Kilometer, bis in die Nähe von Port-en-Bessin, und mußten dann, gegen die starke Strömung ankämpfend, zurückfahren. (Da sie mit 90 Minuten Verspätung und erst gegen 8:00 Uhr im Sektor „Fox Red" landeten, waren sie folglich nicht mehr Bestandteil der ersten Angriffswelle.) Die L-Kompanie erreichte vor WN 60 den Strand erst gegen 7:00 Uhr – im schweren Sperrfeuer der 1. Batterie des Artillerie-Regiments 352. Zwei LCAs explodierten. GI Kenneth Romanski beobachtete diese Situation:

„Links und rechts sah ich Boote in die Luft fliegen. Ein Soldat flog zehn Meter hoch, Arme und Beine von sich gestreckt und am ganzen Körper brennend..."

In dem Pulk durcheinander geratener Boote befand sich auf einem auch der Soldat H. W. Shroeder. Als das LCA den Strand erreichte, hörten die Soldaten, so berichtete Shroeder, „ein Geräusch an der rechten Bordwand, so als ob Kies dagegen geworfen würde – die deutschen MG-Schützen hatten sich auf unser Boot eingeschossen. Alle riefen, *unten bleiben!* Das Boot fuhr noch einmal zurück, und ich sah das graue Gesicht des Leutnants und die Furcht in den Augen der Männer..."

Nach ein paar Minuten lief das LCA nochmals auf die Sand-bank auf. Der Leutnant gab den Befehl, die Rampe herunter zu lassen. Dann konnten die GIs auf den Strand sehen. Von den er-warteten Panzern standen lediglich zwei auf dem Sand; einer war bereits zerstört, der andere hatte seine Munition verschos-sen. Die GIs verließen das LCA, rannten über den Strand und suchten hinter den beiden Panzern Schutz vor dem MG-Feuer. Ängstlich drängten sie sich zusammen. Shroeder gelang es, den Strand zu überwinden und den Kieswall vor der Vorstrandbö-schung zu erreichen, „wo sich", wie er erzählte „die GIs in Zwei-erreihen stapelten"...

Stephen Kellman, 21-jähriger Soldat der L/16. Er wurde un-terhalb des WN 60 an Land ge-bracht – und überlebte schwer-verletzt den Abwurf von Minen-bomben.

Foto: Kollektion S. Kellman

Erschöpfte Soldaten durchein-ander geratener Kompanien der 1. US-Division unterhalb des WN 60.

Foto: US National Archiv

Der 21-jährige Stephen Kellman, Soldat der L-Kompanie, sprang aus seinem Boot in knie-tiefes Wasser, watete schnell zum Strand, lief zur 52 Meter hochaufragenden Steilwand un-terhalb des bis zu 61 Meter hochgelegenen Widerstandnestes 60 und suchte an ihrem kalten Kalkgestein Deckung. Dort lagen bereits einige andere GIs. Sie alle lagen an der äußersten lin-ken Flanke des Angriffsbereichs *Omaha Beach*. Dann schossen die deutschen Soldaten vom Widerstandsnest oben Werfer-Granaten auf den tief unter ihnen liegenden Strand ab und lie-ßen einige ihrer schweren Minenbomben herabfallen. Kellman berichtete: „Plötzlich schlugen mehrere Granaten in unserer Nähe ein, und die Detonationen warfen mich auf den Rücken. Ein Mann neben mir wurde sofort getötet. Ich hatte ein taubes Gefühl im rechten Bein..."

Ein Granatsplitter hatte Kellman das linke Bein aufgerissen. Er zog seine Hose aus und ver-band seine stark blutende, klaffende Wunde. Da er sich nicht mehr aufrecht gehend fortbewe-gen konnte, blieb er unter dem Kliff liegen und beobachtete die apokalyptische Szenerie. Kell-man sah, wie noch viele Boote am Strand landeten und noch viele Soldaten um ihr Leben rann-ten – und viele dabei starben. Später resümierte er: „Von den 180 Männern unserer Angriffs-gruppe kamen nur 79 lebend über den Strand..."

Stephen Kellman mußte noch bis zum Abend auf Hilfe warten.

Bilder oben und unten: Während die GIs am Strand um ihr Überleben kämpften, folgten, gemäß des Angriffsplans, Massen weiterer Landungsboote mit Soldaten.

Fotos: R. Capa / US National Archiv

Die ebenfalls stark abgetriebenen LCAs der E/116. *(E-Kompanie des 116. Regiments)*, der E/16. und der F/16. landeten in den Sektoren *Easy* Red und *Fox Green*, nahe unterhalb des WN 62, und gerieten im Artillerie-Sperrfeuer der 1./352 und vor den Maschinengewehren dieser starken Verteidigungsanlage in eine fatale Situation...

Der MG-Schütze Ludwig Kwiatkowski konnte in seinem vorderen, nur 75 Meter vom Strand entfernten Tobruk-Stand alles genau erkennen:

„Wir hatten in den Gurten als jede fünfte eine Leuchtspur-Patrone, so brauchten wir nicht über Kimme und Korn zu zielen, sondern immer nur

die leuchtenden Streifen in die geöffneten Luken der Boote lenken. Dann gingen die Klappen vorn 'runter, und wir haben 'reingehalten. Wir haben sie nur alle purzeln sehen...“

Von den 31 Soldaten des ersten LCAs, das vor *Easy Red* auf den Strand auflief, erreichten nur 14 den Kieswall am Vorstrand. Von den vier Panzern, die den Infanteristen hier Deckung und Feuerschutz bieten sollten, waren nur drei angekommen, und einer stand fahrunfähig am Kieswall. Das Verlassen der Boote und das Überqueren des breiten Strandes, der keinerlei Deckung bot, hatte für diese GIs große Verluste zur Folge. Die sechs stark abgedrifteten Boote der E/116. waren so weit auseinandergetrieben worden, daß einige im über einen Kilometer vom Zielort gelegenen Sektor *Easy Red*, und andere nochmals mehr als 500 Meter entfernt landeten – im Sektor *Fox Green*. Der Kompaniechef, Hauptmann Laurence Madill, schon beim Verlassen des LCAs verwundet, lief aber dennoch seinen Männern voraus über den Strand, wurde nochmals von einer MG-Garbe erfaßt und brach zusammen. Bevor er starb, gab er einen letzten Befehl:

„Unteroffizier, bringen Sie so schnell wie möglich die Männer vom Strand...“

Doch war das in dem brüllenden und tosenden Durcheinander einschlagender Granaten, unentwegtem MG-Beschusses, Massen schreiender Menschen, auseinandergerissener Einheiten und alles verdunkelnden Qualms äußerst problematisch. Es dauerte lange, bis die weit voneinander entfernten Soldaten der E-Kompanie endlich wieder Kontakt zueinander bekamen.

Vier der sechs LCAs der F/16. landeten direkt vor dem Strandausgang *E3* und somit vor dem WN 62. Beim Überqueren des Strandes verlor die Kompanie ein Drittel ihrer Soldaten durch MG-Feuer, bevor sie den Kieswall erreicht hatten. Von den beiden anderen Booten, die vor dem WN 61 auf den Strand aufliefen, erreichten von einem nur 7 Männer den Kieswall. Auch die Soldaten dieser Kompanie waren weit verstreut.

Inzwischen hatten sich mehrere Zerstörer der Küste genähert, aber ein exakter Beschuß der deutschen Verteidigungsanlagen war ihnen noch nicht möglich, da sie bei den herrschenden schlechten, diffusen Sichtverhältnissen kaum zu erkennen waren. Von den Vorgeschobenen

Beobachtern, die das Artilleriefeuer der Kriegsschiffe leiten sollten, waren nur wenige bis zum Strand gekommen, und die hatten ihre Geräte entweder verloren, oder sie waren zerstört worden. Der Kommandeur des Zerstörers *USS Satterlee*, W. J. Marshall, erklärte die Situation:

„Es war deprimierend, nur einige hundert Meter vor der Küste zu liegen und sehen zu müssen, wie unsere Truppen, Landungsboote und Fahrzeuge schwer beschossen wurden und man selbst nicht in der Lage war, ihnen zu helfen."

Auf die Anhöhen schießen zu lassen, trauten sich die Kommandanten der Zerstörer nicht, da niemand wußte, ob sich in dem dichten Rauch nicht schon die eigenen Soldaten befinden würden...

George Palmer, der Kommandant der *USS Harding*, ließ ebenfalls seine Artilleristen nicht auf die Küste schießen: „Während der Truppenanlandung ließ ich das Feuer einstellen. Wir versuchten, 1.900 Meter vom Strand entfernte Ziele auszumachen, aber der Rauch war zu stark, und blindes Feuern erschien uns zu gefährlich."

Bedingt durch den extrem flachen Strand stieg die Flut in der Plage-d'Or-Bucht sehr schnell. Dennoch hatten alle amerikanischen Soldaten, die Panzer und Dozer zu dieser Zeit noch einen fast 250 Meter breiten Strand zu überwinden – im Geschoß-Hagel deutscher Maschinengewehre und dem Sperrfeuer der Artillerie. Noch immer landeten in unregelmäßigen Abständen Boote, doch nur wenigen Bootsführern gelang es, ihre Prähme bis an den trockenen Strand zu fahren. Die meisten dieser Flachrumpfboote liefen bereits bis zu einhundert Metern davor auf die Sandbänke auf. Dann mußten die Skipper die GIs stellenweise in schulterhohem, vom Blut gefärbten Wasser absetzen. Die meisten Verluste erlitten die Amerikaner in jenem Moment, da sie über die Rampen der Boote auf den Strand laufen mußten. Hein Severloh sagte dazu:

„Das Herabfallen der Rampen war für uns deutsche MG-Schützen jedesmal das Signal zu feuern, denn in diesem Augenblick befanden sich die Soldaten noch alle dicht beieinander. Ich brauchte mit dem MG einfach nur draufzuhalten... In diesem Moment schaltete man ab, da waren die armen Kerle da unten am Strand nur irgendwelche mit Waffen bepackten bösartigen Wesen. Man dachte da nicht nach, man schoß nur... Man wußte auch nicht, wie viele GIs man getroffen hatte, weil sich im Moment des Beschusses sowieso alle hingeworfen haben. Erst wenn die Überlebenden langsam auseinandergingen, nahm man den Karabiner zur Hand und schoß mit gezieltem Einzelfeuer... Es war grausam..."

Bruno Plota, der sich auf dem WN 62 auf gleicher Höhe wie Hein Severloh aufhielt, konnte vom Hang herab die dramatischen Ereignisse am Strand, 28 Meter unter ihm, beobachten:

„Das war ein Gemetzel, das wir da angerichtet haben, ein richtiges Gemetzel... Die hatten ja da unten gar keine Deckung. Wir standen alle schön geschützt in unseren Positionen. Das waren ganz arme Kerle da unten. Die Ersten..., von denen ist doch fast keiner bis zum Kieswall durchgekommen..."

Bild links: Der 19-jährige Soldat Bruno Plota war Angehöriger der Besatzung des WN 62 und der 3. Kompanie des Grenadier-Regiments 726.
Foto: Kollektion B. Plota

Bild rechts: Der Strand vor dem WN 72, von dem beginnend sich etliche Reihen hölzerner Molen entlang der Promenade als Uferbefestigungen erstreckten (links der Doppelschartenstand des ehemaligen WN 72).
Foto: H. Severloh 1961

Und noch immer kamen Boote, und die GIs liefen über die Rampen in die MG-Garben. Auch für die 720 Soldaten der vier Sturmkompanien des 16. Regiments der kampferprobten 1. Division, die in ihren Landeabschnitten *Easy* und *Fox* schnell Fuß fassen sollte, verblutete im wahrsten Sinne des Wortes die Hoffnung auf eine problemlose Handstreichaktion – als solche sie eigentlich geplant war.

Für einen Teil der Soldaten der G-Kompanie des 116. Regiments, von deren sechs Booten drei nach Dog Red abgetrieben wurden, war diese Verschiebung eher ein Glück. Das Abwehrfeuer zwischen den Widerstandsnestern 68 und 70 war weniger heftig, als in allen anderen Landezonen, weil dort immer noch dichter, dunkler Qualm vor und auf der Anhöhe die Sicht der deutschen Verteidiger stark beeinträchtigte. Erst als die GIs bereits die Hälfte des Widerstandsnestes überlaufen hatten, wurden sie sporadisch beschossen. 14 Minuten nachdem sie ihre Landungsboote verlassen hatten, überwanden die ersten Soldaten auch den breiten Saum der Strandhindernisse und erreichten den Kieswall vor der Böschung mit der Promenade. Die Kondition dieser Soldaten war immer noch gut, doch zögerten die Offiziere, mit ihren Männern die deutschen Stellungen anzugreifen, weil sie wußten, daß sie in der falschen Zone gelandet waren. Die anderen drei Boote der G-Kompanie waren noch weiter abgetrieben worden – bis in den Sektor Easy Green, genau vor die Widerstandsnester 66

Verwundete und resignierte GIs unter dem Kliff nahe des geplanten Strandausgangs D1 vor Vierville. Fehlendes Führungspersonal und Ratlosigkeit machte sie tatenlos...

Auch etliche der Bootsführer wurden Opfer des deutschen Abwehrfeuers. Diesem am Hals Verwundeten war es nach der Zerstörung seines Bootes gelungen, sich ebenfalls unter das hohe Kliff zu retten.

Fotos: US National Archiv

und 68. So auch die F-Kompanie, deren Boote mit denen der G-Kompanie beim Heranfahren durcheinander gerieten, was zu weiteren Verzögerungen führte. Unter starkem Beschuß mußten die Männer den Strand überwinden, dazu brauchten sie 43 Minuten. Dann lagen sie vor dem Tal Les Moulins mit dem geplanten Strandausgang D3 – und kamen nicht weiter. Hinter weit voneinander entfernten Reihen nur wenig mehr als einen Meter hoher, hölzerner Molen, die von der drei Meter hohen Promenaden-Böschung als Wellenbrecher dreißig Meter weit auf den Strand ragten, suchten die GIs Deckung. Die letzte Hinderniszone war für die Amerikaner die gefährlichste, da dort der Strand und der breite Saum aus grobem Kies vermint war. Jedoch legte die Flut einige dieser Minen immer wieder frei, und jene, die im Kies lagen, waren nur teilweise an ihren Rändern von

Steinen bedeckt. Dennoch gerieten die Soldaten, die sich erschöpft und Deckung suchend dem Kieswall näherten, immer wieder darauf. Von den ursprünglich 180 Männern der F-Kompanie starben in 43 Minuten 40, und viele wurden schwer verwundet. Inzwischen versuchten die GIs der G-Kompanie sich in westliche Richtung zu bewegen, um ihren geplanten Zielort, die Zone White, zu erreichen...

Um 7:05 Uhr meldete das Grenadier-Regiment 916 an die Division: *Bei WN 68, ostwärts Vierville, ist Feind in Stärke von 50 Mann gelandet, schwächerer Feind auch bei WN 62.*

(Diese Meldung beweist, wie wenigen GIs es gelungen war, den Vorstrand zu erreichen...)

Als sich die letzten Boote der ersten Angriffswelle näherten, hämmerten die deutschen MG-Geschosse bereits auf die Rampen, bevor sie heruntergelassen wurden. Wenn die Frontklappen dann herabfielen, konnten manche Soldaten für den Bruchteil einer Sekunde die umherfliegenden Geschosse sehen, so dicht stoben sie durch die Luft. Die GIs suchten hinter allem Deckung, das sich ihnen bot – nur vieles gab es dort draußen nicht. So versuchten sie, Deckung hinter ihrem Vordermann zu finden, tauchten im Wasser unter, sogar seitlich unter die Rampen, so daß nur ihr Kopf herausragte. Andere schwammen ins Meer zurück und ertranken. Manche Männer schoben im Wasser ihre gerade erschossenen Kameraden vor sich her... Trupps, die versuchten, ihre verwundeten Kameraden mitzuschleppen, hatten die meisten Verluste. Viele, denen es gelang, den Strand bis zu den Hindernissen zu überqueren, suchten in ihrer Panik und vor Erschöpfung dahinter Deckung. Doch bot diese Deckung nur einen relativen Schutz, denn ein großer Teil der Hindernisse war mit Minen bestückt – auf die von den deutschen Widerstandsnestern aus geschossen wurde, wenn es den Soldaten nicht möglich war, die GIs mit dem Karabiner direkt zu beschießen. Die Explosionen der Minen auf den Hindernissen forderten etliche Opfer. Trupps, die ihre Offiziere verloren, waren von diesem Augenblick an führungslos und desorientiert. Es war alles durcheinandergeraten, und teilweise gab es über längere Strecken überhaupt keine

Angespannt und mit sorgenvollen Gesichtern beobachteten die Soldaten auf den zur Küste fahrenden Booten schon von weitem die äußerst dramatische Situation am Strand. „No Smoking", stand groß auf den Innenseiten der stählernen Rampen oder an den Bordwänden, aber obwohl mit sehr viel Sprengstoff und Munition bepackt, wurde entgegen dieses Verbotes geraucht – um etwas die Nerven zu beruhigen...

Bereits während der ersten Angriffswelle transportierten auch die großen Landungsboote (wie dieses LCT) unentwegt weitere Panzer und andere Fahrzeuge an den Strand und in die jeweilige Kampfzone.

Fotos: US National Archiv

Infanteristen, denen es gelang, den Kiessaum zu erreichen. Durch das starke Abtreiben der LCAs war eine 800 Meter breite Zone vor dem Taleingang Le Ruquet mit dem geplanten Strandausgang *E1* gar nicht von Landungsbooten angelaufen worden. Dort hatte man erst einige Tage zuvor im WN 65 eine 8,8-cm-Kanone aufgestellt. In anderen Bereichen waren die Amerikaner durch das heftige und anhaltende Abwehrfeuer auf enge Räume zusammengedrängt. Irritiert, geschockt, zum Teil ohne Führungspersonal, lagen sie unbekannten Angriffszielen gegenüber und wußten nicht, was sie tun sollten. Viele GIs hockten noch verängstigt und traumatisiert hinter Hindernissen, andere lagen immer noch hinter ihren gefallenen Kameraden im Flachwasserbereich. Überall lagen oder krochen Verwundete auf dem Strand umher. Ihre Versorgung war in dieser Situaation unmöglich. Für die gelandeten Amerikaner gab es am *D-Day* keine Rückzugmöglichkeit – wer den Strand verlassen wollte, mußte vorwärts…

Aber die GIs wurden noch mit einem zusätzlichen Problem konfrontiert: Das Salzwasser, das in die Verschlüsse der Gewehre eingedrungen war, hatte diese blockiert. So mußten die Soldaten in dem Chaos, das um sie herum tobte, ihre Gewehre auseinandernehmen, reinigen und wieder zusammensetzen.

Die deutschen MG-Schützen hingegen kämpften mit einem völlig konträren Problem, wie Ludwig Kwiatkowski erklärte:

„Für unser Maschinengewehr hatten wir jeweils nur einen Ersatz-Lauf. Wenn wir dann die Gurte eingehängt und direkt aus der Kiste verschossen hatten, und das ging schnell, war der Lauf schon glühend heiß. Dann haben wir ihn mit einem Asbest-Lappen 'rausgenommen und den anderen eingesetzt. Aber als der zweite Lauf auch heiß war, hatte der erste noch gar nicht genug Zeit gehabt, wieder abzukühlen. Wir haben aber wieder gewechselt. Und so ging das immer weiter…“

Die gelandeten Panzer schossen inzwischen auf die deutschen Stellungen – sofern sie überhaupt ein Ziel ausmachen konnten. Doch befanden sie sich auf dem offenen Strand selbst in völlig schutzlosen Positionen und wurden von den Widerstandsnestern aus heftig mit Panzerabwehrgeschützen sowie (anstatt und) von den beiden schweren, durchschlagkräftigen 8,8-cm-Kanonen beschossen. Einige der Panzerbesatzungen stellten daraufhin ihr Feuer ein und blieben einfach völlig passiv stehen – in der Hoffnung, daß man sie als kampfunfähig betrachte und nicht weiter beschoß, was dann auch tatsächlich geschah.

Die erste Angriffswelle der Amerikaner forderte etwa 850 Tote, mindestens ebenso viele Soldaten waren verwundet, und 1.150 Männer kämpften am Strand ums Überleben. Bis 7:15 Uhr hatten die Landungsboote sämtliche Soldaten der ersten Angriffswelle an Land gebracht (*ausgenommen der nach Port-en-Bessin abgetriebenen I/116.*) und waren, sofern es ihnen möglich war, wieder zu den Transportschiffen zurückgefahren, um weitere Soldaten zu holen und an den Strand zu bringen. Auf ihrem Rückweg begegneten sie den Booten der nächsten Angriffswelle, die sich nun in Intervallen mit einem zeitlichen Abstand von nur noch zehn Minuten der Küste näherten…

Eskalation

Ab 7:00 Uhr sollten die ersten Boote der zweiten Angriffswelle auf dem Strand landen. Diese zweite Welle war in fünf aufeinander folgenden Staffeln unterteilt, die in 10-Minuten-Abständen nacheinander aufzulaufen hatten. Insgesamt 40 Minuten waren für die zweite Angriffswelle geplant und sollten mit der Unterstützung durch Bataillone zweier Regimentskampfgruppen enden. So liefen die ersten und ebenfalls stark von den eigentlichen Zielgebieten abgetriebenen

Die Amerikaner begannen planmäßig ab 7:00 Uhr mit den Anlandungen ihrer zweiten Angriffswelle.

Boote der zweiten Angriffswelle auf die vorderen Sandbänke auf – zwischen die letzten, noch vor dem Strand rangierenden Boote der ersten Welle. Die nachfolgenden Kompanien des 16. und 116. Regiments und vier Boote eines Artillerie-Bataillons folgten der ersten Angriffswelle ins *Omaha-Beach*-Chaos. 26 amerikanische und britische LCAs, ein LCP und vier LCVPs brachten im ersten Schub der zweiten Welle fast eintausend Soldaten sowie viele Sturmgeschütze und Jeeps zur Küste. Doch gaben die nur 31 Boote der ersten Staffel, die weit auseinandergezogen auf den Strand zufuhren, den deutschen Soldaten ausreichend Zeit, sich auf ein neues starkes Abwehrfeuer vorzubereiten und zu konzentrieren – und die amerikanische Tragödie nahm ihren weiteren Verlauf...

Die 12 LCAs der Kompanien G und K des 16. Regiments waren die einzigen Boote dieser Angriffswelle, deren Skipper ihr Abtreiben verhindern konnten, und die folglich in ihren geplanten Sektoren landeten. Als sich jedoch die Gruppe der sechs LCAs der K/16. ihrem Zielgebiet, dem Sektor *Fox Green* näherten, kenterte eines in der starken Dünung noch kurz vor dem Strand, die anderen landeten zwischen den Widerstandsnestern 60 und 61 und gerieten ins deutsche Artillerie- und MG-Feuer. 53 Soldaten und vier Offiziere wurden zusammengeschossen.

Die sechs LCAs der G/16. setzten die GIs zwar planmäßig und in der vorgegebenen Zone ab, jedoch leicht westlich des WN 62 – genau im Feuerbereich des MG-Schützen Hein Severloh. Innerhalb weniger Sekunden fielen 35 GIs und ein Offizier im Hagel der Geschosse. Auf dem Weg über den Strand starben weitere 45 Soldaten. Von den 180 Männern der Kompanie erreichten nur 99 den Kieswall am Vorstrand.

Die Boote der K/16. landeten in zwei Gruppen direkt vor dem WN 61. Drei LCAs konnten im Schutz von vier Panzern zwar alle ihre Männer auf dem Strand absetzen, aber die Gruppe der anderen drei Boote geriet in heftiges MG-Feuer und verlor 53 Soldaten und vier Offiziere.

Auch die LCAs der B/116. wurden von der starken Strömung abgetrieben – bis zu eintausend Meter, und statt in den Sektor *Dog Green,* nach *Dog Red*. In einem dieser Boote, einem britischen LCA, hockte der 19-jährige Robert L. Sales mit seinem Funkgerät auf dem Rücken:

„In England hatte ich den Umgang mit dem Funkgerät und das Kartenlesen gelernt. Dies sollte in Frankreich mein Job sein. Ich war nicht danach gefragt worden, ob ich diesen Job ausführen wollte, es wurde mir einfach befohlen. Eine Woche lang hatte ich die Karten studiert, dann waren wir nachts in Richtung Normandie gestartet."

Grafische Darstellung der Anlandungen der 2. bis 7. Angriffswelle auf den „Omaha Beach"
zwischen 7:00 und 8:00 Uhr.

Grafik: von Keusgen

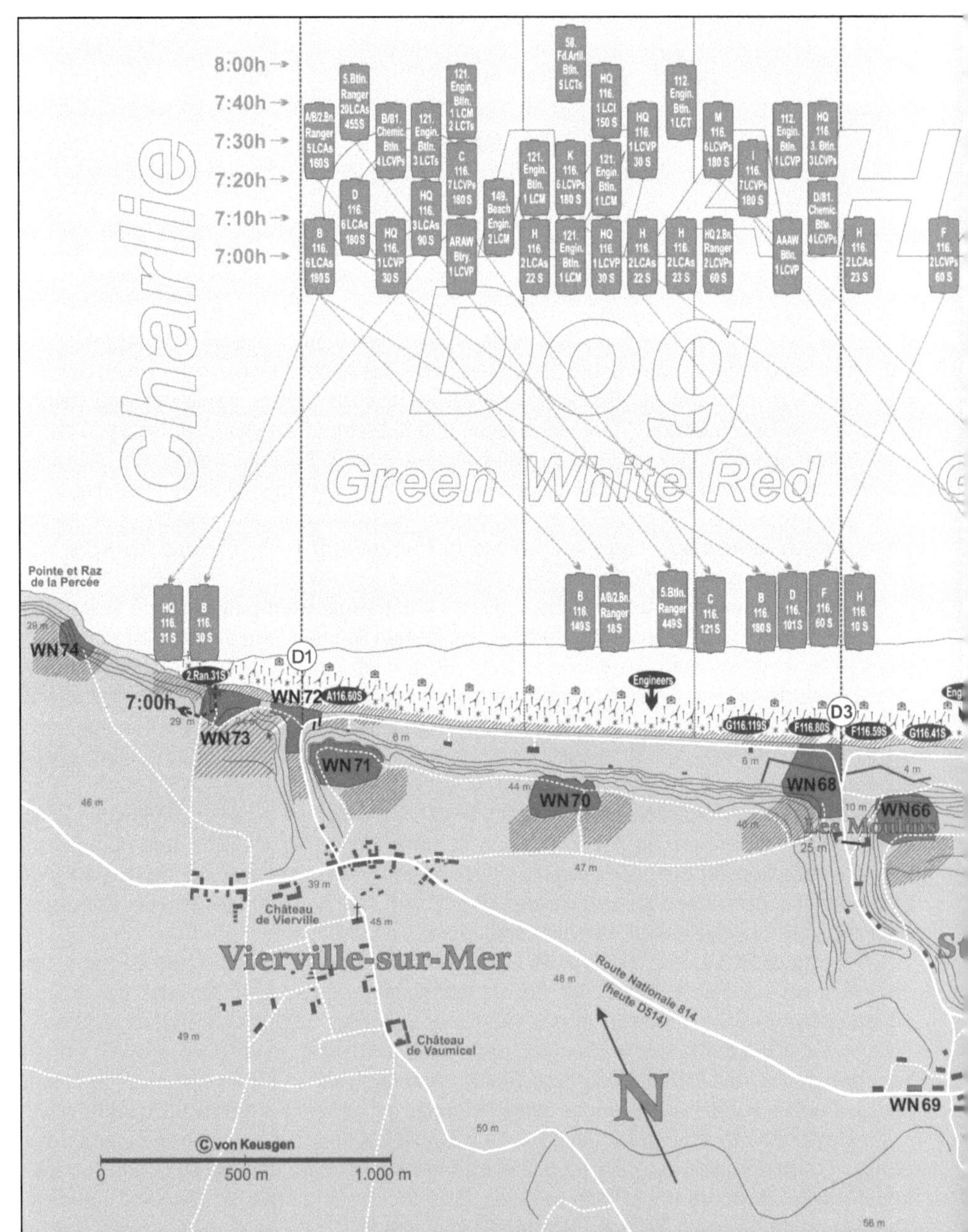

Die blauen Ovale am Strand bezeichnen jene Positionen, an denen die mit der ersten Angriffswelle angelandeten Soldaten den Strandsaum erreicht hatten, sowie ihre jeweiligen Einheiten. (Angaben betreffs der Landungsboote wie zuvor.)

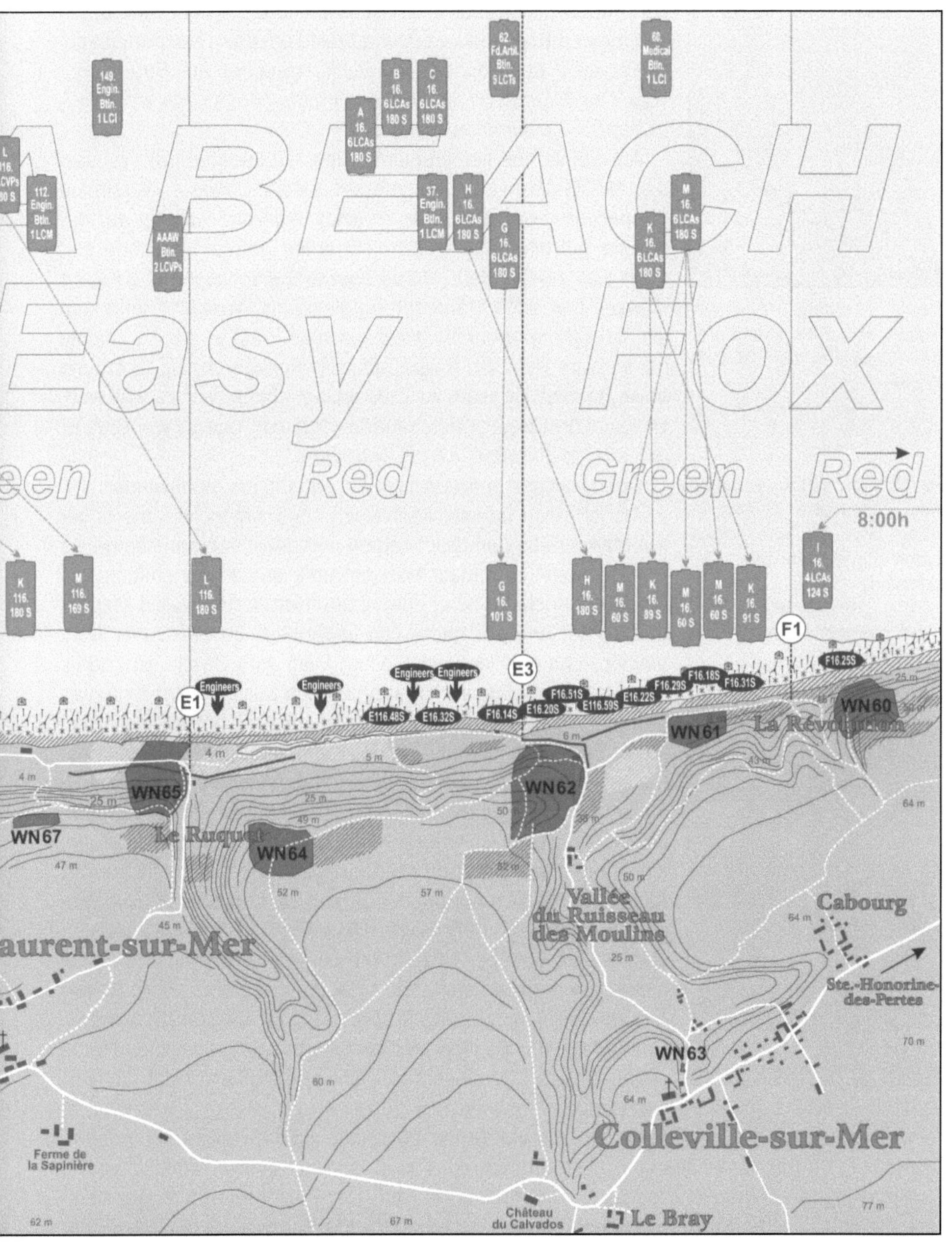

A BEACH
Easy
Green Red
Fox
Green Red
8:00h
149. Engin. Btln. 1 LCI
62. Fd.Artl. Btln. 5 LCTs
60. Medical Btln. 1 LCI
A 16. 6 LCAs 180 S
B 16. 6 LCAs 180 S
C 16. 6 LCAs 180 S
M 16. 6 LCAs 180 S
L 116. LCVPs 180 S
112. Engin. Btln. 1 LCM
AAAW Btln. 2 LCVPs
37. Engin. Btln. 1 LCM
H 16. 6 LCAs 180 S
G 16. 6 LCAs 180 S
K 16. 6 LCAs 180 S
K 116. 180 S
M 116. 169 S
L 116. 180 S
G 16. 101 S
H 16. 180 S
M 16. 60 S
K 16. 89 S
M 16. 60 S
M 16. 60 S
K 16. 91 S
I 16. 4 LCAs 124 S
E1
E3
F1
Engineers
Engineers Engineers
Engineers
E116.48S
E16.32S
F16.14S
F16.51S
E16.20S
E116.59S
E16.22S
F16.29S
F16.18S
F16.31S
F16.25S
WN60
WN61
WN62
WN65
WN67
WN64
La Révolution
Le Ruquet
aurent-sur-Mer
Vallée du Ruisseau des Moulins
Cabourg
Ste.-Honorine-des-Pertes
WN63
Colleville-sur-Mer
Ferme de la Sapinière
Château du Calvados
Le Bray
4 m
5 m
6 m
4 m
25 m
25 m
49 m
50
58 m
64 m
43 m
47 m
52 m
57 m
82 m
60 m
45 m
25 m
64 m
80 m
64 m
62 m
67 m
70 m
77 m

Robert L. Sales, 19-jähriger Funker der B-Kompanie des 116. Regiments der 29. US-Division.
Foto: Kollektion R. Sales

Der Chef der B/116. – Hauptmann Zappacosta. Er kam im selben Boot wie sein Funker Robert Sales, erreichte aber niemals den Strand...
Foto: Kollektion R. Sales

Das Landungsboot, in dem Robert Sales hockte, landete wenige Minuten nach 7:00 Uhr nahe westlich des Tals Les Moulins und unmittelbar vor dem WN 68. Sales schilderte die Situation:

„Alles war ruhig und jeder auf dem Boot lud sein Gewehr durch. Als ich dann über die Bordwand schaute, sah ich Rauch und Feuer, und es sah aus, als lägen Tote auf dem Strand. Ich zog meinen Kopf wieder ein und brüllte unserem Hauptmann zu:

Ich sehe überhaupt keine Deckungslöcher am Strand, nur Tote! Der Strand und die Abhänge müßten doch noch unter Feuer liegen – da stimmt was nicht...!

Als die Rampe fiel, krepierten überall Granaten, und es wurden MG-Garben auf uns gefeuert. Unser Offizier, Hauptmann Zappacosta, war der Erste im Boot und wurde schon auf der Rampe getroffen. Er wurde nicht sofort getötet; er schrie erst noch. Der zweite Mann wurde ebenfalls erschossen und fiel ins Wasser. Der dritte Mann sprang gleich ins Wasser – dann kam ich. Ich rannte ebenfalls direkt ins kalte Wasser, und es reichte mir bis zum Hals. Ich mußte auf mein Funkgerät aufpassen und bewegte mich langsam zu Zappacosta, aber er war zu weit weg, vielleicht drei Meter... Ich näherte mich ihm. Überall war Blut. Er rief: *Ich bin getroffen, ich bin getroffen!*

Dann versank er im Wasser. Ich sah ihn nie mehr wieder...

Als ich mich umsah, konnte ich noch sehen, wie die anderen Männer aus dem Boot kamen und direkt von der Rampe ins Wasser fielen. Die Maschinengewehre sägten sie einfach um. Ich war schockiert, denn überall um mich herum waren Männer und Boote, und ich dachte, *oh, mein Gott, du darfst hier nicht bleiben*, und ich versuchte, einen Weg zum Strand zu finden. Das war nicht einfach. Ich konnte mich nur langsam fortbewegen, denn das Wasser war tief, und immer, wenn ich nach hinten schaute, sah ich das Desaster. Eine Granate flog direkt über meinen Kopf und krepierte zwischen den Booten. Ein Wrack in meiner Nähe wurde ebenfalls getroffen. Mir war kalt und ich fror. Irgendwann hatte ich alles verloren, meine gesamte Ausrüstung. Ich war in einer schrecklichen Situation; ich konnte nicht zurück. Alles bewegte sich nur auf den Strand zu, und ich sah mich wieder um, sah noch mehr Boote. Bei einem, das mir am nahesten war, fiel die Rampe 'runter, und ich sah einen Mann, der aus meiner Heimatstadt stammte – Hauptmann Robert Wair. Er war Arzt. In dem Moment, als er hinauslief, traf ein Geschoß seinen Helm, der dann wegflog, und ich konnte seine feuerroten Haare sehen. Er wurde in diesem Moment getötet. Dann kroch ich über den Strand...“

In einem anderen LCA der B-Kompanie wurde der 20-jährige Soldat Harold Baumgarten ebenfalls in den falschen Sektor *Dog Red* gefahren. Das Boot hatte einen Granattreffer auf die Frontklappe erhalten und es begann bereits zu sinken. Der Zugführer, ein junger Leutnant, stemmte seinen Körper verzweifelt gegen die eingedrückte Rampe, um den Druck der eindringenden Wassermassen etwas aufzuhalten. Dann schurrte das kleine britische LCA endlich auf den Sand des Strandes. Der GI Harold Baumgarten beschrieb die Situation:

„Das Boot auf unserer linken Seite explodierte plötzlich, und wir wurden mit Metall, Holz und Körperteilen überschüttet. Dann schlugen Geschosse durch die dünnen hölzernen Seitenwände unseres LCAs. Als die Rampen heruntergingen, war es das Signal für jedes MG am Strand, auf die offenen Luken zu feuern. Aus einem britischen LCA kann immer nur einer nach dem anderen aussteigen. Unteroffizier Barnes wurde direkt vor mir niedergeschossen. Leutnant Donaldson und ein anderer Unteroffizier hatten klaffende Wunden in der Stirn. Donaldson ging völlig verrückt ins flache Wasser, ohne seinen Helm. Dann fiel er auf die Knie und begann, seinen Rosenkranz zu beten. In diesem Moment schossen ihn die Deutschen in zwei Teile. Das Feuer kam von einem Unterstand, der in den Hang eingebettet war, von der rechten Flanke des Strandes *(WN 73)*. Dann standen wir bis zum Hals im blutgetränkten Wasser. Ich bin 1,80 Meter groß, hielt mein Gewehr über den Kopf...

Ich erreichte den Strand und suchte Deckung hinter einer Panzersperre. Dann sah ich, wie zu meiner Rechten Soldat Robert Dittmar aus Fairfield in den Himmel starrte und nach seiner Mutter rief:

Mama..., mich hat´s erwischt! Dann war er still...

Plötzlich krepierte eine Granate direkt vor meinem Gesicht, riß meine halbe Wange heraus, riß ein Loch in meinen Gaumen und spaltete meine Zunge. Ich hatte den ganzen Mund voller loser Zähne und Knochensplitter. Ein anderer Granatsplitter traf mich direkt zwischen den Beinen. Dieselbe Granate hatte in diesem Moment einen guten Kameraden vor mir getötet – Bedford Hoback aus Bedford in Virginia...“

Die Panzer boten den GIs auf dem offenen Strand den einzigen größeren Schutz vor den auf sie herabprasselnden Geschossen.

Foto: R. Capa / US National Archiv

Omaha Beach war inzwischen ein Ort der Verwüstung, des Leidens und des Todes. Zwischen schwarz qualmenden Wracks ausgebrannter und in der Brandung dümpelnder Landungsboote, zusammengeschossener Lastwagen und Jeeps, zerstörter Panzer und Dozer, aus denen orangefarbene und hellrote Flammen schlugen, lagen Tote, Körperteile und stöhnende Schwerverwundete. Schreiend krochen leichter Verwundete umher oder riefen flehentlich um Hilfe. Viele dieser Getroffenen suchten irgendwo etwas Deckung zu finden. Unentwegt prasselten die Geschosse deutscher Maschinengewehre von den Widerstandsnestern auf die Schutzlosen herab, und ständig schlugen die Granaten der

Artillerie und Werfer krachend auf dem Strand ein und ließen hohe Sandfontänen in die Luft aufsteigen, die penetrant nach verbranntem Sprengstoff und verschmortem Gummi roch. Die langsam steigende Flut schob ein dunkles Band toter Körper vor sich her – dahinter noch immer etliche verängstigte und traumatisierte Männer, denen der Mut oder die Kraft fehlte, über den Strand bis zum Vorstrandwall oder der Promenaden-Böschung zu laufen, die ihnen etwas Schutz vor dem heftigen Beschuß boten. Der Soldat Warren Rulien war mit der zweiten Angriffswelle an einer der vordersten Sandbänke von seinem LCA abgesetzt worden. Sein 19-jähriger Leutnant wollte Rulien den Weg weisen und rief ihm etwas zu, jedoch wurde er in diesem

Augenblick von einer MG-Garbe erfaßt und fast völlig zerfetzt. Daraufhin warf sich Rulien hinter einen im flachen Wasser eines Priels umhertreibenden Toten. Und während er langsam durch das blutrote Wasser kroch, schob er die Leiche zum Schutz vor den Geschossen vor sich her.

Robert Slaughter schilderte den Moment, da er selbst den Strand erreichte:

„Es war alles eine einzige Hölle. Der ganze Strand lag unter Kreuzfeuer. Links und rechts krepierten die Granaten. Deckung gab es nur im Wasser. Wir waren fast ertrunken, und man konnte da nicht ewig liegen bleiben. Zurück konnte man aber auch nicht... Es gab nur einen einzigen Weg – vorwärts...

Ich habe Männer gesehen, denen Granatsplitter ihre Bäuche aufgerissen hatten und die Eingeweide herausgequollen waren... Und dann betete man, *hoffentlich bekomme ich keinen Bauchschuß, hoffentlich keinen Kopfschuß, hoffentlich erwischt es mich nur am Arm oder am Bein. Sie können mein Bein haben oder meinen Arm, aber bloß keinen Schuß in den Magen, keinen Schuß in den Kopf...*"

Vor dem Ausbooten hatten die Offiziere noch in der Nacht auf den Truppentransportern an die Soldaten ihrer ersten Sturmtruppen großzügige Mengen von Benzedrin-Tabletten austeilen lassen. Dieses Medikament sollte Hunger, Angstzuständen, Erschöpfung und Müdigkeit entgegenwirken – verursachte jedoch infolge unterschiedlicher Verträglichkeit und eingenommener Dosierung bei vielen Soldaten die schrecklichsten Nebenwirkungen. So schliefen manche GIs, ganz im Gegenteil zum gewünschten medikamentösen Effekt, inmitten des Trommelfeuers einfach ein; andere versuchten, sich gar nicht erst zu verteidigen, Deckung zu suchen oder den Strand zu überlaufen; und wieder andere erhoben sich, ungeachtet der Gefahr, und gingen aufrecht, mit hängenden Armen und abwesendem, wirren Blick am Strand umher. Einige der GIs feuerten mit ihren Gewehren wild um sich – sogar auf die eigenen Kameraden.

In diesem heulenden und brüllenden Inferno, in dem ständig weitere Boote am Strand immer mehr seekranke und verängstigte GIs in die Apokalypse entließen, war es dennoch einigen Amerikanern gelungen, erste Vorstöße auf das feindliche Terrain zu unternehmen.

Um 7:10 Uhr erhielt eines der sechs in den Sektor *Dog White* abgetriebenen LCAs der D/116. einen Granat-Volltreffer, und wurde total zerfetzt. 15 Männer starben. Die drei im Sektor *Dog Green* heranfahrenden LCAs der Stabskompanie des 116. Regiments wichen dem extremen Beschuß aus, indem sie, langsam gegen die Strömung ankämpfend, in den Sektor *Charlie* abdrehten – und gerieten dort in den Feuerbereich des WN 74. Nur

der Hälfte der Besatzung eines der Boote gelang es, den Strand
zu überqueren und unter dem Kliff Schutz zu suchen *(bis zum
Nachmittag)*. Von den 90 Soldaten dieser drei Boote überlebten nur 30.

Die beiden LCVPs der F-Kompanie wurden hart gegen die
starke Strömung des Meeres gesteuert, um nicht auch abgetrieben zu werden. So landeten sie statt im Sektor *Easy Green* im
Sektor *Dog Red*. Unteroffizier Harry Bare befand sich im ersten
der beiden Boote:

„Feuer regnete auf uns nieder – von MGs, Gewehren und Granaten aus den Bunkern am Hang der Küste. Ich konnte sehen,
wie Boote wie das unsere Volltreffer erhielten. Die Männer warfen sich seitlich über die Bordwände, um so dem Feuer zu entkommen. Die Bootsführer fuhren zick-zack, um zu verhindern,
daß die Boote getroffen wurden. Unser Boot ließ seine Rampe
irgendwo nahe des Tals Les Moulins herunter. Unser Leutnant,
der als erster hinaussprang, erhielt einen Schuß in den Hals, und
ich sah ihn nie mehr wieder. Als nun Ranghöchster versuchte
ich, die Männer vom Boot und irgendwie an die Küste zu bekommen. Es war grauenhaft... Männer lagen wie gelähmt im Sand,
unmöglich, sich zu bewegen. Meinem Funker wurde zwei Meter
neben mir der Kopf abgeschossen. Der Strand war bedeckt mit
Körpern, Männern ohne Beine, ohne Arme. Gott, es war fürchterlich..., absolut schrecklich..."

Zur selben Zeit fuhren die Boote der H/16. und M/16. im Sektor *Fox Green* auf den Taleingang vor Colleville zu, dem geplanten Strandausgang *E3*. Im Sperrfeuer der 1. Batterie des Oberleutnants Frerking kenterte ein LCA der M-Kompanie. Den anderen war es zwar möglich, mit der H-Kompanie im heftigen Abwehrfeuer zwischen den Widerstandsnestern 61 und 62 zu landen und den Strand zu überqueren, doch verloren die Männer
der H-Kompanie dabei fast ihre gesamte Ausrüstung inklusive
ihrer Funkgeräte.

George Th. Allen war Leutnant und Zugführer seiner Einheit
und wurde in einem LCVP in den Sektor *Fox Green* gefahren:

„Ich war am Tag der Landung 26 Jahre alt und gemessen an
den anderen schon ein alter Mann. Wir hatten alle Altersklas-
sen in unserem Bataillon; die meisten waren zwischen 18 und 30
Jahre alt. In unserem Boot befanden sich 25 Männer und zwei
Jeeps. Wir hatten mehr zu tun, als auf die Deutschen zu schießen, denn ich sollte nach der Landung mit meinem Jeep ein paar
Meilen ins Hinterland fahren und den Weg für das Bataillon erkunden. Dann haben wir von den Deutschen einige große Granaten abbekommen. Drei unserer sechs Boote gingen unter, und
der Rest wurde zusammengeschossen. Mein Jeep ist dabei vom
Boot gefallen, und das war das letzte, was wir von ihm sahen...

Foto: R. Capa / US National Archiv

Beim Aussteigen aus dem Boot, oder dem, das davon übrig geblieben war, hatte ich Angst – jeder hatte Angst. Aber man hatte eine Aufgabe, und man konnte in diesem Moment sowieso nichts anderes tun. Der Strand vor uns sah grauenhaft aus. Es waren alle Sorten Landungsboote da, überall Fahrzeuge, viele Tote über den ganzen Strand verstreut, Helme, Gewehre, Ausrüstungsgegenstände aller Art. Es sah aus wie auf einer Müllhalde. Es lagen, soweit ich sehen konnte, ungefähr neunhundert Tote am Strand. Wir haben uns dann hinter den Seawall geduckt *(vor WN 61)*, von dort aus konnte man nicht mehr viel sehen. Von unseren 180 Männern hatten nur 97 überlebt...“

Ranger-Leutnant William Moody saß mit seinen Männern und vielen Verwundeten der C-Kompanie unter der Steilküste nahe westlich des geplanten Strandausganges *D1*, im Sektor *Charlie*, fest. Sie beobachteten das Desaster der A/116. auf dem Strand vor Vierville, dessen Angriffs-Bestandteil sie selbst waren. Moodys Auftrag hatte gelautet, so schnell wie möglich mit seinen Rangern und den Männern der A-Kompanie vom Strandausgang *D1* aus die Steilküste zu ersteigen und auf ihr zur Pointe du Hoc zu ziehen, um dort die Ranger-Force A zu unterstützen. Doch mußte Moody einsehen, daß es nun weder eine kampffähige A/116. noch einen offenen Strandausgang gab. So begannen er und 28 seiner Männer um 7:00 Uhr damit, die Steilwand unterhalb des WN 73 zu ersteigen. In dem 29 Meter hohen Kliff befand sich an dieser Stelle das alte, festungsähnliche Anwesen, hinter dessen Ruine das WN 73 lag. Einige Granaten der Schiffsartillerie hatten während des Trommelfeuers auf die Küste auch die Frontmauern des Anwesens getroffen. Sie war daraufhin eingestürzt, und eine Menge Steine und Balken waren heruntergefallen. Auf diesem schrägen Hang begannen nun die Ranger hinaufzuklettern. Dazu stießen sie ihre kurzen, spitzen Kampfmesser immer wieder in die Spalten und Fugen des Kalkgesteins und benutzten sie wie kleine Steigeisen.

Zur selben Zeit, da die Ranger zum WN 73 emporstiegen, gelang es Major Bingham mit 39 Männern seiner F/116., den Strand zu verlassen. Vor dem Tal Les Moulins und zwischen den Widerstandsnestern 66 und 68 erkämpften sie mutig ein von den Deutschen mit feldmäßigen Mitteln befestigtes kleines Haus direkt am Strand und besetzten es. Daraufhin schickte Bingham eine Patrouille, die am 180 Meter zurückgelegenen Küstenhang, nahe dem WN 66, die Möglichkeit eines weiteren Vorstoßes erkunden sollte. Der kleine Trupp kam jedoch nur bis in

Trotz aller Widrigkeiten erfolgte ein permanenter Materialnachschub – eine logistische Leistung, wie sie am D-Day einmalig in der Weltgeschichte war.   **Foto: US National Archiv**

die Nähe des Panzerabwehrgrabens und scheiterte im Gewehrfeuer deutscher Soldaten in jenem Widerstandsnest.

Die Anlandungen der amerikanischen Truppen wurden unentwegt fortgesetzt. Zwar sammelten sich die Landungsboote aller
Angriffswellen jedes Mal, doch waren ihre Fahrtzeiten durch die
widrigen Wind- und Strömungsverhältnisse recht unterschiedlich. So wurden die Boote der nächsten Staffeln der zweiten Angriffswelle zwar in 10-Minuten-Intervallen losgeschickt, kamen
jedoch nicht im selben Zeit-Takt an den Strand, was das dortige Chaos nur noch mehr vergrößerte. Die schwerfälligen Prähme, deren Personal gerade ihre Ladungen abgesetzt hatte und
im Begriff waren, zuerst rückwärtsfahrend, dann weiträumig zu
wenden, blockierten somit die nächsten heranfahrenden, und es
kam oftmals zu Kollisionen. Viele der jungen, größtenteils noch
unerfahrenen und ortsunkundigen Bootsführer waren häufig völlig desorientiert. Angesichts des deutlich erkennbaren Horrors
am Strand waren sie verunsichert und begannen, mit ihren Booten noch in einiger Entfernung zu kreisen. Inzwischen näherte
sich die nächste Staffel...

Robert Slaughter, 19-jähriger GI der D/116., war mit der zweiten Angriffswelle gelandet: „Vom Strand aus sah ich zurück. Einige Boote hatten viel Feuer abbekommen. Etliche Leute waren getroffen worden, ein Mann war irgendwie in den Bootspropeller geraten. Er wurde herum- und herumgewirbelt.“

Foto: Kollektion R. Slaughter

Die sechs LCAs der D/116., die um 7:10 Uhr den Strand im
Sektor *Dog Green* erreichen sollten, trieben über einen Kilometer weit und in die Zone *Red* ab. Auf ihrem Weg dort hin erhielt
eines der mit Munition und Sprengstoff beladenen Boote einen
Artillerie-Volltreffer und explodierte. 15 Männer starben, der Rest
war verwundet und trieb schreiend im brennenden Öl, das sich
weit auf der Wasseroberfläche ausgebreitet hatte.

Um 7:10 Uhr landete weit außerhalb der rechten Flanke dieses Angriffsbereichs das einzige von drei LCAs der Stabssol-
daten des 116. Regiments, das den Strand erreicht hatte. Doch
gelang es nur der Hälfte der Männer, den Strand zu überqueren. Dann versuchten die verwundeten und erschöpften Soldaten, etwas Schutz unterhalb des 29 Meter hohen Kliffs zu finden.

Viele GIs krochen erst mit der langsam und unaufhaltsam auflaufenden Flut von Hindernis zu Hindernis vorwärts – und boten somit den deutschen Infanteristen mit ihren Karabinern ein gutes Ziel...

Foto: R. Capa / US National Archiv

(Abseits des Hauptkampfgeschehens, unter deutschem Beschuß und ohne Verbindung zu den anderen Truppenteilen verharrten sie bis zum Nachmittag des 6. Juni.)

Mit jedem Boot, das in die Nähe des Strandes kam, vergrößerte sich das Durcheinander, und mit jeder weiteren Staffel, die in die noch am Strand agierende vorherige fuhr, wurde der Angriff der Amerikaner immer unübersichtlicher. Die Männer in den sechs in die falsche Zone *(Easy)* fahrenden LCMs der H-Kompanie verloren bei der Landung alle Funkgeräte und fast ihre gesamte Ausrüstung. Aber nicht immer war es der heftige Beschuß durch die Deutschen, der bei den Amerikanern zu

Verletzungen und Toten führte. Viele Unfälle geschahen gerade im Moment der Landung und beim Verlassen der Boote durch die von der langen Anfahrt strapazierten und seekranken GIs. So wurde Hauptmann Shilling beim Herunterlassen einer der schweren Rampen zerquetscht, und einem Zugführer wurde dabei das linke Auge ausgeschlagen.

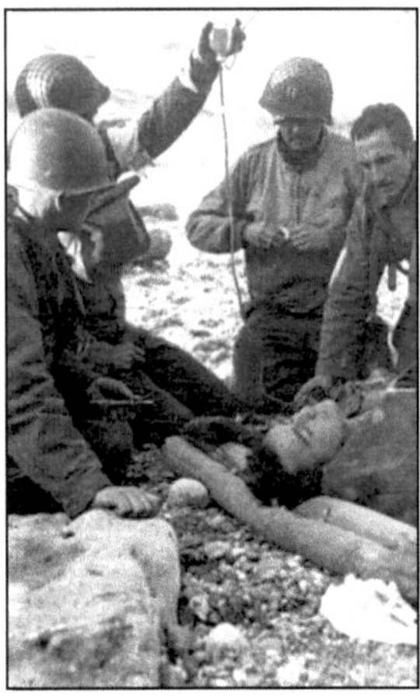

Eine von vielen lebensrettenden Infusionen an einem Strand, der unter ständigem schweren Beschuß lag.

Foto: US National Archiv

Trotz des am Strand herrschenden Chaos´ waren mehrere Zerstörer der Küste sehr nahe gekommen und nahmen alle deutschen Geschütz- und MG-Stellungen unter gezielten Beschuß. Erkennen konnten sie diese Positionen an den immer wieder aufflammenden Mündungsfeuern. Auch die Panzer, die auf dem Strand umherrollten, feuerten auf die Mündungsfeuer. Drei Panzer hatten sich auf dem Kieswall vor dem WN 61 festgefahren, dennoch beschossen sie das Widerstandsnest.

Oberfeldwebel Friedrich Schnüll sprang mit einem MG 42 auf die Betonabdeckung der Kasematte und feuerte aus der Hüfte mehrere länger anhaltende Feuerstöße auf die am Strand vor ihm liegenden GIs. Nur ein paar Sekunden dauerte Schnülls wilde Schießerei – dann riß ihn eine Panzergranate auseinander. Eine weitere Granate traf kurz darauf den Mündungskorb der 8,8-cm-Kanone in der Kasematte.

Um 7:20 Uhr meldete das Grenadier-Regiment 726 an die 352. Infanterie-Division:

Feindlandung am Strand vor WN 60, 61 und 62 und noch weiter nach Westen. Zwischen WN 61 und 62 Feind in Stärke von einer Kompanie auf dem Strand, die von eigener Artillerie beschossen wird. Bei WN 61 die 8,8-cm-Pak durch Volltreffer ausgefallen.

Fünf Minuten später erfolgte die nächste Meldung des Grenadier-Regiments 726 *(auszugsweise): Vor WN 60 und 62 greift eine Kompanie an. Bei WN 61 sind vier weitere Boote gelandet. Ein Boot wurde durch 5-cm-Kwk (Renault-Panzerkuppel mit Kanone) in Brand geschossen...*

Die Pioniere der Demolition Teams waren inzwischen stark dezimiert. Von den 16 Teams waren zwei bereits auf dem Weg zum Strand mit ihren Booten untergegangen, und von einem der 12-Mann-Teams waren 10 Soldaten schon während der Landung gefallen. Dennoch waren sie noch immer damit beschäftigt, an den sechs Stellen in den Sektoren *Dog Red*, *Easy Green* und *Easy Red* Breschen zu brechen. Diese Breschen sollten 50 Meter breit sein und durch den gesamten „Teufelsgarten" hindurchführen, fast 150 Meter weit. Aber eigentlich sollten die 16 Teams auch 16 Breschen sprengen...

Die Arbeit der Pioniere war gleich in mehrfacher Hinsicht problembehaftet: Zuerst einmal gab es für die Männer eine rein psychologische Schwierigkeit, denn sie wußten, daß sie im

Grunde ein Selbstmordkommando waren, aber sie versuchten, jeden Gedanken daran zu verdrängen. So standen sie völlig ohne Deckung zwischen den mit Minen bestückten Hindernissen – jeder Mann mit Sprengstoff bepackt. Dann mußten sie sich beeilen, denn die rasch steigende Flut kam ihnen immer näher, und mit dem Wasser kamen auch die Landungsboote ständig weiter heran... Außerdem standen die Teams erst hier, am *Omaha Beach*, den Hindernissen, die sie zerstören sollten, zum erstenmal gegenüber. Bisher hatte keiner der Männer gewußt, aus welchem Material sie beschaffen, wie sie konstruiert und installiert waren. Einerseits war die Ausbildung der Zerstörer-Trupps in Großbritannien seit April 1944 viel zu kurz gewesen, andererseits hatte man ihnen lediglich Fotos gezeigt, die von den Aufklärungsflugzeugen der Alliierten aus aufgenommen worden waren, und darauf konnte man ohnehin nicht viel erkennen. Außerdem kamen in den letzten Wochen vor der Invasion ständig neue Fotos mit immer mehr und immer komplizierteren Hindernissen. Auch wußte bisher niemand, daß die Deutschen diese Hindernisse mit Minen bestückt hatten. Irgend etwas hatte in der Kooperation mit den Briten nicht funktioniert, denn deren Aufklärungskommandos waren mehrmals heimlich an der normannischen Küste gelandet und hatten diverse Hindernis-Typen sorgfältig inspiziert und vermessen.

Einem der Demolition Teams war es gerade gelungen, alle Sprengladungen an den Hindernissen der von ihnen geplanten Bresche zu befestigen, als eine deutsche Granate die Zündschnur traf und die Explosion auslöste, bevor sich die Pioniere in Sicherheit bringen konnten. Bis auf einen wurden alle Männer des gesamten Trupps zerrissen. Das benachbarte Team im Sektor *Easy Red* hatte es geschafft, zu den Hindernissen am Strand zu gelangen, jedoch mit erheblichen Verlusten. Robert H. Miller von den 149. *Combat Engineers* hatte gerade den Strand erreicht, als eine Granate in seiner Nähe einschlug. Nachdem er sein Bewußtsein wiedererlangt hatte, waren seine Beine völlig taub:

„... Aber ich konnte nicht verstehen, warum ich nicht mehr aufstehen konnte..."

Einer der Granatsplitter hatte den Spinalkanal seiner Wirbelsäule getroffen – er war querschnittgelähmt.

Aufrechtstehend und mit Sprengstoff bepackt, mußten die Männer der Zerstörer-Trupps im Hagel der Geschosse ihre ohnehin gefährliche Arbeit verrichten (Pfeile). Eines von vielen Problemen stellten jene GIs dar, die genau hinter den zur Sprengung vorbereiteten Hindernissen Deckung gesucht hatten...

Foto: R. Capa / US National Archiv

Mit den Booten der dritten und vierten Staffel waren auch wieder Pioniere am Strand abgesetzt worden. Ihre Aufgabe bestand darin, das feindliche Feuer zu eliminieren, den Strand für die nachfolgenden Boote frei zu räumen, Verwundete aus den Landezonen zu schaffen, Schneisen in die Hindernisse und Minenfelder zu schlagen, sowie Munition und Verpflegung an Land zu bringen. Doch erwies sich ihr Auftrag unter den gegenwärtigen Bedingungen als unmöglich ausführbar. Einen Teil dieser Aufgabe zu erfüllen *(Breschen zu sprengen)*, waren bereits die Überlebenden der ursprünglich 192 Spezialisten der ersten Angriffswelle schon nicht in der Lage gewesen. Eine unvorhergesehene Schwierigkeit, mit denen die Räumtrupps während ihrer Arbeit konfrontiert wurden, stellten die gelandeten Infanteristen dar, die plötzlich gleich zu mehreren angerannt kamen und hinter jenen Hindernissen vor den Geschossen Schutz suchten, die eben unter großen Opfern zur Sprengung vorbereitet waren.

Das größte Problem stellten jedoch die Verwundeten dar, die hinter den Hindernissen in Deckung lagen. An keiner der Breschen, an denen die Pioniere arbeiteten, brachte es einer der Männer fertig, *(den „Gesetzen des Krieges" folgend)* trotzdem die Hindernisse zu sprengen, weil dabei etliche Verwundete sterben würden. So mußte man sie fortschaffen. Das kostete an einigen Breschen derart viel Zeit, daß inzwischen die Flut weiterhin gestiegen war und die Sprengungen dadurch vereitelt wurden. An einem der Arbeitsplätze der Demolition-Teams fuhr ein Landungsboot in eine gerade entstehende Lücke und riß sämtliche Zündschnüre von den Hindernissen. Ein anderes Boot brachte zwischen den Holzpfählen Minen zur Explosion und machte dadurch weitere Sprengungen an dieser Bresche unmöglich. Im Sektor *Dog* Green zermalmte ein Panzer die gerade gelegten Zündschnüre und vereitelte die Sprengung auf diese Weise. Dennoch gelang es den Zerstörer-Trupps im Laufe der Zeit, sechs größere Breschen und drei kleinere Lücken in die Strandhindernisse zu sprengen. *(Zwei der großen Breschen wurden im Sektor „Dog" und dessen Zonen „White" und „Green" gesprengt, die anderen vier im Sektor „Easy Red".)* Da die Räumspezialisten jedoch bei der Landung den größten Teil ihrer Ausrüstung verloren hatten, konnten sie nur eine dieser Schneisen mit einem roten Wimpel *(entsprechend der Zone)* markieren, wodurch der Wert der anderen Schneisen mit steigender Flut immer mehr vermindert wurde. Außerdem hatte man sich zwar auf den eintretenden hohen Wasserstand vorbereitet und gelbe Blechkanister als weithin sichtbare Bojen an beiden Seiten der Schneisen angebracht, doch als diese Bojen Treffer von Geschossen oder Granatsplittern erhielten, liefen sie voll Wasser und versanken. Danach wußte niemand, der sich der

Hinter, unter und zwischen den Hindernissen suchten ständig Massen von Soldaten Schutz vor dem unentwegten Beschuß.						**Foto: R. Capa / US National Archiv**

übriggebliebenen gelben Boje näherte, ob sich die Schneise nun links oder rechts davon befand... *(Die Überlebenden der Demolition Teams warteten dann in relativer Deckung am Vorstrandwall auf die nächste Ebbe, um am Nachmittag ihre Arbeit fortzusetzen. Der Verlust dieser Pionier-Truppen betrug am 6. Juni 51 Prozent. Die meisten Männer waren innerhalb der ersten halben Stunde gefallen.)*

Um 7:30 Uhr war es den Rangern der eine Stunde zuvor vor Vierville gelandeten C-Kompanie endlich gelungen, an dem steilen Kliff emporzuklettern. Sie durchquerten das große, zerstörte normannische Anwesen und befanden sich plötzlich im WN 73. Die nur noch wenigen
Männer dieses Trupps waren die ersten Amerikaner, denen es gelungen war, den Strand zu
verlassen und eine der Anhöhen zu erklimmen.

Die Ranger stellten nun fest, daß die Verteidigungsanlage aus
mehreren Tobruk-Ständen und kleinen Bunkern mit einem tiefen
Grabensystem bestand. Leutnant William Moody, der den Trupp
anführte, wollte zuerst den überirdischen Gefechtsstand eliminieren. Als er aber die Tür öffnete, erhielt er sofort einen tödlichen
Kopfschuß. Daraufhin warfen die Amerikaner Phosphor-Grana-
ten in den Gefechtsstand und einige andere Unterstände. Brennend und schreiend kamen die deutschen Soldaten herausge-
wankt und wurden sofort von den Rangern erschossen.

Die Ranger waren indessen zu erschöpft und zahlenmäßig
viel zu schwach, um dieses Widerstandsnest gänzlich eliminieren zu können.

Leutnant Sidney Salomon, der noch immer stark aus seiner
Kopfwunde blutete, hatte das Kommando über nur noch drei
Überlebende seines Zuges und einen Offizier, „der in einer Gra-
bennische kauerte", erinnerte sich Salomon, „und wie ein Baby
weinte"...

Dann entdeckte Hauptmann Goranson einen Trupp von 28
Soldaten der B-Kompanie des 116. Regiments nahe der Steilküste und ließ sie als Verstärkung heraufholen.

*Der für die GIs gefährlichste
Moment war jener, unmittelbar
nachdem die Rampen der Boote herabgelassen worden waren und sie sich noch dicht gedrängt beieinander befanden.*
Fotos: US National Archiv

In dem Durcheinander der nächsten heranfahrenden Staffel geriet um 7:30 Uhr ein vollbe-
ladenes LCVP der M/116. auf eine Seemine und wurde zerrissen. Nur ein paar Minuten später
wurde das einzige Boot des 149. Pionier-Bataillons von einer Granate getroffen, und die gelade-
ne Munition explodierte oder ging in Flammen auf. Die Soldaten, die einige Minuten lang in der
Höllenglut stehen mußten, erreichten dennoch alle lebend den Strand, jedoch nicht unverletzt.

Andere Landungsboote, die gesunken waren, hatten Überlebende hinterlassen, die an der
Wasseroberfläche trieben. In ihren Schwimmschläuchen hängend, winkten sie in der auf und
ab wogenden Flut, um Hilfe bittend, den Kameraden auf den vorbeifahrenden Booten zu, oder
sie streckten flehentlich die Arme nach ihnen aus. Doch hatte man den jungen Bootsführern auf
den Transportschiffen immer wieder gesagt:

„Ihr fahrt Angriffsboote, keine Rettungsboote! Was immer auch geschehen mag, ihr habt nur
eine einzige Bestimmung, nämlich auf direktem Weg und so schnell wie möglich an Land zu
kommen. Jeder ist auf sich allein gestellt. Vorwärts!"

Wenn dann die Boote auf den Sand des Strandes schurrten und die Rampen herabfielen,
feuerten die Offiziere ihre Soldaten an:

„Los, raus hier! Bewegt Eure Ärsche! Vorwärts!"

Ein LCVP wurde von einer Granate getroffen, und die gesamte an Bord befindliche Munition explodierte oder geriet in Brand; dennoch konnte das Boot den Strand erreichen – keiner der Männer war bei dieser spektakulären und höchst dramatischen Situation ums Leben gekommen.
Foto: US National Archiv

Doch nach dem langen Hocken in den schaukelnden Booten und mit den schweren Ausrüstungen bepackt, war das gar nicht so einfach. Dann sprangen und stolperten die GIs im Hagel der Geschosse in die grauen Wellen des oft mehr als eineinhalb Meter tiefen, kalten Wassers. Viele der ersten Soldaten zuckten getroffen zusammen und ertranken; andere versuchten, von den Booten wegzuschwimmen, doch war ihre Ausrüstung oft so schwer, daß sie große Mühe hatten, sich überhaupt an der Wasseroberfläche halten zu können. Etliche GIs sprangen über die Bordwände der Boote, bevor die Rampen herabfielen, um so dem verheerenden MG-Feuer zu entgehen.

Unteroffizier Otlowski hatte seine Ausrüstung, sein Gewehr und den schweren Stahlhelm mit seinem Kunststoff-Innenhelm fortgeworfen und es geschafft, bis zum Strand zu schwimmen, ihn im Inferno der Kampfhandlungen zu überqueren, sich durch das Gewirr der Hindernisse zu kämpfen und die Dünen vor *Easy Red* zu erreichen. Dort traf er einen jungen GI, der mit einer Kabeltrommel auf dem Rücken zwischen den Toten umherging. Otlowski sagte, der GI solle ihm die Kabeltrommel geben, er könne sie gut gebrauchen. Doch der Soldat entgegnete:

„Ich kann nicht…"

Erst jetzt bemerkte Otlowski, daß der GI in der rechten Hand seinen linken Arm trug…

Um 7:30 Uhr meldete das Artillerie-Regiment 352 an die Division:

Zur Zeit besteht keine Verbindung mit der B-Stelle bei Colleville (Oberleutnant Frerkings Bunker im WN 62). Landungsboote zwischen WN 61 und 62 wurden mit zusammengefaßtem Feuer bekämpft…

Da die Amerikaner infolge der Gefahr des Abhörens nur selten Funkmeldungen durchgaben, meldete sich das 16. Regiment erst um 7:30 Uhr wieder beim Hauptquartier:

Vorderer Gefechtsstand (gemeint ist jener Standort, an dem sich gerade der leitende Offizier und der Funker befanden) ist gelandet. Strand ist noch immer unter Handfeuerwaffen- und Maschinengewehrfeuer. Es wurde noch kein Fortschritt an Raumgewinn erzielt. Verluste sind extrem hoch. Leichtes Artilleriefeuer am Strand. Schweres Maschinengewehrfeuer deckt alle Ausgänge und den gesamten Strand ab.

Dennoch gelang es einigen Amerikanern gerade in diesem Augenblick, den verminten Kieswall im Sektor *Easy Red* zu überwinden. Sie erstiegen den schrägen Hang zum Plateau – genau in jenem völlig ungesicherten Bereich zwischen den Widerstandsnestern 62 und 64. Soldaten der E-Kompanie des 116. Regiments, die mit ihren Booten viel zu weit abgetrieben waren, GIs der E- und G-Kompanie des 16. Regiments sowie viele Männer anderer auseinandergerissener Einheiten, die sich ihnen angeschlossen hatten *(insgesamt fast dreihundert*

Soldaten), gelang es, nacheinander die Anhöhe zu erreichen. Hein Severloh feuerte mit seinem Maschinengewehr immer in nordwestliche Richtung auf die von der Strömung an das WN 62 herangetriebenen Boote, die ihm somit geradezu entgegenfuhren. Auch konnte er von seiner Position aus genau jene GIs erkennen, die in etwa 550 Metern Entfernung am westlich gelegenen Küstenhang emporstiegen:

„Es sah aus, wie eine dunkle Kette, als sie da so im Gänsemarsch hintereinander hinaufkletterten. Ich hab' ein paarmal mit meinem MG draufgehalten, konnte aber keine Wirkung beobachten, zwischen all den kleinen, qualmenden Ginstersträuchern und dem hohen Unkraut."

Dennoch gab es unter den von Severloh beschossenen GIs zwölf Gefallene. Die Soldaten der E/16. bewegten sich daraufhin in östliche Richtung, um das WN 64 in der Flanke anzugreifen. Jene der G/16. und der E/116. marschierten über die Anhöhe weiter in Richtung Colleville...

Um 7:35 Uhr gelang es einer Gruppe von Männern der A/116. mit einigen Rangern den Strand im Sektor *Dog Green* zu verlassen, die Promenade zu überlaufen und den Küstenhang zwischen WN 70 und WN 71 zu ersteigen...

Inzwischen wurden drei Kilometer vor der Küste 13 Spezialboote von einem großen Transporter zu Wasser gelassen. In den Booten sollten die 12 schweren Geschütze des 111. Bataillons an den Strand transportiert werden. Außerdem war jedes Boot noch mit 13 Artilleristen und Ausrüstungen aller Art beladen. Das erste Boot mit einer 10,5-cm-Haubitze sank sofort, da seine Ladung viel zu schwer war. Trotzdem wurden von dem Transportschiff alle Boote zu Wasser gelassen. Kaum zehn Minuten später gab es nur noch sechs Boote, die nicht versunken waren.

Seit kurz vor 7:00 Uhr wurden außer Panzern auch Halbketten-Lastwagen, schwere Geschütze und Jeeps an Land transportiert. Viele wurden durch den unablässigen Artilleriebeschuß versenkt, und etliche zerstört, bevor sie den Strand erreicht hatten. Jene, die ankamen, blieben dort in dem tosenden Durcheinander stecken und erschwerten die Situation auf dem blutgetränkten Strand. Viele Männer der Spezial-Trupps hatten bei der Landung oder in dem mörderischen Feuer am Strand ihre Spezialausrüstungen verloren, sich dann Waffen gefallener GIs genommen und waren dadurch zu ganz gewöhnlichen Infanteristen geworden. In den Granattrichtern, die durch das deutsche Artillerie-Sperrfeuer am Strand entstanden waren, hatten viele der Männer Deckung gesucht, doch liefen diese Löcher durch die steigende Flut bald voll Wasser.

Soldaten in höchster Anspannung und größter Sorge: Die letzten Momente bevor die Rampe vor dem WN 61 herabfiel.

Foto: US National Archiv

Um 7:40 Uhr verließen Brigadegeneral Norman Cota und Oberst Charles D. W. Canham das LCI 71 im Sektor *Dog White*. Canham war der Kommandeur des 116. Infanterie-Regiments und sollte den Angriff in den vorgesehenen Sektoren organisieren und führen. Cota sollte den Angriff der 1. Division im Sektor *Easy* leiten, doch befand sich das Zentrum dieses Sektors noch fast zwei Kilometer weiter östlich. Bereits seit 7:30 Uhr hätten, gemäß des Zeitplans, sämtliche Strandausgänge geöffnet sein sollen. Doch das, was Norman und Canham am Strand vorfanden, war ein einziges großes Chaos – ein militärisches Desaster.

Brigadegeneral Norman Cota (1893-1971). Durch seine couragierte Haltung vermittelte er den demoralisierten GIs am Strand neuen Mut.
Foto: US National Archiv

Gegen 7:45 Uhr trafen die LCAs der Task Force C, der eigentlichen Hauptkampftruppe der Ranger, am *Omaha Beach* ein. Es waren die Kompanien A und B des 2. Ranger-Bataillons und das gesamte 5. Ranger-Bataillon *(sie hatten vergeblich auf das Erfolgssignal der an der Pointe du Hoc gelandeten Task Force A gewartet und waren dann, ihrem Plan 2 zufolge, zum „Omaha Beach" gefahren, um dort im Sektor „Dog Green" zu landen und danach auf der Küstenstraße, der N 814, zur Pointe du Hoc zu marschieren).*

Zuerst näherten sich die fünf LCAs der Kompanien A und B des 2. Bataillons dem zu dieser Zeit noch maximal 200 Meter breiten Strand, Die Flut war nur noch 50 Meter von den Hindernissen entfernt. Die Boote steuerten den Sektor *Dog White* an, und als die Ranger vorsichtig über die Rampe blickten, stellten sie fest, daß in dem ganzen Chaos am Strand dennoch niemand vor ihnen an dieser Stelle gelandet war, und außerdem, so schien es, wurde dieser Bereich gar nicht beschossen. So waren sie der Meinung, sie hätten nun eine problemlose Landung zu erwarten – da lief das erste ihrer Boote auf eine Mine. Zwei Männer wurden sofort getötet, mehrere schwer verwundet. 29 Ranger und die drei Männer der Bootsbesatzung mußten unter plötzlich einsetzendem Beschuß zum Strand schwimmen. Als die Rampen der nachfolgenden Boote auf die Sandbänke fielen, begannen die deutschen Soldaten zu feuern. Feldwebel Dick Hathaway gehörte zur A-Kompanie des 2. Ranger-Bataillons. Er beschrieb die Situation, als die Ranger die Boote verließen: „Das Feuer, in das wir gerieten, war schrecklich. Alles, was ich denken konnte, war, *ich muß diesen Strand überqueren*... Ich rannte, so schnell ich konnte, los, durch Frontal- und Seitenfeuer. Hunderte Männer um mich herum rannten ebenfalls, doch die meisten von ihnen fielen..."

Hathaway überholte beim Laufen noch seinen schwerbepackten Kompanieführer, der zwei Ladungen Termit-Sprengstoff, zwei Sprenggranaten, eine Mörsergranate, zwei Blöcke Dynamit und zwei Zünder, die er an seinem Stahlhelm befestigt hatte, bei sich trug. Er rief Hathaway beim Laufen zu: „Wenn ich getroffen werde, fliegen wir alle in Luft...!"

Hathaway berichtete weiter: „Wir wußten, daß wir alle so schnell wie möglich vom Strand wegkommen mußten. Die Einzigen, die dort blieben, waren jene, die schon tot waren oder noch sterben würden..."

Mitten in dem tosenden Durcheinander wurde Hathaway von einem Brigadegeneral angerufen, der wissen wollte, um welche Soldaten es sich handelte, zwischen die er geraten war und mit denen er auf den Vorstrand zulief.

„Die Ranger!" rief Hathaway zurück und dachte: *Ein Brigadegeneral – was, zur Hölle, tut der hier...?*

Der Brigadegeneral war Norman Cota.

Hathaway, dem aufgefallen war, daß viele GIs der in diesem Sektor gelandeten 29. Division im Wasser Deckung gesucht hatten, sagte: „Sie waren nicht ausreichend trainiert. Offenbar hatte ihnen niemand gesagt, daß sie schnellstens die Hölle im Wasser verlassen sollten, wo einen die Detonationen allein schon umbringen konnten. Niemand hatte ihnen hart genug eingeprägt, daß der alleinige Weg, zu überleben, jener war, so schnell wie möglich über den Strand zu laufen..."

Eine halbe Stunde dauerte es, bis die ersten Ranger der beiden Kompanien die 250 Meter bis zur Böschung vor der Promenade überwunden hatten. Von den 136 Soldaten und Offizieren überlebten nur 62.

Major Max Schneider, der Kommandeur des kurz darauf nachfolgenden 450 Mann starken 5. Ranger-Bataillons, hatte das Desaster der beiden Kompanien des 2. Bataillons beobachtet, und um mit seinen 20 Booten nicht in dieselben Schwierigkeiten zu geraten, dirigierte er seine kleine Flotte in den etwas weiter östlich gelegenen Sektor *Dog Red*, zwischen die Widerstandsnester 68 und 70. Zwar verlor Max Schneider bei der Landung „nur" sechs Männer, doch war sein gesamtes 5. Bataillon ebenso an der Böschung unterhalb der Promenade festgenagelt, wie alle anderen Soldaten am *Omaha Beach* auch. *(Die drei Ranger-Kompanien des 2. Bataillons erlitten am „Omaha Beach" fast doppelt so viele Verluste, wie jene drei Kompanien, die am selben Tag den großen Stützpunkt Pointe du Hoc auf der 31 Meter hohen Steilküste einnahmen. Die meisten der Ranger hatten an diesem Tag zum erstenmal im Feuer gestanden. Siehe den Titel „Pointe du Hoc" dieser Buchserie.)*

Ungeachtet des Infernos brüllender Abschüsse, heulender und detonierender Granaten, sirrender MG-Geschosse und dem Geschrei Verwundeter war Norman Cota aufrecht und ohne jede Deckung durch Qualm und Trümmer die zweitausend Meter über den offenen Strand bis in den Sektor Easy Green gegangen. Er sah die Betroffenheit, die Hoffnungslosigkeit und Resignation der Soldaten auf dem Strand. Im Sektor Easy Green fand der Brigadegeneral einen größeren Trupp Soldaten seiner Division, die sich ungeordnet und mit aus anderen Einheiten stammenden Männern und einigen der zu weit nach Osten abgetriebenen Rangern zusammengetan hatten. Deckung suchend und verstört kauerten und lagen sie hinter einer der langen, hölzernen Molen. Zwischen den Widerstandsnestern 65 und 72 gab es in größeren Abständen mehrerere Reihen dieser Molen, hinter die sich die GIs hockten oder legten, um somit wenigstens von einer Seite aus vor den Geschossen deutscher Maschinengewehre und Karabiner geschützt zu sein. Zwischen den Molen, die sich bis weit in den Gürtel der Strandhindernisse erstreckten, spülte die unaufhaltsam steigende Flut beständig leichte Ausrüstungsgegenstände der Amerikaner, Leichen und abgerissene Körperteile immer näher an die Küste heran.

In dem Moment, da Norman Cota bei dem Trupp Soldaten ankam, schlug eine Granate in der Nähe der Männer ein, und ein größerer Granatsplitter zerriß den Rücken eines der GIs. Cota war betreffs der gesamten am Strand herrschenden Konfusion schockiert. Noch immer aufrecht stehend rief er den Soldaten zu:

„Hört zu, Leute; wer hier unten liegen bleibt, wird abgeschossen! Hier bleiben nur Schwerverwundete, Tote und jene, die noch sterben werden, zurück. Soll ich vielleicht ganz allein angreifen?"

Cotas Worte verfehlten bei seinen Soldaten nicht ihre Wirkung…

GIs unter dem Kliff vor Vierville. **Foto: US National Archiv**

Um 7:45 Uhr ging bei der 352. Division eine Meldung des Grenadier-Regiments 916 ein:

Bei WN 70, nordwestlich Vierville, klettern 3 Panzer bergauf; ins WN 66 sind 3 Panzer eingedrungen; von WN 62 ist die obere Kasematte durch Volltreffer ausgefallen.

Um 7:50 Uhr informierte der Divisionskommandeur der 352. Division den Kommandeur des Grenadier-Regiments 726:

1. Bataillon der Kampfgruppe Meyer ist zum Gegenstoß bei WN 60-62 nach Colleville in Marsch gesetzt. Eintreffen ist dort in 1 1/2 Stunden.

Zu dieser Zeit versuchte der GI Ingram Lambert, auf Cotas Befehl hin, mit einem Bangalore-Torpedo nahe westlich des WN 68 eine Schneise in den Stacheldrahtverhau zu sprengen. Doch die Zündung funktionierte nicht, und Lambert wurde erschossen. Leutnant Stanley Schwartz gelang es dann, den Defekt zu beheben und die Sprengung durchzuführen. Ein GI versuchte daraufhin, die Schneise zu passieren, wurde aber sofort erschossen.

Um 7:55 Uhr traf bei der 352. Division eine weitere Meldung des Artillerie-Regiments 352 ein:

Funkspruch der I./A.R. 352, daß eigene Lage bei WN 60 unklar ist.

Zwar wurde WN 60 immer wieder unter gezieltes Feuer von vor der Küste patrouillierenden Zerstörern genommen, aber es war für sie sehr schwer, dort oben, auf der in 61 Metern Höhe gelegenen Verteidigungsanlage großen Schaden anzurichten. Dennoch lag die nahe des steilen Kliffs befindliche B-Stelle der 3. Batterie oft unter Beschuß.

Ein Landungsboot der E-Kompanie, in dem der junge Leutnant John Spaulding hockte, war bereits um 6:32 Uhr mit der ersten Angriffswelle anstatt im Sektor *Easy Red* in *Fox Green* auf eine der Sandbänke aufgelaufen. Spaulding und einigen seiner Soldaten war es dann gelungen, bis um 8:00 Uhr den Kieswall zwischen den Widerstandsnestern 61 und 62 zu erreichen. Der Leutnant hatte seinen Männern befohlen, sich unmittelbar nach der Landung ihrer schweren Ausrüstungen zu entledigen, um sich besser bewegen und schneller Deckung finden zu können. Dennoch hatten sie eineinhalb Stunden gebraucht, um die noch zweihundert Meter Strand zu überwinden. Alles, was die Soldaten noch bei sich trugen, waren eine Leiter *(die sie ursprünglich und gemäß ihres Auftrags zum Überqueren der Panzergräben mitgenommen hatten)*, ein Flammenwerfer, zwei Granatwerfer, mehrere Bangalore-Rohre und Torpedos sowie einige Gewehre. Die Amerikaner fanden eine Schneise durch den schmalen Minengürtel auf dem Kieswall und sprengten ein Loch in den Stacheldrahtzaun am vorderen Rand der an dieser Stelle eineinhalb Meter hohen Vorstrandböschung. Aber als sie diese Böschung überwinden wollten, gerieten die GIs unter heftigen Beschuß. Einer von ihnen wurde getötet, dennoch folgten sie einem schmalen Pfad, der den Hang hinauf und zum WN 61 führte...

Mit der zweiten Angriffswelle wurden zwischen 7:00 Uhr und 8:00 Uhr nicht nur Infanteristen an den *Omaha Beach* gebracht, sondern auch weitere Pioniere *(Combat Engineer Battalion)*,

GIs unter dem Kliff vor Vierville. **Foto: US National Archiv**

Koordinatoren *(Beachmaster)*, Erkundungstrupps der Provisorischen Pionier-Spezial-Brigade-Gruppe *(Provisional Engineer Special Brigade Group)*, Artillerie-Einheiten, Sanitäts-Abtei-
lungen *(Medical Detachments)* sowie Fliegerabwehr-Einheiten,
Marine-Küsten-Kontrollelemente und ein Chemie-Waffen-Ba-
taillon *(81. Chemical Weapon Battalion)*. Auch brachten LCVPs
und LCMs, DUKWs und Rhino-Fähren *(Lastenprähme)* weiteres
Kriegsgerät, Munition und Fahrzeuge an Land. Aber auch diese
Einheiten hatten, bedingt durch die starken Strömungsverhältnisse, große Schwierigkeiten, ihre genauen Zielgebiete zu finden. So kam es auch bei deren Anlandungen zu einem erheblichen Durcheinander...

Plötzlich wurde der kleine Trupp von einem Tobruk-Stand aus,
links von ihnen, vom WN 61, beschossen. Einige der Amerikaner wurden verwundet. Die GIs feuerten zurück, konnten aber
mit ihren Gewehren nichts ausrichten. Sie setzten ihren Weg zur
Anhöhe fort und gerieten einen Moment später in heftiges Maschinengewehrfeuer. Die Amerikaner gingen in Deckung. Ein
Schuß mit ihrer Bazooka verfehlte die deutsche MG-Stellung.
Der Bazooka-Schütze wurde daraufhin beschossen und am linken Arm verwundet, ein anderer Soldat getötet. Dann feuerte einer der GIs mit seinem leichten Maschinengewehr. Ihm wurde

Die steigende Flut umspülte nicht nur langsam die noch immer vielen Strandhindernisse, sondern auch die Panzer der Amerikaner.

Foto: US National Archiv

als Reaktion darauf in beide Beine geschossen. Nun stürmten die wenigen noch einsatzfähigen Amerikaner die MG-Stellung. Ein einzelner Soldat in deutscher Uniform sprang auf, riß die
Hände hoch und rief:

„Kameraden, Kameraden...!"

Der Leutnant ließ den MG-Schützen gefangennehmen; so hatte er jemanden, der den Amerikanern eventuell wichtige Informationen liefern konnte. Der deutsch uniformierte Soldat sagte aus, er sei Pole, außerdem befänden sich noch zwei weitere seiner Landsleute in den nahen Schützengräben. Sie hätten miteinander vereinbart, daß sie eigentlich nicht kämpfen wollten, doch sei ein deutscher Unteroffizier gekommen, der sie gezwungen hätte, zu schießen.

Konfusion

Ab 8:00 Uhr waren die nachfolgenden Angriffswellen zeitlich nicht mehr festgelegt worden.
Die Flut hatte bereits die ersten Strandhindernisse erreicht und begann, langsam an ihnen
emporzusteigen. Fast alle Fahrzeuge, die bisher noch am Strand und vor dem breiten Saum
der Hindernisse standen, waren nun vom Wasser umschlossen und kaum noch in der Lage,
sich fortzubewegen. Viele wurden von ihren Fahrern aufgegeben. Die meisten Besatzungen
der Panzer verharrten jedoch in ihren vor den MG-Geschossenen schützenden Stahlkolos-
sen, die aber immer wieder zu Zielen der deutschen Kanonen wurden... Das Inferno aus heulenden und krachenden Granaten, dumpf dröhnender Motore der Landungsboote, der sich
noch langsam bewegenden Panzer und Lastwagen, dem Geschrei der Soldaten und dem unablässigen Rattern der Maschinengewehre konzentrierte sich auf einen immer schmaler werdenden Streifen Strand. Zu dieser Zeit näherte sich ein LCI/S *(Landing Craft, Infantry, small =
Infanterie-Landungsboot, klein)* des Sanitäts-Bataillons der 1. Division dem Sektor *Fox Green*.
Da die Sanitäter Verwundete vom Strand an Bord nehmen wollten, fuhr es so nah wie möglich

heran und kollidierte mit einem der großen *Belgischen Tore*. Das Boot hing in der Strömung der auflaufenden Flut an dem schweren Hindernis breitseits fest – und wurde von einer Artillerie-Granate getroffen. Von dem LCI/S aus schoß man zurück und versuchte, seine beiden seitlichen Fallreeps herabzulassen. Eine weitere Granate schlug in dem schlanken Boot ein, und es ging in Flammen auf. Während die Bootsbesatzung versuchte, den Brand auf dem LCI/S unter Kontrolle zu bringen, wurden die Verwundeten von einem anderen Boot aufgenommen.

Das LCI/S war von einer Granate getroffen worden und trieb mit Schlagseite vor der Küste.

Foto: US National Archiv

Die sich mit der auflaufenden Flut immer weiter an die Hindernisse heranwagenden Bootsführer gingen damit auch ein immer größeres Risiko ein. Um 8.00 Uhr erreichten endlich die vier der ursprünglich sechs nach Port-en-Bessin verfahrenen LCAs der I/16. den Sektor *Fox Green*, ihre vorbestimmte Landungszone. Als sich die vier Boote dem Strand näherten, wurden zwei von ihnen unmittelbar nacheinander von Granaten getroffen und versenkt – dabei kamen acht Soldaten ums Leben. Der Obergefreite Peter Lützen beobachtete diese Situation von der höchsten Stelle des WN 62 aus:

„Kleine Boote mit Soldaten kamen... Dann ging's von hinten pfiiiiet, dann krach! Und die Boote..., ab in die Tiefe. Menschenskinder, was für arme Hunde das waren... Das kann man niemals vergessen..."

Die anderen beiden LCAs des I./16. gerieten kurz darauf zu nahe an die Hindernisse, eines berührte eine der darauf installierten Minen, die explodierte und setzte dadurch die Munition auf dem Boot in Brand. Das vierte LCA verfing sich zwischen den *Rollböcken* und teilweise mit Minen bestückten Holzpfählen, löste dabei mehrere Minen aus und blieb dann mit Schlagseite zwischen den Pfählen hängen...

Elmar Carmichael, der Führer eines britischen LCAs, machte eine schreckliche Beobachtung: „Als wir am Strand ankamen, sah ich roten Schaum direkt am Wassersaum. Und plötzlich wurde mir klar, daß es das Blut unserer Soldaten war..."

Ludwig Kwiatkowski, der sich in dem vorderen Maschinengewehrstand nur wenige Meter über dem Strand befand, erklärte die Situation vor dem WN 62, vor dem sich am meisten ereignete, aus seiner Sicht: „Anfangs war ja noch Ebbe, und als die Amis aus den Booten 'raus mußten, hatten sie ja noch zweihundert Meter durchs Wasser bis zum Strand zu gehen, und das hat keiner von ihnen geschafft. Bei den Ersten, die landeten, waren auch viele Schwarze. Da kam von den ersten zwei Angriffswellen vor unserem Stützpunkt keiner an Land, die sind alle abgefegt worden. Ich hab' nur Blut im Wasser gesehen..."

Zu dieser Zeit erreichten auch die ersten Kompanien des II./726 die Küste. Die 8. Kompanie, der auch Hans Lücking angehörte, bezog auf dem Plateau nördlich St. Laurent und zwischen den Widerstandsnestern 66 und 67 ihre Position. Lücking schilderte die Ereignisse:

GIs im Sektor „Charlie" und im Feuer deutscher Maschinengewehre.

Foto: US National Archiv

„Als wir dann nach vorn verlegt wurden, konnten wir den ganzen Strand überblicken; wir hatten dann das ganze Schauspiel vor uns. Ich selbst habe aber nicht einen einzigen Schuß abgeben können, denn ich war im Kompanie-Trupp als Zeichner, und nun war meine Aufgabe eben Melder. Ich hatte zwar mein Gewehr bei mir, aber ich war nicht zum direkten Angriff dabei..."

Nachdem die Nebelwerfer-Batterie auf dem Küstenplateau im WN 67 alle ihre Raketen abgefeuert hatte, wurde der Stützpunkt von einem der immer näher an die Küste herankommenden Zerstörer gezielt beschossen. Unterhalb dieses Stützpunktes gelang es um 8:00 Uhr den GIs der K-Kompanie den Strand ihres Sektors *Easy Green* zu verlassen. In Gruppen von 20 bis 30 GIs erkletterten sie den schrägen Küstenhang und wurden von den Soldaten der 8./726 unter Feuer genommen. Die Amerikaner verloren dabei 18 Männer. Der Rest erreichte das Plateau und lieferte sich mit den Soldaten der 8. Kompanie ein heftiges Gefecht.

Erst zu dieser Zeit, zwei Stunden nach dem Beginn des Angriffs, erhielt das um 3:00 Uhr morgens in westliche Richtung in Marsch gesetzte Grenadier-Regiment 915 mit Zustimmung des Korps den Befehl zur Umkehr in östliche Richtung – nicht aber nach Norden, zur Küste... *(Das Grenadier-Regiment 914 war südöstlich Isigny gebunden und hatte die Widerstandsnester 76 bis 100 bezogen.)*

Um 8:01 Uhr meldete das Regiment 916 an die 352. Division:

Bei WN 68, nördlich St. Laurent, sind 4 Panzer, bei WN 66 3 Panzer auf dem Strand, bei WN 65 ist die Lage ungeklärt. Der Panzerzerstörzug ist eingesetzt.

Um 8:05 Uhr funkte das 16. US-Infanterie-Regiment aus dem Sektor *Easy Red* an sein Hauptquartier-Schiff:

Vorderer Gefechtsstand ist gelandet. Strand liegt noch immer unter schwerem Feuer. Gefechtsstand hat sich am Strand eingerichtet und Infiltration hat an der rechten Flanke des Areals mit schmalen Durchbrüchen begonnen. Minenfeld (am Strand) ist geräumt, und alle Truppen am Strand bewegen sich zur Flanke.

Inzwischen hatte der 19-jährige Robert Sales die Strandhindernisse vor dem WN 68 erreicht:

„Ich weiß nicht mehr, wie lange ich brauchte, um über den Strand zu kriechen – wohl mehr als eine Stunde... Plötzlich sah ich meinen Unteroffizier, meinen Freund. Ich war mit ihm zusammen, seit ich im Alter von fünfzehneinhalb Jahren zur Armee gegangen war. Ich war damals selbst erstaunt, daß ich genommen wurde. Der Unteroffizier sah mich und gab mir ein Zeichen mit dem Ellenbogen, um meine Aufmerksamkeit zu erregen. Da traf ihn ein Geschoß in den Kopf; er explodierte förmlich. Und als sein Gesicht in den Sand fiel, drückte auch ich mein Gesicht in den Sand, denn ich glaubte, ich wäre nun der nächste, der den Kopf verlieren würde... Ich wartete auf den Schuß, der nun kommen würde, und lag da und wartete und wartete...

Zirka dreißig Minuten lag ich im Sand, ohne mich zu bewegen, doch es kamen noch so viele Boote, so viele Ziele, daß ich wohl in Vergessenheit geraten war. So begann ich, ganz langsam weiter zu kriechen. Und als ich da lag *(an der Vorstrandböschung)*, das werde ich niemals vergessen, sah ich dort überall Körperteile und unbewegliche Körper. Ich sah Leichen, hinter denen ich dann Deckung suchte. Ich sah Menschen, die auseinandergeschossen, aber dennoch nicht gestorben waren. Es war fürchterlich und prägte den Rest meines Lebens. Man kann sich so etwas nicht vorstellen, wenn man es nicht erlebt hat – Menschen, die total zerfetzt sind und doch noch leben, schreien...

Als ich die Böschung erreicht hatte, war der erste, den ich sah, wieder ein Kamerad aus West-Virginia, Dick Wright. Ihm war ein Auge ausgeschossen worden, und er war an der Wange verwundet. Er hatte ein Erste-Hilfe-Set dabei, und ich verband seine Wunde so gut ich konnte. Dann kümmerten wir uns gemeinsam um die anderen Männer, die ebenfalls die Böschung erreicht hatten. Wenn sie Verbandmaterial besaßen, war das gut. Wir sagten den Verwundeten, daß sie am Strand bleiben sollten, denn Landungsboote würden kommen, und man würde sich um sie kümmern, sobald die deutschen Maschinengewehre ausgeschaltet wären..."

Robert Sales war der einzige Soldat von den 31 Männern seines Landungsbootes, dem es gelungen war, die Vorstrandböschung vor dem WN 68 lebend zu erreichen.

Lange kreuzten bisher die Zerstörer in sicherer Entfernung und tatenlos vor der Küste, dann ließ der Kommandant der *Mc-Cook*, Ralph Ramey, sein Schiff bis nahe westlich des Tals vor Vierville fahren und gezielt das Widerstandsnest 74 beschießen. Ramey konnte erkennen, daß noch kein einziger GI die Anhöhe am Pointe et Raz de la Percée erreicht hatte. Nach einstündigem Beschuß mit 12,7-cm-Granaten stürzte eines der beiden nahe des Randes der 29 Meter hohen Steilküste stehenden Geschütze auf den Strand hinab, das andere wurde durch einen Volltreffer zerstört.

Erste Hilfe für einen Kameraden mit starken Gesichtsverbrennungen.

Nun näherten sich auch die anderen Zerstörer wieder der Küste und begannen, die deutschen Stellungen genau dort zu beschießen, wo Mündungsfeuer zu erkennen waren. Der Zerstörer *Frankford* nahm das Widerstandsnest 60 aus einer Entfernung von drei Kilometern mit mehreren Granaten gezielt unter Feuer. Der intensive Beschuß führte auf der hochgelegenen Verteidigungsanlage zu schweren Schäden, auch wurden dabei zwei Soldaten der Besatzung getötet. Kurz darauf erklommen 248 GIs der Kompanien I, K und L des 16. Regiments und einigen verirrten der E/116. unter dem Kommando des Leutnants Cutler die an dieser Stelle drei Meter hohe Vorstrand-Böschung und begannen, den schmalen Weg im Tal La Révolution hinaufzusteigen.

Eine der beiden 7,65-cm-Kanonen des WN 74 wurde von einem Zerstörer vom 29 Meter hohen Kliff geschossen.

Um 8:10 Uhr konnten im Sektor *Dog White* Ranger des 5. Bataillons und Soldaten der C/116. die Promenade überlaufen und zwischen den Widerstandsnestern 68 und 70 die Anhöhe ersteigen.

Um 8:15 Uhr landete Oberst George A. Taylor, der Kommandant des 16. Regiments, im Sektor *Easy Red*. Mutig ging der Oberst einige hundert Meter am Strand und im relativen Schutz der Dünen entlang, um seine Soldaten anzuspornen. Er rief ihnen ähnliche Worte zu, wie sie Norman Cota bereits seinen Männern zugerufen hatte:

Zwischen den Wracks der Landungsboote…

Fotos: US National Archiv

„Männer, es gibt nur zwei Sorten Soldaten am Strand – die toten und jene, die noch sterben werden; also laßt uns diese Hölle hier verlassen!"

Nur kurze Zeit später stiegen seine Männer der Kompanien E, F und G auf das Plateau und griffen das Widerstandsnest 64 an seiner östlichen Flanke an. Die in über zweihundert Metern Entfernung am Strand liegenden Soldaten der A-Kompanie hatten das Vorgehen ihrer Kameraden beobachtet und wollten ihnen nun nachfolgen und auf einem anderen, direkten Weg zu ihnen stoßen, doch führte sie ihr Kompaniechef, Hauptmann Pence, direkt auf ein Minenfeld. Die ersten Minen explodierten,

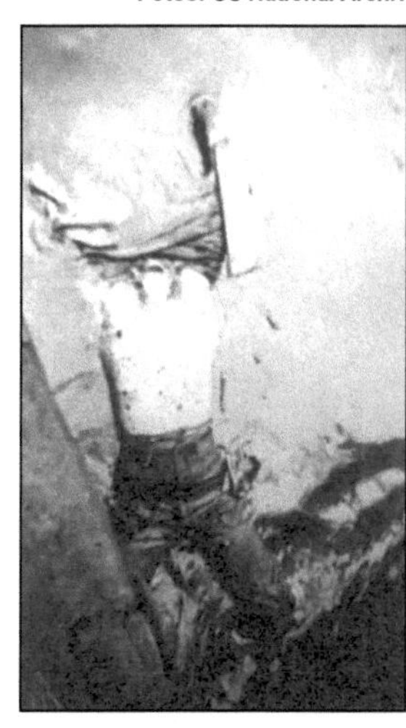

und einigen Männern wurden die Beine abgerissen. Die deutschen Soldaten im nahen Widerstandsnest waren durch die Detonationen auf die Amerikaner aufmerksam geworden und eröffneten nun das Feuer auf sie. So geriet der Rest der 79 Männer zwischen den um sie herum und dicht unter der Erde verborgenen Minen in Panik, was zu schrecklichen Verlusten führte. 48 Soldaten starben auf diesem Minenfeld.

Die Anlandungen der Amerikaner waren ständig weitergegangen; nun verstärkt im Sektor *Easy Red*, nahe *Fox Green* – vor dem Widerstandsnest 62. Das Grenadier-Regiment 916 meldete diesbezüglich um 8:19 Uhr an die 352. Division:

Feind ist bei WN 62 gelandet. Nähere Einzelheiten fehlen noch. Gegen gelandeten Feind nördlich Colleville ist ein Bataillon der Kampfgruppe Meyer eingesetzt; nördlich Vierville sind einige Panzer angelandet. Feind vor WN 66 und 68 wird durch eigene Kräfte angegriffen.

Bereits eine Minute später ging die nächste Meldung ein:

Bei Colleville drei Panzer an Land. Bei Vierville gleichfalls Panzer.

Um 8:30 Uhr erfolgte eine Nachricht vom Grenadier-Regiment 726:

Lage bei WN 60, 61 und 62 unverändert.

Daraufhin wurde das II. Bataillon des Grenadier-Regiments 915 zu einem Gegenstoß in Richtung WN 60 in Marsch gesetzt.

Die von Minen freigeräumten Pfade wurden mittels heller Bänder für die nachfolgenden Soldaten auffällig markiert.
Foto: US National Archiv

Indessen rollten drei Sherman-Panzer auf der Promenade in Richtung Vierville und auf das WN 72 und den Strandausgang D1 zu, doch war der noch immer von der starken Panzerabwehrmauer versperrt.

Um 8:24 Uhr trafen die Reste der A-Kompanie mit den nachfolgenden Männern der B- und C-Kompanie des 116. RCT auf dem Plateau oberhalb Dog White zusammen. Einige der Soldaten, die inzwischen an verschiedenen Stellen zu den Plateaus hinaufgestiegen waren, hatten von speziellen tragbaren Rollen schmale weiße Bänder abgespult und ausgelegt, um somit nachfolgenden Männern einen sicheren Weg zwischen den Minenfeldern zu weisen.

Harry Parley wollte mit seinem Flammenwerfer und den schweren Öltanks auf dem Rücken ebenfalls mit einigen Kameraden die Anhöhe hinaufsteigen:

„Man hatte uns gesagt, daß jemand einen schmalen Aufstieg gefunden habe. Als ich begann, hinaufzusteigen, sah ich das weiße Band, das den sicheren Weg durch die Minenfelder markierte – und ich sah den Preis, den man dafür gezahlt hatte: Zwei GIs hatte es in Stücke zerfetzt, ein anderer war noch am Leben, doch seine Beine waren abgerissen, und ein Sanitäter legte ihm einen Druckverband an den Stümpfen an..."

Um 8:32 Uhr wurde das gerade mit weiteren Panzern gelandete LCT 85 im Sektor Fox Green von einer Granate getroffen. Dabei kamen 15 GIs ums Leben, 30 wurden verwundet. Kurz darauf funkte das 16. US-Regiment an sein Hauptquartier:

Auf den in die Richtung des Strandes fahrenden Landungsbooten beobachteten die GIs, daß Hunderte ihrer Kameraden bereits auf den Rampen der Boote zusammengeschossen wurden, bevor sie selbst auch nur einen einzigen Schuß abgeben konnten. Auf einigen der Boote versuchten die Soldaten angesichts des sich vor ihren Augen abspielenden Dramas sich in ihrer Angst zu weigern, über die herabgelassenen Rampen zu laufen; andere suchten Deckung hinter ihren Kameraden oder hängten sich über die hohen Bordwände...
Foto: US National Archiv

Erste vier Kriegsgefangene wurden eingebracht. Alle von der 8. Kompanie des 916. Regiments, 352. Division.

Im Durcheinander der dicht zusammengedrängten, gelandeten Fahrzeuge und Soldaten trat am gesamten *Omaha Beach* eine Stagnation der amerikanischen Truppen ein. Die Flut spülte bereits Hunderte toter, zerrissener oder verstümmelter GIs durch die vordersten Reihen der Strandhindernisse. Die Amerikaner hatten in diesem Landeabschnitt inzwischen mehr als fünfzig Prozent ihrer Kampfstärke verloren. Überall standen zerschossene und brennende Fahrzeuge auf dem blutgetränkten Sand. Panzer hatten sich dazwischen festgefahren, und die Flut stieg an ihnen empor. Die Fahrer einiger Panzer und Lastwagen versuchten in ihrer Panik, die Hindernisse umzudrücken oder beiseite zu schieben, doch die explodierenden Minen verhinderten derartige Unternehmen.

Der Soldat Al Littke fand einen verwundeten Kameraden, der hinter einem Panzer Schutz vor den Geschossen gefunden hatte. Littke konnte den Panzerkommandanten im Inneren des Fahrzeugs seinen Leuten noch zurufen hören:

„Laßt uns diese Hölle verlassen; hier sind wir verloren!"

Dann fuhr der Panzer zurück und zerquetschte den Verwundeten.

Anspannung auf der Kommandobrücke der „USS Augusta": Generalleutnant Omar Bradley (2. von links) und Konteradmiral Alan G. Kirk (ganz links).

Der Kommandeur des V. US-Korps, Generalmajor Leonard T. Gerow.

Fotos: US National Archiv

Hinter den alten, hölzernen Molen, die als Uferbefestigungen auf den Strand hinausragten, krochen röchelnde und blutende Verwundete mit der langsam steigenden Flut zur Vorstrandböschung – in der Hoffnung, dort Sanitäter zu finden, die ihnen endlich helfen konnten. Aber auch die Sanitäter waren verwundet oder suchten selbst Deckung vor dem immer noch anhaltenden Hagel der Geschosse. Der Schock des Anpralls gegen die unerwartet starke deutsche Abwehr hatte bei den US-Soldaten zu Resignation, Verzweiflung und Desillusion betreffs ihres Glaubens an einen schnellen Sieg geführt.

Um 8:30 Uhr ließ der Kommandeur des 7. Marine-Strand-Bataillons weitere Anlandungen einstellen. Dennoch gingen die Kämpfe weiter. Die Zerstörer, die vor der Küste kreuzten, schossen unentwegt auf die deutschen Stellungen; auch viele Panzer, die sich auf dem Strand festgefahren hatten oder von der steigenden Flut umspült wurden, feuerten weiter.

Für Generalleutnant Omar Bradley war zu dessen persönlicher Sicherheit auf dem Deck des Hauptquartier-Schiffs *USS Augusta* eine drei mal sechs Meter große Stahlkabine als Kommandostand angefertigt und installiert worden, mit einem Schreibtisch und einer Schreibmaschine sowie mehreren Normandie-Landkarten an den Wänden. Doch die ganze Zeit, seit Beginn des Angriffs, stand der Befehlshaber für die beiden amerikanischen Landeunternehmungen auf der Brücke des Flaggschiffs und an der Seite des Konteradmirals Kirk. Wegen des Lärms, den die Kriegsschiffe beim Abschießen ihrer Granaten verursachten, hatten sich die hohen Offiziere Watte in die Ohren gesteckt. Bradley und seine Stabsoffiziere beobachteten durch Ferngläser sorgenvoll das offenbar nicht endende Debakel am *Omaha Beach*. Ratlosigkeit machte sich unter ihnen breit, denn sie erhielten keinerlei Informationen betreffs ihrer Truppen an der Küste. Vom Kommandeur des V. Korps, Generalmajor Leonard Gerow, Bradleys unmittelbar Untergebenen, erreichten den Befehlshaber keine Meldungen. Doch Gerow war auf der *USS Ancon* selbst nicht über die Lage in den *Omaha*-Sektoren informiert. Nur die vom Strand zurückkehrenden Führer der Landungsboote lieferten spärliche Situationsberichte – und es waren schlechte Nachrichten. Die Seeleute erzählten von schrecklichen Verlusten, einem unübersehbaren Chaos und einem einzigen großen Desaster.

Generalmajor Gerow sandte seinen stellvertretenden Kommandeur, Oberst Benjamin Talley, zur Küste, um die dortige Situation zu erkunden. Doch Talley konnte sich dem Strand mit einem DUKW nur bis auf 500 Meter nähern und in dem Qualm und Rauch nicht viel erkennen, nur, daß der Strand inzwischen völlig überfüllt und das deutsche Abwehrfeuer immer noch äußerst effektiv war. Die wenigen auf die Anhöhe vorgedrungenen Truppen konnte er wegen der starken Rauchentwicklung nicht sehen. Talley erfuhr auch nichts davon, daß der Angriff vorläufig eingestellt war. Doch bis dieses negative Lagebild General Gerow erreichte, sollte es noch einige Zeit dauern...

Auf deutscher Seite wurde inzwischen beobachtet, daß der Strom der an den Strand heranflutenden Boote langsam verebbte, sie aber in Massen vor der Küste umherwimmelten, jedoch nicht mehr am Strand landeten.

Da noch vom morgendlichen Bombardement einige Fernmeldekabel zwischen den Feuerleitstellen und ihren Batterien unterbrochen waren, außerdem die nun eingestellte Anlandung der Amerikaner falsch eingeschätzt wurde, erging von der 352. Division ein entsprechender Befehl an ihr Artillerie-Regiment:

Verbindung zu den B-Stellen ist spätestens bis zum Eintreten der Flut wieder herzustellen, da dann voraussichtlich die zweite Welle des Feindes zu landen versucht.

Noch immer tobten die Kämpfe im US-Landeabschnitt mit unverminderter Heftigkeit. Unter einer dunklen Glocke aus schwarzem Qualm, und bedingt durch äußerst mangelhafte Kommunikationsmöglichkeiten, blieb die Situation auch für die kommandierenden amerikanischen Offiziere am Strand verworren und unüberschaubar.

Inzwischen war das WN 71 von acht Rangern und etlichen Soldaten der A- und B-Kompanie des 116. Regiments angegriffen und eingenommen worden. Sechs deutsche Soldaten wurden gefangengenommen, mehrere getötet. Das WN 66 wurde ebenfalls eliminiert, WN 64 umstellt und heftig beschossen. Vor dem WN 67, von dem aus bereits alle Werfer-Raketen verschossen waren, hatten die Pioniere am Strand etwa 150 Minen geräumt und eine breite Bresche in die Hindernisse gesprengt. Dann kletterten fast 400 GIs der Kompanien D, K, L und M auf das Plateau und bereiteten sich auf den Angriff auf das Widerstandsnest vor. Fast gleichzeitig erkletterten mehr als einhundert Soldaten der C/116. und fünf Ranger den schrägen Hang nahe westlich des WN 68 und griffen das Widerstandsnest an. Jedoch wurde dieser Angriff von den Deutschen abgewehrt. Die Ranger und GIs verharrten auf dem Plateau.

Wenn auch langsam, so drangen doch immer mehr Amerikaner in die deutschen Verteidigungsanlagen ein – was vom Artillerie-Regiment 352 um 8:46 Uhr bestätigt wurde:

Nördlich St. Laurent sind anscheinend WN 65, 66, 67 und 70 vom Feind genommen. Vor WN 68 starke Anlandungen mit größeren Booten mit etwa 150 Mann.

Am Rand des Sumpfgebietes, zwischen WN 62 und WN 64, wollten nun die überlebenden 48 Soldaten der H/16. ebenfalls den Küstenhang ersteigen, gerieten jedoch nach wenigen Metern auf ein kleines Minenfeld unmittelbar neben dem Sumpfgelände.

Seit Beginn der Kampfhandlungen hatten die Amerikaner auch mit der Bergung Verwundeter begonnen. Sie wurden zuerst mit Landungsbooten (oben) zu den weiter vor der Küste und außerhalb der Reichweite deutscher Geschütze liegenden Schiffe gebracht und dort an Bord genommen (unten).

Als der erste Mann, der allen voranging, zerrissen wurde, verharrte der Rest der Kompanie ratlos.

Mit größten Schwierigkeiten kämpften auch die Soldaten der amerikanischen Feldartillerie-Bataillone. Im noch anhaltenden starken Abwehrfeuer deutscher Kanonen waren das 58. und 62. Bataillon nicht in der Lage, ihre Geschütze anzulanden. Außerdem versanken 13 mit Artillerie-Granaten und Ausrüstungsgegenständen zu schwer beladene DUKWs in den Fluten.

Bis um 8:50 Uhr hatten sich auf dem Plateau zwischen dem WN 68 und WN 70 eine Vielzahl Soldaten des 116. Regiments sowie des 2. und 5. Ranger-Bataillons zusammengefunden – insgesamt annähernd 600 Männer, die sich kurz darauf in westliche Richtung bewegten, bis zum Tal vor Vierville, dann nach Süden, in die Ortschaft. Dennoch waren einige Soldaten der A- und B-Kompanie am Strand zurückgeblieben, da sie immer noch unter Feuer lagen...

Auch die 248 GIs, die Leutnant Cutler den Berg zum WN 60 hinaufführte, erreichten nur mit Mühe das Plateau. Von den deutschen Soldaten schlug ihnen heftiges Abwehrfeuer entgegen. Bereits die 7,5-cm-Pak am oberen Taleingang verhinderte ein schnelles Vorstoßen der

Dauernder Beschuß und die Masse der Landungsboote bereiteten den Amerikanern während der ständigen Anlandungen größte Schwierigkeiten. So kam es zu etlichen Kollisionen und Untergängen.

Foto: US National Archiv

Amerikaner. So mußten die GIs die seitlichen, noch steileren Abhänge erklimmen, um den ins Tal hinabgefeuerten Granaten der Kanone und der zwei Werfer-Stände auszuweichen. So kam auch ihr Vorstoß zum Stehen.

Brigadegeneral Norman Cota war indessen eine Inspiration für seine Soldaten. Er hatte es geschafft, einige von ihnen vom Strand herunter und in einer schmalen Kolonne die Anhöhe zwischen dem WN 68 und 70 hinaufzuführen. Vorsichtig und ohne große Kampfhandlungen überquerten sie das Plateau und erreichten die Küstenstraße zwischen St. Laurent und Vierville. Auf dieser Straße rückten die Amerikaner nach Vierville vor. Dort trafen sie eine Gruppe Soldaten der C/116. Im Ort kam es zur ersten Begegnung mit der französischen Bevölkerung. Die von der Schießerei verunsicherten Franzosen begrüßten die Amerikaner verhalten. Von Vierville aus beorderte Cota einen Trupp Ranger, der unterwegs zu ihnen gestoßen war, zur Pointe du Hoc. Oberst Canham schickte er mit einigen Soldaten in Richtung St. Laurent, Cota selbst ging mit nur einem Leutnant und vier weiteren Männern zum Taleingang vor Vierville hinunter.

Die Amerikaner konnten die diversen kleinen Erfolge ihrem Hauptquartier jedoch nicht mitteilen, denn in Ermangelung an Funkgeräten und festen Verbindungen der einzelnen vorstoßenden Kompanien untereinander war eine Weitergabe von Informationen kaum möglich – ein

Problem, mit dem auch die Deutschen zunehmend konfrontiert wurden, denn die vorstoßenden Amerikaner zerstörten jede Telefonleitung, die sie fanden. So gab die Telefonvermittlungsstelle um 8:55 Uhr bekannt:

Fernsprechleitungen zum Grenadier-Regiment 916 sind zur Zeit alle gestört.

Um 9:05 Uhr meldete das Grenadier-Regiment 726 an die 352. Division *(auszugsweise)*:

WN 61 nördlich Colleville ist in Feindeshand, WN 62 feuert noch mit einem MG (Hein Severloh), WN 60 ist voll intakt. Feindkräfte dringen zwischen 61 und 62 auf 63 vor. Weitere ständige Anlandungen von etwa 50 Booten bei WN 62. Korps-Reserve der 1. und 4. Kompanie sind nach dort angesetzt.

Um 9:15 Uhr meldete das Grenadier-Regiment 916 der Division *(auszugsweise)*:

Vor WN 65 zur Zeit etwa 60 bis 70 Landungsboote beim Ausladen. WN 65 und 70 sind vom Feind besetzt. Weitere starke Anlandungen vor WN 65 und 66 festgestellt.

Große Schwierigkeiten gab es für die Amerikaner aber mit dem Anlanden schwerer Waffen. So landete ein Zug der Panzerabwehrtruppe des 116. RCT mit nur drei 7,5-cm-Geschützen. Von zwei Batterien hatten nur zwei Fliegerabwehrgeschütze den Strand erreicht, alle anderen waren beim Umladen im Meer versunken. Der Geschütz-Kompanie des 16. RCT war es zwar gelungen, mit ihren Halbketten-Lastwagen, auf denen Kanonen montiert waren, um 8:30 Uhr den Strand zu erreichen, jedoch konnten sie sich zwischen der Masse der zerstörten Fahrzeuge am Strand kaum fortbewegen. Die schweren Haubitzen dieser Einheit waren auf DUKWs umgeladen worden, von denen eines nach dem anderen mit insgesamt 20 Soldaten in der rauhen See versank. Zu einem weiteren Desaster wurde die bis maximal 9:00 Uhr vorgesehene Landung des 111. Feldartillerie-Bataillons des 116. Regiments vor dem Tal Les Moulins. Ihnen erging es ebenso, wie den zuvor gelandeten Infanteristen. Oberstleutnant Mullins ließ seine Artillerie zurück und schickte seine Männer nur noch infanteristisch vor – er selbst fiel wenige Minuten später. Auch die Haubitzen dieses Bataillons wurden auf DUKWs geladen, was die 13 Amphibienlastwagen ebenfalls nur schwer manövrierfähig machte, noch dazu, da jedes mit 14 Männern und 50 10,5-cm-Granaten beladen wurde. Fünf der leichten DUKWs sanken bereits wenige Minuten nachdem sie von den LCTs ins Meer gerollt waren, fünf weitere versanken auf dem Weg zur Küste, eines fiel mit einem Motorschaden aus und wurde kurz darauf durch MG-Beschuß versenkt. Die übriggebliebenen DUKWs erreichten um 9:00 Uhr die Nähe des Strandes, jedoch erkannten ihre Fahrer erst jetzt, daß sie dort nicht landen konnten. Kurz

Von den großen Transportschiffen wurden Kanonen auf DUKWs und Landungsboote geladen, doch nicht selten waren die Geschütze für die DUKWs zu schwer.

Unentwegt brachten die Landungsboote aus den Fluten Geborgene und Verwundete vom Strand zu den Schiffen zurück...

Fotos: US National Archiv

darauf erhielt eines der beiden DUKWs einen Artillerie-Volltreffer. Das letzte Fahrzeug wurde von einer vorbeischwimmenden Rhino-Fähre (großflächige Schwimmplattform zum Transport schwerer Ladungen) von seiner schweren Last befreit. (Dieses einzige Geschütz des 111. Feldartillerie-Bataillons wurde am Nachmittag mit einer Ladung des 7. Feldartillerie-Bataillons des 16. RCT angelandet, das selbst sechs seiner 105 DUKWs auf dem Weg zur Küste verloren hatte.)

Bereits seit 9:00 Uhr hatte sich Generalleutnant Omar Bradley in Ermangelung klarer Meldungen seitens der US-Truppen am Strand, insbesondere Erfolgsmeldungen, ernste Sorgen betreffs eines erfolgreichen Durchbruchs am *Omaha Beach* gemacht. Wie ein Lauffeuer erreichten plötzlich zwei erschreckende Worte auch die großen Kriegsschiffe, von denen aus die Kommandeure unablässig zur rauchverhangenen Küste hinüberblickten: *Bloody Omaha...*

Bradley begann nun ernsthaft in Erwägung zu ziehen, den Angriff auf *Omaha Beach* gänzlich aufzugeben, seine Truppen vom Strand wieder zurückzuholen und dafür in den benachbarten Landeabschnitten *Utah (amerikanisch)* und *Gold (britisch)* anlanden zu lassen. Doch

Abschuß einer Raketenwerfer-Salve von einem LCR.   **Foto: US National Archiv**

hätte einerseits die dann klaffende, breite Lücke zwischen den Landeabschnitten die Vereinigung des amerikanischen rechten Angriffsflügels mit dem britisch-kanadischen linken Flügel im höchsten Maße infrage stellen, wenn nicht sogar die gesamte, so aufwendig eingeleitete Invasion gefährden können. Andererseits stellte ein Rückzug der US-Truppen vom *Omaha Beach* eine mindestens ebenso große Gefahr für die Soldaten dar, wie eine Fortsetzung des Angriffs, denn die am Strand liegenden Landungsboote waren alle zerstört – und die vor der Küste kreisenden mit Soldaten vollbesetzt...

Bradley hielt Rücksprache mit dem Stab des Obersten Befehlshabers der Alliierten Expeditionsstreitkräfte *(SHAEF)*. Ihnen war klar, daß es bei einem Mißerfolg ihres Unternehmens kaum eine Chance auf einen weiteren Landeversuch geben würde. So mußte dem Erfolg des gesamten Unternehmens zwangsläufig die Priorität gegeben werden, und SHAEF erteilte Bradley den Befehl, den Angriff fortzusetzen.

Viele der deutschen Soldaten in den angegriffenen Widerstandsnestern waren inzwischen der Meinung, den amerikanischen Angriff weitgehend abgeschlagen zu haben; so auch Ludwig Kwiatkowski: „Nachdem wir die beiden ersten Angriffswellen zusammengeschossen hatten, haben wir uns in Gedanken schon mit dem EK I an der Brust in den Urlaub fahren sehen. Wir glaubten wirklich, die Invasion sei schon zu Ende."

Ab 9:20 Uhr ließ Bradley von den schweren Kriegsschiffen, die sich inzwischen der Küste deutlich genähert hatten, nochmals und ein besser gezieltes Trommelfeuer auf den Landeabschnitt *Omaha Beach* eröffnen. Hunderte Mündungsfeuer der Schiffsartillerie blitzten wieder auf, und eine ohrenbetäubende Feuerwalze begann sich vom Strand die Küstenhänge hinauf zu wälzen. Hindernisse, Minenfelder und Stacheldrahtverhaue wurden zerfetzt. In dem heulenden und brüllenden Inferno auf die deutschen Verteidigungsanlagen hämmernder Granaten schwerster Kaliber, dem Zucken greller Explosionsblitze und einer schier undurchdringlichen Wolke aus Staub und Qualm war es weder den Deutschen noch den Amerikanern möglich, die Kampfhandlungen fortzusetzen, vielmehr versuchte jeder Soldat, nur noch irgendwie das Höllenfeuer zu überleben. Die Hauptschläge des Trommelfeuers richteten sich gegen die

Schwere Schiffsartillerie beschoß nochmals 20 Minuten lang die Küste... **Foto: US National Archiv**

Bereiche der Strandausgänge *D1* und *E1* – dorthin, wo sich die Amerikaner bisher am wenigsten vorwärtsbewegen konnten.

Der Obergefreite Peter Lützen stand zu dieser Zeit auf der höchsten, 52 Meter über dem Meeresspiegel liegenden Stelle des WN 62: „... Dann haben sie uns von den Schiffen aus noch einmal beschossen – aber genauer als beim ersten Mal."

Bruno Plota befand sich in der unteren Kasematte und hatte den Kanonieren bis dahin die 7,65-cm-Granaten für die alte tschechische Feldkanone herangeholt:

„Aus dem Inneren der großen Kasematte hatten wir nichts von den Vorgängen draußen sehen können; aber es hat alles furchtbar gezittert und gebebt..."

Noch immer saßen auch die MG-Schützen Friedrich Faust und Ludwig Kwiatkowski in ihrem Tobruk-Stand. Über das zweite Trommelfeuer berichtete Kwiatkowski:

„Da haben wir nochmal richtig Zunder gekriegt. Die Klamotten flogen nur so um uns herum, aber wir in unserem am Fuße des Abhangs liegenden, betonierten Unterstand hatten zum Glück wieder nichts davon abbekommen. Als die große, weit von uns entfernte Villa *(als Wachstube genutztes Gebäude auf dem WN 62)* zusammengeschossen wurde, kam ein langes Stück der Dachrinne direkt in unseren Stand geflogen, genau zwischen uns beide und auf das MG; aber es war nicht kaputtgegangen."

Hein Severloh war in seiner offenen MG-Stellung dem Beschuß der Schiffsartillerie besonders ausgesetzt: „Die Koffer sind direkt über mich hinweggeorgelt und nicht weit hinter mir eingeschlagen. Es war höllisch. Nach jedem der schweren Einschläge regneten dicke Brocken und unheimlich viel Erde auf mich 'runter. Als ich nachts gekommen war, hatte der Graben eine Tiefe von zirka 1,70 Metern – ich stand darin auf einer kleinen Stufe hinter meinem MG. Nach dem zweiten Trommelfeuer konnte ich nur noch in einer flachen Mulde knien.“

Bereits um 5:10 Uhr hatte das Füsilier-Bataillon des Grenadier-Regiments 915 seinen Befehl zum Vorrücken in Richtung der Küste erhalten. Kurt Keller schilderte den Einsatz seiner 3. Kompanie: „Obwohl mit einer Invasion täglich zu rechnen war, hatten wir immer noch Übungsmunition in den Patronentaschen und sämtlichen Munitionskästen. Die Folge war, daß im Moment einer Landung der Alliierten, in dem jede Minute wichtig war, nun jedoch erst damit begonnen wurde, scharfe Munition auszugeben und für die Maschinengewehre umzugurten. Der Waffen-Unteroffizier ließ es sich trotz der gebotenen Eile nicht nehmen, die ausgegebene Munition genau in seine Bücher einzutragen.

Als wir dann endlich kampfmäßig ausgerüstet waren, wurden wir der *Kampfgruppe Meier* unterstellt. Zuerst hieß es, *zum Einsatz im eigenen Divisions-Bereich bereithalten*, folglich, nicht zur Küste vorgehen, sondern im Wald von Cerisy abwarten. Irgendwann radelten wir dann in Richtung Küste. Ab Formigny ging es die letzten vier Kilometer nur noch zu Fuß weiter, da die Jabos mit ihrem gezielten MG-Feuer und den Raketen deutsche Truppenbewegungen fast gänzlich unmöglich machten. Daß ein Teil meiner Schwadron mit unserem Oberleutnant im Wald von Cerisy Deckung suchen mußte, erfuhr ich erst später. Auf unserem Weg zur Küste wurde der Rest unserer Schwadron durch mehrere Jabo-Angriffe auseinandergerissen und stark dezimiert. Nur unsere Spitze erreichte mit noch nicht einmal sechzig Männern die Küste…

Um 9:25 Uhr endlich bei St. Laurent angekommen, gab es keinen klaren Einsatzbefehl unseres Zugführers, da er selbst nicht wußte, wo er uns einsetzen sollte. Als wir dann zur Küste rennen wollten, wurden wir durch das schwere, erst fünf Minuten zuvor begonnene Trommelfeuer regelrecht an den Boden genagelt. Wir warfen uns in die eben erst in den Erdboden gerissenen Granattrichter, um so etwas Schutz vor der grausamen Feuerwalze zu finden. Furchtbar waren die Schreie der verwundeten Kameraden. Dazwischen immer neue Explosionen mit schwersten Druckwellen. Zuerst wollte ich aufspringen und einfach davonrennen, aber mein Körper war vor Angst wie gelähmt. Ich preßte meine Hände auf die Ohren und wünschte mir in diesem Moment, eine Maus zu sein, die sich tief im Erdboden verstekken könnte. Aber ich war weder eine Maus, noch war ich tapfer. Ich war nur ein Mensch, ein Mensch, der furchtbare Angst hatte. Ein Kamerad, der im selben Granattrichter und direkt neben mir lag, legte vor fieberhafter Nervosität mit zitternden Händen ununterbrochen den Sicherungsflügel an seinem Karabiner hin und her. Das also war die heldenhafte Feuertaufe, von der man in der Ausbildung so gern gesprochen hatte. Aber in ihrer

Auf den Stufen der schmalen Treppe, die hinauf zum WN 70 führte, lagen mehrere von Granaten zerrissene US-Soldaten.
Foto: US National Archiv

grausamen Realität kam nun bei keinem von uns auch nur im Entferntesten ein Gedanken an Heldentum auf."

(Siehe Kurt Karl Kellers im H.E.K.Creativ Verlag erschienene Autobiographie „Vom Omaha Beach bis Sibirien". Neu erschienen bei EK-2 Publishing, 2023.)

Um 9:30 Uhr erging während des Trommelfeuers von der Division ein Befehl ans Grenadier-Regiment 916, das westlich Colleville stand:

II. Bataillon des Grenadier-Regiments 916 ist zum Gegenstoß auf WN 65 bis 69 anzusetzen.

Drei Minuten später meldete der Ia der Division:

Feindlichen Funkspruch aufgefangen mit folgendem Inhalt: An alle Einheitsführer: Alles geht richtig, nur ein wenig spät – Alaska.

Indessen bewegten sich einige GIs der G/16. ins Hinterland, und ein Zug der E/16. stieg trotz der einschlagenden Granaten der Schiffsartillerie zum WN 64 hinauf und griff es an seiner östlichen Flanke an, außerdem näherten sich immer mehr Amerikaner aus nordöstlicher Richtung Colleville. Die drei Sherman-Panzer auf der Promenade vor Vierville beschossen gleichzeitig das Widerstandsnest 72 sowie die Panzerabwehrmauer, die jedoch unerschütterlich stehenblieb. Das Vordringen vereinzelter US-Soldaten wog bei weitem nicht das größte Problem der Amerikaner auf – endlich die sechs befestigten Strandausgänge zu öffnen. Gemäß des *Overlord*-Zeitplans hätten diese Ausgänge bereits um 7:30 Uhr geöffnet sein müssen. Jetzt war es 9:30 Uhr und das Vordringen der Truppen, besonders der Panzer, noch immer unmöglich.

Das zweite Trommelfeuer hatte den gesamten Küstenbereich in eine noch größere, alles verdunkelnde Wolke aus Qualm und Rauch gehüllt.   **Foto: US National Archiv**

Nun traf Oberst Talleys wenig ausführlicher Situationsbericht bei General Gerow ein, den dieser an Bradley weiterleitete. Er war im höchsten Maße alarmierend:

Hindernisse vermint, Vorstoß nur langsam. 1. Bataillon des 116. RCT berichtet, es sei seit 7:48 Uhr durch MG-Feuer aufgehalten worden. Zwei LCTs durch Artilleriefeuer zerstört. DD-Panzer für Fox Green überspült. Landungsboote irren wie eine wild gewordene Viehherde umher.

Um 9:45 Uhr wurde das Trommelfeuer wieder eingestellt. Über der gesamten Bucht lastete nun eine noch dickere, schwarze, die Küstenanhöhen verdunkelnde Wolke undurchdringlichen Qualms. Heftiger und genauer als die in Strandnähe befindlichen deutschen Widerstandsnester waren jene auf den Küstenplateaus beschossen worden, besonders WN 71 und WN 73. Vom zerschossenen Küstenplateau herab konnte Kurt Karl Keller im diffusen Licht die ganze Bucht überblicken:

„Nach fünfundzwanzig Minuten hörte dann endlich das schreckliche Trommelfeuer auf. Raus aus dem Granattrichter; aber die zittrigen Beine waren schwer wie Blei, der ganze Körper bebte, doch wir liefen zur Küste. Doch nun jagten uns die Jabos wie Hasen von Granattrichter zu Granattrichter. Dabei wurde die ohnehin schon stark dezimierte Schwadron noch mehr reduziert. Flink wie die Windhunde, so wie ein deutscher Soldat gemäß Hitlers Willen sein sollte, rannten wir vorwärts und sprangen in die vom Granatbeschuß teilweise halbverschütteten Schützengräben eines mir bis dahin unbekannten Stützpunktes *(WN 66)* auf der Küstenanhöhe. Überall lagen die reglosen Körper gefallener deutscher Soldaten. Die hellblauen Rauchschwaden massenhaft brennender Ginstersträucher trieben einem die Tränen in die Augen. Dann sahen wir auf dem Meer eine unvorstellbare Schiffsansammlung. Es war eine einzige

Nachdem die GIs die Boote verlassen hatten, mußten sie schnellstens auseinander gehen, doch vielen von ihnen war dieses nicht bewußt.   **Foto: US National Archiv**

durchgehende, schwarze Mauer aus Schiffen. Sie wirkte furchterregend auf mich, aber großartig – schaurig großartig...

Dann näherten sich Massen vollbesetzter Landungsboote dem bereits mit Menschenkörpern übersäten Strand. Ich hatte, was einen deutschen Endsieg betraf, zum erstenmal Bedenken und kam mir angesichts dieser enormen Überlegenheit geradezu nackt vor. Wie sollten wir paar Männer uns gegen die Masse dort draußen wehren? Ich hatte nicht einmal eine Handgranate dabei. Die Flut war am Auflaufen und schob blutigen Schaum vor sich her – so als reinige sie eine riesige Schlachtbank.

Mit der steigenden Flut trieben auch die vielen Toten immer näher; zwischen ihnen konnte ich die Köpfe mit den Stahlhelmen noch Lebender erkennen – es waren Amerikaner. Etwa zehn Boote fuhren direkt auf meinen Abschnitt zu. Ich zielte auf eine der großen Frontklappen. Meine Hände zitterten, als sie den automatischen Karabiner hielten..."

Kurt Keller berichtete über den Moment, als die erste Angriffswelle nach dem zweiten Trommelfeuer den Strand erreichte:

„Als das Boot auf den Strand auflief und seine Klappe herabfallen ließ, begann ich zu schießen, drückte zehnmal ab, und sah, wie die Soldaten, von meinen Kugeln getroffen, zusammenbrachen. Sobald die Rampen der Landungsboote herunterfielen, eröffneten auch die Maschinengewehrschützen wieder ihr Feuer und richteten am Strand ein furchtbares Blutbad an. Erschüttert sah ich die vielen mit ihren Ausrüstungen schwerbepackten GIs ins Meer fallen und versinken. Für einen Moment wallte ein schreckliches, beklemmendes Schuldgefühl in mir auf,

Auch auf diesem LCI/L, das auf den Strand aufgelaufen war, versuchte die Mannschaft Deckung vor den Geschossen zu finden.

Massen von GIs lagen am Kieswall im „Omaha"-Sektor „Easy Red" – in Hein Severlohs Feuerbereich. Die Hindernisse waren inzwischen fast gänzlich überflutet.

Fotos:US National Archiv

aber ich mußte es bezwingen, mußte mir sagen, daß ja Krieg war, daß auch jene, die da unten am Strand ankamen, ebenfalls in uns ihre Gegner sahen und uns töten würden... Viele der GIs suchten in ihrer Angst und Panik hinter den Strandhindernissen Schutz, doch war dieses Verhalten das Falscheste, das sie tun konnten. Sie boten somit den Gewehrschützen die

Trotz des anhaltend starken Geschoß-Hagels gab es immer wieder Rettungsaktionen durch Kameraden.
Fotos US National Archiv

Möglichkeit für gezieltes Schießen. Was nun begann, kam mir vor, wie das Zielschießen auf dem Übungsplatz...

Es dauerte nicht lange, bis der breite Strand vor meinem Abschnitt von Toten übersät war. Näher zum Land lag am Strand ein Toter auf dem anderen. Wenn die nächsten GIs kamen und versuchten, darüber zu springen, wurden sie ebenfalls niedergeschossen. Die Granaten des deutschen Sperrfeuers aus den rückwärtigen Batterien krepierten auf dem Strand und rissen die Toten und die Lebenden in Stücke. Ich konnte beobachten, daß unsere Artillerie offenbar sehr gezielt auf den Strand schoß. Ich hatte Angst, und es war mir ganz egal, wo unsere deutschen Geschütze standen, nur weiterfeuern sollten sie..."

Während des Trommelfeuers hatte die *USS Texas* die Panzerabwehrmauer vor dem Strandausgang *D1* mit 35,6-cm-Granaten unter Feuer genommen. Die gewaltigen Detonationen der Einschläge hatten sogar noch die Straßen in Vierville erzittern lassen. Als der schwere Beschuß aufhörte, kamen die deutschen Soldaten wieder aus ihrer Deckung hervor, und es entbrannte ein kurzes Feuergefecht zwischen ihnen und Norman Cota mit seinen fünf Männern. Fünf noch von dem schweren Beschuß durch die Schiffsartillerie benommene deutsche Soldaten ergaben sich. Cota ließ sich von ihnen durch das Minenfeld und auf den Strand zurückführen...

Am anderen Ende der Bucht machte Ludwig Kwiatkowski vom WN 62 aus eine für ihn im ersten Moment erstaunliche Beobachtung: „Plötzlich haben sie Nebel-Granaten auf den Strand geschossen, und wir konnten nichts mehr sehen... Dann haben wir so ein komisches Geräusch gehört, und ich habe zu Faust gesagt, *die laden jetzt bestimmt am Strand Panzer aus...*

Als sich der Nebel dann langsam verzog, glaubte ich, daß das, was wir nun sahen, nicht wahr sein konnte – vor der ganzen Bucht sah man kein Wasser mehr, nur noch Schiffe und Boote, und die kamen immer näher, und am Strand standen die ersten Panzer..."

Im diffusen Licht, das unter der riesigen, mehr als sechs Kilometer langen Qualmwolke herrschte, lief nun ein Landungsboot nach dem anderen auf den Strand auf. Das zweite Trommelfeuer hatte seine beabsichtigte Wirkung nicht verfehlt. Die deutschen Stellungen waren fast gänzlich zerschlagen. Hein Severloh, der von seiner erhöhten Position aus einen weiten Teil der Bucht überblicken konnte, beschrieb die neue Situation:

„So weit ich sehen konnte, war nach dem Trommelfeuer auf unserem Stützpunkt außer meinem kein Maschinengewehr mehr in Betrieb. Vorher konnte ich die Lichtstreifen der Leuchtspurmunition noch sehen. Ich bemerkte auch, daß die Landungsboote, die vor unserem Stützpunkt ihre Klappen 'runterließen, diese schnell wieder hochzogen und sich rückwärtsfahrend wieder entfernten. Sie fuhren in einen anderen Sektor, wo nicht so viele Tote und so viel Blutschlamm an den Strand gespült worden waren, auf dem die Soldaten ausrutschten. Sie landeten weiter links von mir, da war ja auf weiter Strecke sowieso kein Stützpunkt."

Hein Severloh, der nur noch in einer flachen Mulde hinter seinem Maschinengewehr kauerte, verharrte dennoch. Oberleutnant Bernhard Frerking und sein Feuerleitoffizier, Leutnant Wilhelm Grass, ließen weiterhin telefonisch die Koordinaten zur rückwärtigen Batterie bei Houteville durchgeben – für weiteres Artillerie-Sperrfeuer vor das WN 62. Doch mieden die Fahrer der Landungsboote nun diesen Bereich.

Um 9:50 Uhr erhielt der Kommandeur der 1. Division, Generalmajor Huebner, eine Funkmeldung vom *Omaha Beach*:
Hier sind zu viele Fahrzeuge am Strand. Sendet uns Kampftruppen. 30 LCTs warten vor der Küste, können wegen Granatfeuer nicht landen. Truppen am Strand befinden sich weiterhin unter schwerem Beschuß.
Daraufhin befahl Huebner den Einsatz des 18. Regiments, das nun im größten Sektor, *Easy Red*, landen sollte. Aber nur ein einziges der drei Bataillone war bereits auf LCVPs umgestiegen, die beiden anderen mußten erst noch ihre Truppentransporter verlassen...
Bradley reichte Gerows Bericht indessen nicht aus, entsprechende Dispositionen treffen zu können. So sandte er zwei Offiziere mit einem Torpedoboot in die Nähe der Küste, um präzisere Informationen zu erhalten. Die neue Nachricht lautete:
Es ist schwer, einen Sinn in dem zu finden, das hier vorgeht...
Die Umstände am *Omaha Beach* waren für die Amerikaner, insbesondere deren Verwundete, katastrophal. Die ersten Männer des 61. *Medical Battalion*, die den Strand erreicht hatten, gehörten zur Verwaltungsabteilung des Hauptquartiers. Sie hatten Büromaterial wie Aktenordner und Schreibmaschinen mitgebracht – und standen plötzlich zwischen Massen Verwundeter, Sterbender und Toter. Von zwölf Chirurgen-Teams des 60. und 61. *Medical Battalion* hatten nur acht den Strand erreicht. Keiner der Männer hatte noch eine brauchbare Operationsausrüstung dabei. So war das gesamte Ärzte- und Sanitätspersonal im ereignisreichsten Landeabschnitt des größten Landeunternehmens der Weltgeschichte lediglich in der Lage, Erste Hilfe zu leisten.
Major Charles Tegtmeyer, Chirurg des 116. Regiments, war um 8:15 Uhr am *Omaha Beach* gelandet. Er schilderte die Situation der Verwundeten am Strand:
„Chaos, so weit man sehen konnte. Überall Rufe nach Sanitätern, die von einem zum nächsten stolperten und die Verwundeten hinter dem Kieswall nebeneinander legten. Ich untersuchte

Erste Hilfe – mehr war den Sanitätern und Ärzten während der Kampfhandlungen am Strand kaum möglich.
**Fotos
US National Archiv**

die Verwundeten gezielt, bevor ich weiterging und sagte den Sanitätern, ob sie diesen oder jenen verbinden oder lieber zufrieden lassen sollten. In vielen Fällen war es hoffnungslos. Einem Soldaten war ein Bein abgerissen und das andere mehrfach gebrochen, aber er machte einen zuversichtlichen Eindruck und wartete auf seine Evakuierung vom Strand, als es noch gar keine gab. Eine Stunde später war er tot..."

In Ermangelung an Bergungsbooten und angesichts der bedrohlich steigenden Flut sahen sich die Amerikaner dann zu einer außergewöhnlichen Maßnahme gezwungen, nämlich ihre Verwundeten in Richtung des Feindes zu evakuieren. Einige amerikanische Sanitäter gingen nun das Risiko ein, ihre verwundeten Kameraden im Tosen der Kampfhandlungen vom Strand und über den Kieswall zu einer der deutschen Verwundetensammelstellen am Vorstrand zu schleppen, die gleichzeitig als provisorischer Verbandplatzdiente. Eine der wenigen nicht

GIs haben verwundete Kameraden aus dem Wasser mit an Land geschleppt...

Fotos: US National Archiv

Dieses Haus auf dem Terrain des WN 68 war von deutschen Sanitätern als Verwundetensammelstelle und Verbandplatz eingerichtet worden. Hier wurden für ein paar Stunden auch amerikanische Verwundete behandelt – bis ein Granattreffer der Schiffsartillerie das Gebäude zerstörte...

(Das Foto entstand nach dem D-Day)

abgerissenen Strandvillen vor dem Tal Les Moulins war von deutschen Sanitätern als Verbandplatz eingerichtet worden. Dort behandelten sie nun auch die Amerikaner. Am Strand konnten die amerikanischen Sanitäter und Ärzte nicht viel für ihre Verwundeten tun, nur halb abgerissene Arme und Beine ganz abtrennen, Wunden verbinden, Morphium spritzen oder Blutplasma geben – sofern sie diese Dinge überhaupt noch dabei hatten. Das Blutplasma des 116. Regiments war auf zwei LCIs transportiert worden, die bei der Landung beide versunken waren.

Vor dem WN 65 lagen die GIs noch immer im Feuer, das aus den deutschen Verteidigungsanlagen auf sie herabprasselte – besonders aus der 5-cm-Kwk direkt am Vorstrandsaum. Der Beschuß durch die Schiffsartillerie war wegen der wieder landenden Truppen eingestellt worden, aber die Kwk noch intakt. Die NSFCP *(Naval Shore Fire Control Party = Marine-Küsten-Feuer-Leit-Kommando)* gab einem US-Zerstörer, der nur einen Kilometer vor der Küste kreuzte, die Koordinaten durch – und die fünfte der von ihm abgefeuerten Granaten traf in die Scharte des kleinen Geschützbunkers. Ein Teil der Besatzung des WN 65 ergab sich daraufhin, und die Amerikaner nahmen 20 Soldaten gefangen.

Um 10:00 Uhr funkte das 16. Regiment ans Hauptquartier:

Gefechtsstand hat sich gerade außerhalb des Strandes, an der Seite des Hügels bei 684895 (Koordinate), eingerichtet. Bataillone bewegen sich vorwärts, sind aber ohne Kontakt mit dem Regimentsgefechtsstand. Der Strand und das gesamte Territorium liegen noch immer unter schwerem Feuer, und die Kompanien treffen auf starken Widerstand. Viele Landungsboote sind getroffen worden, und die Truppen, die noch landen, liegen unter Artilleriefeuer, es verursacht mittlere Verluste. Trotzdem läuft die richtige Organisation an, und die Situation wird klarer.

Dieser Funkspruch wurde von dem Amerikanern aus dem gerade eingenommenen Kwk-Kleinstunterstand des WN 65 abgesetzt.

Seit einiger Zeit hatten die Amerikaner mit der Anlandung der ersten Bataillone des 18. Regiments der 1. Division und des 115. Regiments der 29. Division begonnen, und wieder verlief nicht alles nach Plan. Auch durch das langsame Überfluten der Strandhindernisse wurde die Gefahr für die landenden Boote immer größer, und es gab Streitigkeiten zwischen den Bootsführern und Soldaten mit den Kommandeuren. Doch mit der Unterstützung durch Zerstörer und LCTs *(mit ihren Bordkanonen)* wurde das 18. RCT an den *Omaha Beach* gebracht, jedoch auch nicht ohne Konfusion und Verluste. *(Allein während des Transports des 18. Regiments wurden 22 LCVPs, 2 LCIs und 4 LCTs zerstört. Davon betroffen waren etwa 1.000 Soldaten.)*

Noch verworrener wurde die Situation, als das fehlgeleitete 115. Regiment statt in den vorgesehenen Sektor *Dog Red* ebenfalls im Sektor *Easy Red* landete. So wurde *Easy Red* zum überfülltesten und blutigsten aller Sektoren. Im Abwehrfeuer der 1. Batterie des Oberleutnants Frerking eskalierte die Konfusion am Strand. Aber gerade dieses Durcheinander, in das immer wieder vom WN 62 Hein Severlohs MG-Garben prasselten, veranlaßte etliche Soldaten, gleichermaßen todesmutig wie verzweifelt, den schmalen Kiessaum mit Minen und Granaten mit Stolperdrahtzündung zu überqueren. Schon seit kurz nach 9:00 Uhr hatten die ersten Soldaten der G/16. damit begonnen, das Sumpfgebiet hinter dem Vorstrandwall zu durchwaten und langsam die schräge Anhöhe zu ersteigen. Ab 10:00 Uhr folgten immer mehr Soldaten und einige Offiziere. Hein Severloh konnte sie sehen:

Ein schier endloser Strom Verwundeter floß unentwegt zu den großen Transportschiffen zurück, auf denen sich Operationsräume befanden…

Foto: US National Archiv

„Immer mehr Amerikaner kletterten langsam, einer hinter dem anderen, den Abhang hinauf. Der Strand, von dem sie dort unten kamen, war eine einzige riesengroße, blutige Schlachtbank…"

Aber das mit der Flut auflaufende, immer höher steigende, vom Blut rot gefärbte Wasser des Meeres, die Massen angeschwemmter Leichen, das Elend der Verwundeten und das weiterhin anhaltende Abwehrfeuer der Deutschen verursachte bei den Amerikanern einen immer stärkeren Willen, endlich mit Gewaltaktionen zu einem großen Durchbruch auf breiter Front zu gelangen. Dennoch, derartige Aktionen konnten nur als vereinzelte Unternehmungen stattfinden, ein

Der Chef der 5. Kompanie des Grenadier-Regiments 916: Oberleutnant Hahn. Er wurde bei St. Laurent verwundet.

Foto: Kollektion H. Heinze

Zwar hatten die Amerikaner den direkt am Strand befindlichen Kwk-Kleinstunterstand des WN 65 eingenommen (er diente ihnen nun als Gefechtsstand), doch die 5-cm-Kwk im oberen Unterstand (Foto) verhinderte weiterhin das Vordringen in den Taleingang zwischen dem WN 65 und dem WN 64.

Foto: US National Archiv

geordneter und gut koordinierter Gesamtangriff war den auf dem *Omaha Beach* befindlichen Streitkräften in dem Durcheinander längst nicht mehr möglich. So ließen sich die Kommandeure zweier großer Boote auf derartige Gewaltaktionen vor dem schier uneinnehmbar erscheinenden Taleingang vor Colleville, dem Strandausgang *E3*, ein. Das LCT 30 fuhr mit voller Kraft auf den Strand zu, während von ihm aus mit Kanonen und Maschinengewehren unentwegt die deutschen Stellungen auf dem WN 62 beschossen wurden. Dann krachte es in den dichten Gürtel aus Strandhindernissen, die unter dem Gewicht der schweren und breiten Prahm beiseite gedrückt, umgestoßen und zersplittert wurden. Gleichzeitig und unweit neben dem LCT fuhr das LCI/L 554 ebenfalls mit voller Kraft und auf Hein Severlohs MG-Stellung feuernd, zwischen die Hindernisse. Diese Aktionen bewiesen, daß es größeren Landungsbooten durchaus möglich war, bereits bei fast aufgelaufener Flut die Strandhindernisse zu überwinden. Die Explosionen der Minen auf den Hindernissen hatten die beiden Boote allerdings stark beschädigt und manövrierunfähig werden lassen...

Als Folge derartiger Gewaltaktionen gelang es auch immer mehr Infanteristen, die Anhöhen zu ersteigen. Zwischen den Widerstandsnestern 66 und 67 erreichten verschiedene Trupps des 3./116. das Plateau.

Der erste Gegenstoß des II. Bataillons des Grenadier-Regiments 916 war erst um 9:30 Uhr befohlen worden, und als die deutschen Truppen nach St. Laurent vorrückten, um die gelandeten Amerikaner wieder ins Meer zurückzutreiben, stießen sie bereits auf nicht unerhebliche gegnerische Kräfte. Über den deutschen Gegenangriff im Gebiet um St. Laurent erklärte Leutnant Hans Heinze: „Bei diesem Versuch sind fast alle Männer der 7. Kompanie gefallen oder verwundet worden. In der 5. Kompanie erwischte es zuerst Oberleutnant Hahn und seinen 3. Zug unter Stabsfeldwebel Pennigsdorf. Sie gerieten in einen Hinterhalt amerikanischer Pioniere. Der 3. Zug wurde vollständig aufgerieben..."

Der G-Kompanie des 16. US-Regiments, die bereits seit 9:00 Uhr damit begonnen hatte, die Anhöhe zwischen den Widerstandsnestern 62 und 64 zu ersteigen, war es inzwischen gelungen, das Plateau in südliche Richtung zu überqueren. Auf der N 814 wollte der kleine Trupp von etwas mehr als einhundert Soldaten dann nach Osten und zum Ortskern von Colleville vorstoßen. Als die Amerikaner bemerkten, daß sich ihnen die Soldaten der 5./915 näherten, versteckten sie sich in einem langen Feldsaum aus hohen Hecken und dichten Bäumen. Die Soldaten der 5. Kompanie gerieten in diesen Hinterhalt und wurden zusammengeschossen, ihr Chef, Oberleutnant Hahn, verwundet.

Um 9:30 Uhr waren es genau diese Amerikaner gewesen, denen, als sie nahe des Château *(Schloß)* de Colleville die Küstenstraße erreichten, vom dortigen Bereitstellungsraum starkes Schützenfeuer einer Kompanie des II. Bataillons des Grenadier-Regiments 915 entgegenschlug. Vom Schloß bis in die kleine, benachbarte Siedlung Le Bray entbrannte ein heftiger Häuserkampf, bei dem die Amerikaner bereits im Moment des Angriffs zwölf Soldaten verloren.

Um 10:12 Uhr meldete das Grenadier-Regiment 726:

WN 60 hält, 62 feuert noch mit einem MG, Lage dort aber kritisch, 61 vom Feind genommen. Zum Gegenangriff auf WN 61 wurde der Rest der 1. und 4. Kompanie angesetzt.

Die Erfolge der Amerikaner nahmen zu. Der Zerstörer *USS Harding* funkte ans Hauptquartier:

Um 10:15 Uhr feindlichen Unterstand erkannt, von dem aus auf unsere landenden Truppen nördlich Colleville gefeuert wurde. Feuer eröffnet und mit 30 Schüssen zerstört.

Die Harding hatte durch ihren Beschuß eine der beiden 7,65-cm-Feldkanonen in den Kasematten auf dem WN 62 zerstört. Zeitgleich zerschlug eine Granate des einzigen noch einsatzfähigen Duplex-Drive-Panzers der B/741., der vor dem WN 62 und noch am Strand stand, die zweite Kanone im anderen Geschützbunker des Widerstandsnestes.

Die Situation in der Plage-d'Or-Bucht war von Sektor zu Sektor verschieden. Während an einer Stelle ein GI nach dem anderen den Strand verließ, verharrten nur einhundert Meter entfernt die Kameraden im deutschen Infanterie-Feuer. Um 10:55 Uhr meldete der Gefechtsstand des 16. Regiments (im Kleinstunterstand am Vorstrandsaum des WN 65):

1. und 2. Bataillon haben Verbindung mit dem Regimentsgefechtsstand und bewegen sich langsam vorwärts und treffen auf sehr schwachen Widerstand.

Bei Vierville, St. Laurent und westlich Colleville hingegen, erreichten immer mehr GIs die Küstenstraße, die Route Nationale 814. In den Straßen von Vierville kämpften bereits Teile des I./914 und II./726. Doch die Masse der Amerikaner lag noch am Strand. Kurt Keller erzählte:

„Als die Flut langsam stieg, konnte man in den Wellen die Köpfe immer näherkommender GIs sehen. Man sah ja, die lebten noch. Dann hat man da auch noch d'rauf geschossen. Es war grauenhaft, besonders, wenn man beobachtet, der sucht noch Schutz hinter seinem gefallenen Kameraden. Ich wollte sie ja eigentlich nur kampfunfähig machen...

Die Boote kamen immer in zeitlichen Abständen, immer in kleinen Pulks, manchmal direkt von vorn, manchmal kamen sie von links, so daß man sie von der Seite sehen konnte. Ich glaube, daß diese Boote ihren Sektor noch nicht gefunden hatten.

Bilder oben und unten: Ausschnitte einer Luftaufnahme des US-Landesektors „Dog Green": Die auflaufende Flut spülte gegen 11:00 Uhr viele Gefallene an den Vorstrandwall, und Panzer rollten auf der Promenade in Richtung des Strandausgangs D1.

Fotos: US National Archiv

Jene GIs, die aus den Landungsbooten sprangen, wurden schneller mit dem Maschinengewehr zusammengeschossen, als ich mein Gewehr laden konnte...

Wir konnten die gesamte Situation am Strand gar nicht völlig übersehen. Unsere Artillerie und die Granatwerfer haben auch unablässig auf den Strand geschossen, so hatte man das Gefühl, nicht ganz allein zu kämpfen. Auf die Luftwaffe und unsere Panzer warteten wir vergebens..."

Der Durchbruch

Trotz ständig eingehender Meldungen, daß Kampfverbände der Alliierten seit den frühen Morgenstunden auf einer Frontbreite von mehr als 80 Kilometern angriffen, war sich die deutsche Führung noch immer nicht im Klaren darüber, ob es sich nun um die so lange *(auch in der Normandie)* erwartete Invasion handelte, oder nur um einen Scheinangriff. So herrschte in den Stäben Verwirrung. Um 11:00 Uhr erging ein Funkspruch an die *Kampfgruppe Meyer.*

Wann antreten? Wie Angriffsrichtung?

Um 11:10 Uhr meldete das III. Bataillon des Grenadier-Regiments 726 an die Division:

WN 66 und 68 nördlich St. Laurent befinden sich entgegen früherer Meldungen noch fest in eigener Hand. Besatzungen in WN 71 und 73 sind sehr schwach, die Bau-Pionier-Einheiten sind zur Verstärkung herangezogen.

Luftaufnahme von der Landezone "Easy Green", westlich des WN 65, gegen 11:00 Uhr. Die Flut war fast voll aufgelaufen und hatte somit die amerikanischen Soldaten mit der Masse ihrer Fahrzeuge auf dem schmalen Saum unterhalb des Vorstrandes zusammengedrängt. (Rechts unten die westliche Seite des Panzerabwehrgrabens; links oben zwei LCTs, auf denen sich noch Fahrzeuge befanden. Oben rechts ein LCM auf der Rückfahrt von der Küste, sowie mehrere LCAs, von denen einige bereits zerstört waren. Im Meer standen etliche von der Flut überspülte Panzer und Fahrzeuge, und das Blut der Gefallenen und Verwundeten verursachte im Wasser dunkle Strähnen...) **Foto: US National Archiv**

Wenige Minuten zuvor hatten im Feuerschutz eines der Zerstörer nur 23 GIs das zusammengeschossene Widerstandsnest 64 eingenommen, und 21 deutsche Soldaten ergaben sich. Weitere Verstärkung traf nun durch Männer der E-Kompanie ein, und man setzte den Vormarsch in Richtung Colleville fort. Die Wiesen waren übersät von den Körpern gefallener deutscher Soldaten – die meisten von ihnen waren Opfer amerikanischer Jabos.

Seit 11:00 Uhr hatte die Flut ihren höchsten Stand erreicht, und vom Strand war nur noch ein schmaler Saum entlang des Kieswalls am Vorstrand und des schrägen Walls an der Promenade übrig geblieben. An diesem schmalen Saum waren von der Flut zwei LCIs, vier LCTs, 22 LCVPs und eine Menge LCAs angeschwemmt worden – alle zerstört. Dazwischen lagen tote, verwundete und resignierte GIs.

Obwohl der schmale Streifen entlang des Vorstrandes und der Promenade noch immer mit heftigem Infanteriebeschuß belegt wurde, ging Brigadegeneral Norman Cota ihn in östliche Richtung entlang. Er aktivierte Sprengtrupps, Bulldozer und Panzer und reorganisierte durcheinander geratene Trupps. Der Beschuß der Panzerabwehrmauer durch die *Texas* hatte nicht ausgereicht, sie zu zerstören. So bildete sie weiterhin das stärkste Bollwerk zur Verhinderung des amerikanischen Vorstoßes auf Vierville. Cota ließ nun einen mit Sprengstoff beladenen Bulldozer die kleine Böschung zur Promenade hinaufrollen und bis an die dicke Betonmauer fahren. Mit höllischem Getöse sprengten die Männer des 121. Pionier-Teams das Hindernis. Dann mußten die Trümmer des Bulldozers und die großen, tonnenschweren Betonbrocken der Mauer im Feuerschutz etlicher GIs mit drei weiteren Dozern aus dem Weg geräumt werden. *(Das Team verlor am „D-Day" 75 Prozent seiner Mannschaft.)*

Erst zu dieser Zeit, um 11:30 Uhr, war es nun auch Gordon Strevel und seinen fünf Kameraden endlich möglich, vorsichtig unter dem Halbketten-Lkw mit dem Geschütz hervor zu kriechen: „Fünf Stunden hatten wir im flachen Wasser unter dem Fahrzeug gelegen, und links und rechts fielen unsere Kameraden zu Hunderten."

Wie viele andere deutsche Soldaten auch, beobachtete Kurt Karl Keller das nun immer häufigere Vordringen der Amerikaner:

„Im Laufe des Vormittags ließ die Feuerkraft der deutschen Geschütze deutlich nach, die Angreifer überwanden ihren anfänglichen Schock und stürmten nun in Gruppen die schrägen Hänge der Küste empor. Hoffnungsvoll blickte ich immer wieder zum Himmel auf, erwartete sehnlichst das Eingreifen unserer Luftwaffe. Aber statt der deutschen Jäger kamen die

Seit 9:30 Uhr waren erste vereinzelte US-Infanteristen bis an den westlichen Ortsrand von Colleville vorgedrungen, denen im Laufe der Zeit weitere gefolgt waren. Sie lieferten sich nun mit den deutschen Soldaten verbissene und blutige Gefechte.
Foto: US National Archiv

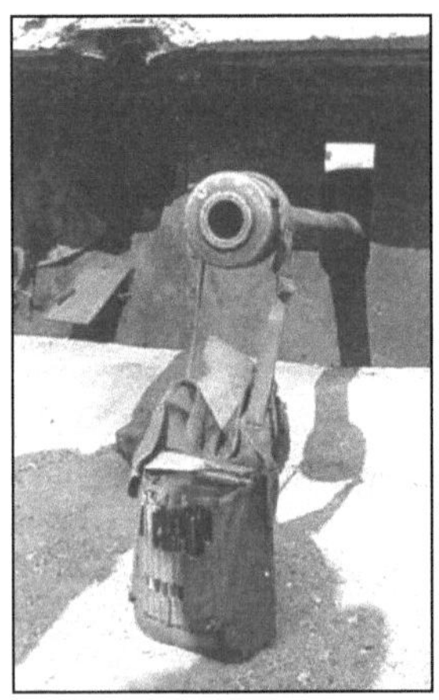

Mehr als fünf Stunden hatte es gedauert, bis es den Amerikanern endlich gelungen war, bis zu dem oberen Kwk-Kleinstunterstand vorzudringen und ihn einzunehmen – allerdings erst, nachdem die Besatzung des WN 65 endgültig kapituliert hatte. In ihm richteten sie zuerst einen Gefechtsstand, dann, für längere Zeit (während der weiteren Anlandungen nach dem „D-Day") eine Kommunikationszentrale für den „Omaha-Beach"-Bereich ein.

Noch vor weniger als einer halben Stunde hatte die 5-cm-Kwk die Amerikaner beschossen – nun hing an ihrem Rohr die Tasche eines US-Kriegsberichterstatters. **Fotos: US National Archiv**

feindlichen Jabos. Die Schützengräben boten ja keine vollständige Deckung, schon gar nicht gegen Jabos. Andauernd mußte man nach oben sehen, dann Kopf 'runter. Ansonsten mußte man ständig schießen.

Erschreckt stellte ich plötzlich fest, daß meine Munition ausgegangen war. Dem neben mir liegenden Kameraden griff ich an die Schulter, um ihn um Munition zu bitten – doch ich faßte in eine klaffende Wunde voller Blut. Ein größerer Granatsplitter mußte wohl durch seine Schulter in den Körper eingedrungen sein. Erschüttert drehte ich ihn etwas zur Seite, um an seine Patronentasche zu gelangen – er benötigte ja nun keine Munition mehr... Dennoch hatte ich das Gefühl, ihm durch das Herumdrehen wehzutun. Mit blutigen Händen lud ich zehn Patronen nach und schoß wieder auf die näher kommenden Amerikaner.

Plötzlich lief ein GI direkt auf mich zu. Mit zittrigen Händen zielte ich auf seine Brust und schoß. Der Amerikaner blieb abrupt stehen und ließ sein Gewehr fallen, sackte dann auf die Knie, nahm ganz langsam den Helm ab und legte ihn zu seinem Gewehr. Dann schaute er zum Himmel auf, bekreuzigte sich – und fiel vornüber auf's Gesicht. Ich dachte, *wie kann ein Mensch nur so fromm sein und an Gott im Himmel glauben*; für mich war Hitler mein Gott – bis zu diesem Augenblick..."

Bis 11:40 Uhr waren immer mehr Amerikaner einige hundert Meter weit ins küstennahe Hinterland vorgestoßen, während weite Teile des Strandsaumes weiterhin unter Feuer lagen. Das Grenadier-Regiment 726 meldete wegen der noch anhaltenden Kampfhandlungen bei Le Bray und angesichts weiterer Panzeranlandungen:

Südwestausgang von Colleville ist vom Feind besetzt. Weitere Panzeranlandungen erfolgen vor WN 62. Zahlreiche Panzer stauen sich vor den Panzergräben.

Um 11:55 Uhr bestätigte das Grenadier-Regiment 916 durch seine Meldung jene des Grenader-Regiments 726:

Feind hat Südwestausgang Colleville mit einem Zug besetzt. Weitere Panzeranlandungen erfolgen vor WN 62.

Schon seit 8:00 Uhr hatte die 6. Kompanie des I./915 als Eingreifreserve ihren Verfügungsraum nahe östlich Colleville und an der Nationalstraße bezogen. Leutnant Erwin Hentschel berichtete: „Dann begann der Angriff auf Colleville. Mit einem Mal ging die Knallerei los. Daraufhin stießen wir durch das Dorf und weiter vor, bis wir in die Kanonenrohre der Schlachtschiffe sehen konnten…"

Indessen ergab sich um 11:45 der Rest der Besatzung des WN 65 vor Le Ruquet. Die Amerikaner verlegten nun ihren Gefechtsstand vom Vorstrandsaum in den inzwischen eingenommenen Kwk-Kleinstunterstand direkt am Taleingang. Die Funkmeldung lautete *(auszugsweise)*:

[.....] Wie schnell können Sie den rückwärtigen Teil Ihres Gefechtsstandes hier zu uns nach vorn bringen? Wir haben jemanden zurückgeschickt, um Sie aufzusammeln und nach vorn zu bringen.

Um bis zu diesem, nur 140 Meter vom Strand entfernten Bunker zu gelangen, hatte es inzwischen mehr als fünf Stunden gedauert…

Zu dieser Zeit begann die Munition der im Hinterland liegenden Batterien der IV. und I./352 knapp zu werden und das Artilleriefeuer auf den Strand nachzulassen. Um kurz vor 12:00 Uhr befahl Oberleutnant Bernhard Frerking seiner Batterie im rückwärtig gelegenen Houteville, Salvenfeuer auf den Strand zu legen, doch wurde ihm von dort mitgeteilt:

„Wegen Munitionsmangel ist nur noch Einzelfeuer möglich…"

Oberst Ocker, der Kommandeur des Artillerie-Regiments 352, hatte bereits persönlich versprochen, einen Lastwagen mit Munition zur 1. Batterie zu schicken, doch nur noch einige hundert Meter von der Geschütz-Stellung entfernt, wurde er von einem Jabo beschossen und explodierte mit seiner gesamten Ladung. Die zu Hunderten über dem Invasionsraum fliegenden Jagdbomber machten deutsche Material- und Truppenbewegungen zunehmend schwerer. Dennoch hielten viele deutsche Stellungen, und weitere Gegenangriffe wurden unternommen. Leutnant Hans Heinze berichtete:

„Da Oberleutnant Hahn, der Chef der 5. Kompanie verwundet worden war, erhielt ich gegen 12:00 Uhr den Befehl, den Rest der Kompanie zu übernehmen. Es folgte eine kurze Einweisung, dann sollte ich mit den nur noch zwei Zügen zu einem Gegenstoß antreten, mit dem Befehl, *durchgesickerten Feind ins Meer zurückwerfen!*

Nun begann das Heckenspringen. Auf dem Weg nach vorn fielen uns einige müde GIs in die Hände, die keinen kämpferischen Eindruck mehr machten. Auf ihren Helmen trugen sie eine *1* als Kennzeichen.

In einem kleinen, von Quellwasser ausgespültem Graben pirschten wir uns langsam vor, und mit Gebrüll und ein paar Handgranaten sprangen wir ein paar hundert Meter weiter auf dem Küstenplateau, in das kleine, von einigen Amerikanern besetzte Widerstandsnest *(WN 62B – ein Materiallager nahe westlich des WN 62)*. Die erschreckten Männer mit der anderen Feldpostnummer rutschten in großer Eile den Küstenabhang hinunter. Von unseren Leuten fanden wir dort keine vor…

Die 8,8-cm-Kanone in der Kasematte des WN 72 stellte am westlichen Flügel des „Omaha-Beach" für die landenden Amerikaner eine der größten Gefahren dar (Blick nach Osten).
Foto: US National Archiv
(Das Foto entstand nach dem D-Day)

Lange konnten wir nicht bleiben, denn es hatte sich bei den *1ern* wohl herumgesprochen, daß wir sie gestört hatten. Die Kommunikation funktionierte bei unseren Gegnern viel besser, als bei uns. Sie hatten wohl ein Funkgerät dabei, denn nach kurzer Zeit wurden wir heftig unter Feuer genommen. Um uns größere Verluste zu ersparen, gab ich den Befehl zum Absetzen. Der kleine Graben und die Hecken ermöglichten uns, davonzukommen. Ich war froh, daß ich mit nur wenigen Verwundeten diesen ersten Einsatz überstanden hatte. Die Frage war nur, wie unser Bataillonskommandeur meinen Rückzug beurteilen würde...

Seine Reaktion war dann ganz anders, als ich befürchtet hatte. Er war sehr froh, als ich mich gegen Abend bei ihm zurückmeldete. Er hatte befürchtet, daß uns dasselbe traurige Schicksal ereilen würde, wie der 7. Kompanie und dem 3. Zug der 5. Kompanie.

Wir igelten uns dann ostwärts Colleville in dem Heckengelände ein und wehrten noch mehrere Angriffe der Amerikaner ab."

Um 12:00 Uhr erreichte Oberst Canham, der Kommandeur des 116. US-Regiments, mit vier Offizieren und einigen Soldaten Vierville. Einen halben Kilometer südlich des Ortes errichtete er kurze Zeit später sein Hauptquartier im Château de Vaumicel. Als eine Gruppe Ranger an dem Schloß vorbeikam, befahl Canham ihnen, ihm als Bewacher für sein Hauptquartier zu dienen. Die Amerikaner beobachteten, daß sich in dem großen Schloß-Komplex noch immer einige deutschuniformierte Soldaten aufhielten. Als sich plötzlich ein deutscher Soldat auf einem Fahrrad dem Schloß näherte, wurde er von einem der Ranger erschossen. Inzwischen waren die Deutschuniformierten, die sich noch unbeobachtet fühlten, damit beschäftigt, einige ihrer

Luftaufnahme des Strandbereichs vor dem Tal Les Moulins vor St. Laurent mit den Widerstandsnestern 66, 66A, 68 und 68A um zirka 11:30 Uhr. (Die Konzentration amerikanischer Soldaten ist an den dunklen Linien am Saum des Strandes zum Vorstrand zu erkennen. Etliche LCA-Wracks trieben im Wasser der aufgelaufenen Flut, und Jeeps Lastwagen und Panzer hatten nicht mehr genügend Raum, sich auf dem schmalen Streifen Strand zu bewegen. Die Masse der Fahrzeuge war von den Fluten überspült. Im Kreis ist die zu dieser Zeit noch immer unzerstörte Panzerabwehrmauer zu sehen.) **Foto: US National Archiv**

Verwundeten auf einem zweirädrigen Pferdekarren zu laden. Als die damit fertig waren, traten die Amerikaner hervor und nahmen sie gefangen. In den Obstgarten des Anwesens gebracht, stellte sich dann heraus, daß es sich bei den 25 Gefangenen um keinen einzigen Deutschen handelte, sondern um Ungarn, Rumänen und Russen – die froh waren, daß der Krieg nun für sie beendet war.

Um 12:05 Uhr fragte das 1. Bataillon des 16. US-Regiments per Funk bei seinem Gefechtsstand am Strand an: *Können wir irgendwelche Panzer nach Colleville bekommen?*

Antwort: *Nein, keine von denen sind bis jetzt hier oben (auf dem Vorstrand). Sie sind noch nicht vom Strand 'runter. Sobald wir irgendwie welche hier 'raufkriegen, werden wir sie zu Euch schaffen. Rufen sie weiter danach.*

Um 12:15 Uhr erging ein Lagebericht an den Ia des Oberbefehlshabers West *(auszugsweise):* *[.....] Bei St. Laurent drei Widerstandsnester in Feindeshand.*

Das 16. US-Regiment funkte um 12:23 Uhr an den Kommandeur des 3. Bataillons:

Das 2. Bataillon hatte für einige Zeit Einheiten in Colleville-sur-Mer. Das 1. Bataillon ist links von E1 gelandet und bemüht sich, das 2. Bataillon bei der Einnahme seiner Ziele zu unterstützen.

Doch die Erfolge waren wechselseitig. Das Grenadier-Regiment 726 meldete um 12:35 Uhr:

Colleville ist dem Feind wieder entrissen. WN 60, 62 und 62B in eigener Hand, 61 noch vom Feind besetzt, dabei ein Panzer.

Luftaufnahme des Strandbereichs im Landeabschnitt „Easy Green", nahe westlich des WN 65: Ab kurz nach 12:00 Uhr begann die Flut wieder langsam abzulaufen. Auf dem breiter werdenden Strand wurde es den Amerikanern nun möglich, ihre Fahrzeuge zu bewegen. (Auf der Sandbank war durch die eintretende Ebbe die erste Reihe der stählernen „Tschechenigel" freigelegt worden. Das aus dem Priel ablaufende Wasser war vom Blut Hunderter Toter und Verwundeter dunkel verfärbt.)

Indessen lieferten deutsche Gefangene den Amerikanern wichtige Informationen für ihr weiteres Vorgehen. So informierte das 16. Regiment seinem Divisions-Kommandeur um 12:45 Uhr: Gefangene sagten aus, daß sich der Gefechtsstand der 10. Kompanie des Regiments 726 bei St.-Laurent-sur-Mer und der Gefechtsstand der 12./726 bei Grandcamp-les-Bains befindet – das ist im Sektor unseres 16. Infanterie-Regiments.

Das 916. ist im Sektor der 16. Infanterie, Gefechtsstand der 5./916 ist bei Surrain. Das 916. hat die 915. vor zwei Wochen abgelöst.

Die Amerikaner brachten langsam etwas Ordnung in das Chaos, das den ganzen Vormittag über am Strand herrschte. Der problematischste Sektor war aber noch immer Easy Red. Der ungeheure Stau halb oder gänzlich in den Fluten versunkener Fahrzeuge, die bis an den Vorstrandwall angeschwemmten Leichen und die zwischen und auf ihnen hockenden oder liegenden Verwundeten bereiteten den noch beweglichen Truppen erhebliche Schwierigkeiten.

Bild links: Die vorderste, dem Strand am nahesten gelegene Maschinengewehr-Stellung auf dem WN 62 war der Tobruk-Stand der Soldaten Ludwig Kwiatkowski und Friedrich Faust.   **Foto: Hein Severloh 1961**

Bild rechts: *Tankdozer und Bulldozer hatten an mehreren Stellen auf dem Strand Hindernisse zusammengeschoben, um dadurch Schneisen für die vielen Fahrzeuge zu schaffen. Auch hatten sie in diesen Schneisen schräge Auffahrten in den Vorstrandwall geschoben...*   **Foto: US National Archiv**

Auch den wenigen noch fahrbereiten Panzern am Strand war jegliche Bewegung zu dieser Zeit durch die noch stehende Flut und die Menschenmassen fast unmöglich.

Am Kieswall, unterhalb einer kleinen Mauer an der Promenade im Sektor *Dog Red*, lag noch immer Robert Sales: „In England hatte man uns gesagt, *wenn Du verwundet bist, bleib' am Strand. Wenn Deine Munition am Ende ist, oder Du kannst nicht mehr laufen, versuch' den Strand zu erreichen. Später werden Boote kommen, die Dich aufnehmen oder versorgen – wenn das Maschinengewehrfeuer vorbei ist.*

Später erfuhren wir, daß die A-Kompanie aufgelöst war, und noch später fanden wir 23 Männer von ihr, die an diesem Tag getötet worden waren. Ich sah einige Kameraden kommen und sagte, *kommt hier hinter die Mauer...,* und bald waren wir eine ganze Gruppe von Leuten. Einer sagte, *Du bist nicht mehr in der Lage, zu kämpfen; Du bleibst hier...*

Ich sah zu meinem Kameraden Mac Smith, dem ging es zu dieser Zeit nicht gut...“

Unteroffizier Gordon Strevel und einige Soldaten, die sich ebenfalls noch immer am Strand aufhielten, machten plötzlich eine im ersten Moment erschreckende Entdeckung: „Wir konnten etwa fünfzehn deutsche Jagdflugzeuge am Himmel sehen. Sie kamen von hinten und schossen auf unsere Landungsboote – und trafen..."

Mit dem Ziel, einen Angriff gegen die Invasionsflotte zu fliegen, war am Morgen des 6. Juni um 9:30 Uhr die I. Gruppe des Jagdgeschwaders 2 mit 12 Focke-Wulf-Maschinen nördlich Paris gestartet. Verbandsführer war Hauptmann Wurmheller. Um 10:00 Uhr konnten die deutschen Piloten von Bayeux aus die Flotte der Alliierten erkennen. Sie griffen die Schiffe bei Arromanches im britischen Landeabschnitt „Gold" an und erzielten einige Treffer. Dann flogen sie in einem weiten Bogen nach Nordwesten und attackierten auf ihrem Rückweg in südliche Richtung, von See her kommend, im Tiefflug mit Ihren Bord-Maschinengewehren, die landenden US-Streitkräfte am „Omaha Beach". Der Befehl zum Rückzug wurde den Piloten um 10:45 Uhr mit dem Decknamen „Gartenzaun" erteilt.

Doch der Einsatz der deutschen Jagdflugzeuge war nur kurz. Auch Leutnant Erwin Hentschel hatte eines gesehen: „Ein deutsches Jagdflugzeug habe ich kurz gesehen – kurz..."

Inzwischen hatten ab 12:20 Uhr und mit der nun langsam wieder ablaufenden Flut Tank- und Bulldozer im Sektor Fox Green damit begonnen, zwei Breschen in den Vorstrandwall zu schieben – genau in der Mitte zwischen dem WN 61 und dem WN 62, sowie vor dem WN 62. Dann holperten die ersten Panzer schwerfällig über diese Rampen die kleinen Böschungen hinauf – aber ihr Vorstoß endete schon nach wenigen Metern an den breiten Panzerabwehrgräben.

Ludwig Kwiatkowski beobachtete, daß unterhalb des WN 60 Panzer und ungewöhnlich große Lastwagen langsam den nur noch schmalen Strand entlangrollten:

„Plötzlich tauchten vor unserem Stützpunkt auch Panzer auf, und solche mit Schiebern davor. Die begannen dann, die Hindernisse am Strand zusammenzuschieben; und von nun an entwickelten sich die Ereignisse ganz schnell. Da waren jetzt auch riesige Lastwagen auf dem Strand, wohl Spezialfahrzeuge, von denen große Drahtmatten heruntergeworfen wurden, auf den Kiessaum, damit die Panzer darüberfahren konnten. Dann standen sie fast direkt vor unserem Stützpunkt, keine vierzig Meter mehr von uns entfernt. Ich habe meinen Stahlhelm abgenommen und vorsichtig zwischen dem MG und der Oberkante der Tobruk-Luke

Die Situation der Amerikaner war auch um 13:00 Uhr noch schwierig. Der noch schmale Strand lag weiterhin unter deutschem Artilleriefeuer, zu viele Fahrzeugwracks, Hindernisse, Verwundete und Tote schränkten die Beweglichkeit der Soldaten ganz erheblich ein und behinderten ihre Aktionen. An den Flanken des „Omaha Beach" verharrten noch immer viele GIs unter den hohen Kliffs. **Fotos: US National Archiv**

hindurchgesehen, so, daß die Amis meinen Kopf nicht sehen konnten. Von dem Moment, da die Panzer vor uns standen, hab' ich keinen Feuerstoß mehr aus unserem MG abgegeben. Wir waren nun auf verlorenem Posten…"

Friedrich Faust fragte seinen Kameraden: „Ludwig, warum schießt Du nicht mehr?"

Kwiatkowski erwiderte: „Da sind etliche Panzer; wenn die unser Mündungsfeuer sehen, hauen sie uns welche 'rein, daß wir bis Colleville fliegen."

Plötzlich konnte Ludwig Kwiatkowski erkennen, daß sich einige GIs hinter den Panzern Flammenwerfer-Tanks auf den Rücken hängten. Der 26-jährige Stützpunktführer, Hermann Claus, ein bereits von der Ostfront erfahrener Leutnant, hatte schon einige Zeit zuvor Faust und Kwiatkowski darauf aufmerksam gemacht, daß sie dort unten, am vordersten Rand des WN 62, in ihrem Tobruk-Stand eine höchst exponierte Position beziehen mußten. Er hatte die beiden eindringlich gewarnt: „Wenn Euch bei einem Angriff feindliche Soldaten da vorn allein finden, noch dazu mit einem Maschinengewehr, werden sie Euch sofort umlegen. Ihr müßt Euch weiter hinten mit anderen sammeln, dann nehmen sie Euch zwar gefangen, töten Euch aber nicht…"

Um 13:00 Uhr wurde für einige Minuten das WN 72 unter intensiven, gezielten Beschuß durch das Schlachtschiff *USS Texas* und den Zerstörer *McCook* genommen. Kurz darauf stürmten Pioniere des 121. Bataillons die total verwüstete Verteidigungsanlage und nahmen 30 deutsche Soldaten gefangen.

Um 13:09 Uhr gab der Kommandeur des V. Korps, Generalmajor Gerow, einen ersten positiven Bericht an Bradley ab: „Die festgesetzten Truppen an den Stränden Easy Red, Fox Green und Fox Red rücken auf die Anhöhen hinter dem Strand vor."

Noch bis 13:20 Uhr hatten die MG-Schützen Faust und Kwiatkowski in ihrem Tobruk-Stand im WN 62 ausgeharrt. Da sagte Kwiatkowski, der noch immer hinter seinem Maschinengewehr die Vorgänge vor ihrem Widerstandsnest beobachtete, zu seinem Kameraden: „Bis uns die Amis mit ihren Flammenwerfern zu nahe kommen, müssen wir hier verschwunden sein…"

Dann beschlossen sie, ihre Stellung zu verlassen. Friedrich Faust schraubte das Maschinengewehr von der Lafette. Kwiatkowski sagte: „Fitti, laß das Scheißding hier…"

Doch Faust nahm das schwere, noch warme MG unter den Arm, Kwiatkowski seinen leichteren Karabiner. Dann liefen sie nach hinten, den Hügel hinauf.

„Inzwischen war der ganze Stützpunkt zerschossen worden, es waren ja nur noch Löcher da, eines am anderen…", schilderte Kwiatkowski den Zustand des WN 62 nach dem zweiten Trommelfeuer.

Als die beiden Soldaten im halb verschütteten Laufgraben den unterirdischen Mannschaftsbunker auf der Anhöhe erreicht hatten, öffnete Unteroffizier Schulte die seitliche eiserne Eingangstür. Die beiden Soldaten konnten ihm die Angst ansehen. Schulte befahl ihnen, in den Unterstand zu kommen, „dann sind wir noch zwei Männer mehr…"

Kwiatkowski konnte erkennen, daß sich noch einige andere Soldaten darin aufhielten, auch hörte er Polen sprechen. Doch er widersetzte sich dem Befehl des Unteroffiziers: „Herr Unteroffizier, wir kommen da nicht 'rein, weil die Amis mit Flammenwerfern den Hang 'raufkommen…"

Dann schlug er dem Unteroffizier die Tür vor der Nase zu, und gemeinsam mit Faust verließ er eilig das zerschossene Widerstandsnest in Richtung Hinterland.

Der Obergefreite Peter Lützen, der gerade entschieden hatte, sich selbst abzusetzen, beschrieb die Masse der sich vor dem Taleingang versammelnden Amerikaner: „Fast auf der gesamten Fläche zwischen dem WN 62 und dem gegenüber liegenden WN 61 wimmelten bereits Hunderte von Amerikanern herum, sogar mit einigen großen Fahrzeugen…"

Kurz darauf setzten sich noch weitere Soldaten vom WN 62 ab – wie es inzwischen auch in den anderen Verteidigungsanlagen immer häufiger geschah…

Als auch Bruno Plota das WN 62 verließ, blickte er von der höchsten, 52 Meter hohen Erhebung des Widerstandsnestes noch einmal auf den Strand hinab: „Wie viele tote Amerikaner da unten am Strand lagen, weiß ich nicht, aber die lagen da wie gesät…"

Immer wieder hatten die nahe vor der Küste kreuzenden Zerstörer die einzelnen deutschen Stellungen gezielt unter Feuer genommen, besonders jene am vorderen Rand der Küstenplateaus. Als eine amerikanische Vorhut ins völlig zerschossene Widerstandsnest 70 eindrang, stellten die GIs fest, daß es bereits von seiner Besatzung verlassen worden war. Auch vom WN 74 wurde nicht mehr auf die Flanke der Angreifer geschossen. Die Anlandungen des dem Hauptstoßtrupp nachgefolgten 18. und 115. Regiments waren inzwischen fast abgeschlossen.

US-Oberst Canham in seinem Hauptquartier, im Château de Vaumicel bei Vierville, hatte indessen ein zunehmendes Problem, denn nicht viel später waren zu den 25 Gefangenen im Obstgarten noch weitere 10 Deutsche hinzugekommen. Gleichzeitig mußte Canham auch feststellen, daß er mit seinen wenigen Soldaten, und bereits mehr als einen Kilometer tief in Feindesland, von den restlichen amerikanischen Truppen isoliert war *(von weiteren in Vierville anwesenden US-Soldaten wußte Canham zu dieser Zeit noch nichts)*. Selbst sein Funker bekam keine Verbindung mehr mit dem 743. Panzer-Bataillon am Strand. Die 35 Gefangenen im angrenzenden Obstgarten stellten, obgleich unbewaffnet, eine potenzielle Gefahr für den Oberst dar. Dennoch lehnte er eine Erschießung der Männer kategorisch ab. So ließ er sie sich hinlegen und von einem GI mit einem Maschinengewehr bewachen – ein Soldat, der ihm im Fall eines Angriffs zur Verteidigung fehlen könnte…

Friedrich Faust und Ludwig Kwiatkowski hatten es inzwischen trotz der überall umherfliegenden Jabos geschafft, die über einen Kilometer breite Grünfläche mit ihrem Minenfeld vom WN 62 bis in die Nähe des Ortsrandes von Colleville zu überlaufen. Erst Ende Mai hatten einige Fernmelder, zusammen mit Pionieren, ein Kabel von Colleville zum Widerstandsnest und durch das Minenfeld verlegt. Dabei waren die dazu ausgestochenen Grasplaggen vertrocknet und hatten nun für Faust und Kwiatkowski einen gut erkennbaren und sicheren Weg gebildet.

Entlang des Kieswalls lagen die von der Flut an Land geschwemmten Körper der gefallenen GIs – zum Teil von den Kameraden mit Planen bedeckt.

Fotos: US National Archiv

Kurz vor dem Ortsrand erreichten sie atemlos einen Graben, der zum kleinen WN 63 führte. Kwiatkowski sprang als erster hinein. Faust, der die ganze Zeit und den weiten Weg das schwere Maschinengewehr mitgeschleppt hatte, folgte ihm mit nur wenigen Schritten Abstand. In diesem Moment näherte sich von der Küste her ein Jagdbomber. Kwiatkowski schilderte die dramatische Situation:

„Der Jabo stieß zu uns 'runter und kam so nahe, daß ich den Piloten in seiner Kanzel erkennen konnte. Ich sprang nach links, Faust war mit seinem Maschinengewehr etwas langsamer, wollte hinterherspringen, da schoß der Jabo-Pilot eine MG-Garbe ab. Die Geschosse durchschlugen Fausts Schulter von oben durch seinen Körper und rissen ihm von innen den ganzen Unterleib auf. Ich drehte mich zu meinem Kameraden um, der am

Erstaunt waren manche GIs, beim Anblick von Feldbahnen festzustellen, daß die deutschen Verteidigungsanlagen noch gar nicht gänzlich fertiggestellt waren, und man fragte sich, was wohl gewesen wäre, wenn...

Foto: US National Archiv

War an den Kampfhandlungen um Colleville maßgeblich beteiligt: Leutnant Erwin Hentschel.

Foto: Kollektion E. Hentschel

Grabenrand zusammengebrochen war, um ihm zu helfen. Ich hab' ihn 'runtergezogen, aber sofort hatte ich die Hände voller Blut und Kot – die ganzen Gedärme waren 'rausgequollen. Er sagte nur noch, *Ludwig...*, dann fiel sein Kopf zur Seite..."

In diesem Augenblick sprang auch der an der rechten Schulter und an der linken Hand verwundete Peter Lützen in den Graben. Er hatte die Situation gerade noch mitbekommen und sagte zu Kwiatkowski:

„Für den können wir nichts mehr tun, der ist tot... Wir müssen ihn hier liegenlassen..."

Dann trennten sich die beiden und liefen in dem Graben in verschiedene Richtungen auseinander – Lützen zum WN 63, Kwiatkowski hinauf zum mittleren Ortsrand, nahe des Friedhofs mit der Kirche...

Als Ludwig Kwiatkowski nahe des Friedhofs in einen anderen Graben sprang, traf er dort noch 15 weitere deutsche Soldaten:

„Ich hoffte, in Colleville unsere Kompanie-Reserve anzutreffen, aber die waren längst alle fort. Da oben war aber schon ganz schön was los, als ich da ankam, da war eine ordentliche Knallerei im Gang..."

Auf deutscher Seite wurde der Ernst der Lage noch immer unterschätzt. Um 13:35 Uhr gab der Ia der 352. Division einen Lagebericht an das Armee-Oberkommando durch:

Division hat eingebrochenen Feind ins Meer zurückgeworfen, lediglich bei Colleville ist z. Zt. noch Gegenangriff im Gange. Chef d. G. orientiert über nunmehr geklärte Lage bei 352. I.D. Obkdo. H.Gr.B (Oberkommando Heeresgruppe B).

Nur fünf Minuten später meldete das II. Bataillon des Grenadier-Regiments 915:

Am linken Flügel des Bataillons sickert zwischen WN 62A und 62B Feind nach Süden durch, der Flügel wird nach links verlängert.

Leutnant Erwin Hentschel war inzwischen klar, „daß wenn wir hier liegenblieben, wir sowieso bald alle tot wären..."

So befahl er:

„Seitengewehre pflanzt auf! Sprung auf, Marsch, Marsch!"

Hentschel schilderte die Attacke:

„... Und mit *Hurra!* ging's vorwärts. Nach kurzer Zeit hatten wir mehr gefangene Amerikaner bei uns, als deutsche Soldaten. Wir haben innerhalb einer Viertelstunde viele Amis aus den Hecken geholt – zirka 130 Männer. Die anderen Kompanien hingen zurück. Ich bin dann mit meinen Leuten allein vorgegangen. Plötzlich bekamen wir Feuer von allen Seiten. Da war ein Panzerjäger-Zug, feldmäßig eingegraben, und der lag auf einmal unter schwerem Zerstörer-Feuer. Ich habe noch dafür gesorgt, daß die Jungs da 'rauskamen. Auf der anderen Seite des Tals saßen die Amis und schossen mit Maschinengewehren hinein...

Dann wollte ich weiter angreifen. Doch mit 110 Männern über freies Gelände laufen, ist natürlich gefährlich. Durch meinen Vorgeschobenen Beobachter ließ ich *Wirkungsfeuer* auf den kleinen Wald oben auf dem Hang legen. Doch als wir zum Angriff antreten wollten, erfuhr ich, daß die Artillerie über keine Munition mehr verfügte. Ich fragte, *wieso?* Antwort: *Die Munition war zum Teil ein paar Tage vorher aus den Stellungen abtransportiert worden, weil wir verlegen sollten.*

Um kurz nach 14:00 Uhr war es amerikanischen Pionieren endlich gelungen, die Panzermauer in St. Laurent zu erreichen und zu sprengen. Sie war für die Amerikaner in diesem Ort das größte Hindernis, um mit ihren Fahrzeugen ins Hinterland durchbrechen zu können.　　　　　**Foto: US National Archiv**

Obwohl wir so viele Amis aus den Hecken geholt hatten, saßen immer noch welche darin. Es wurde immer schwerer, sie da hinaus zu bekommen. Es war auch völlig sinnlos, einen Gegenstoß durchzuführen. Gegen wen sollte ich einen Gegenstoß starten? Dann habe ich meinen Bataillonskommandeur angerufen und ihm die Situation geschildert. Der sagte, *dann halten Sie die Linie, so lange Sie können...*"

Leutnant Erwin Hentschel war ratlos und ließ seine Leute sich an der Küstenstraße eingraben: „Ich hoffte, daß irgendwann eine Panzer-Division kommen und den Angriff der Amerikaner beenden würde...“

Um 13:58 Uhr informierte das Artillerie-Regiment 352 die Division über die aktuelle Lage bei Colleville: *I. Abteilung meldet, daß Colleville wieder vom Feind genommen ist.*

Im Gegensatz zu Vierville, das von den wenigen dort befindlichen deutschen Soldaten nicht lange verteidigt werden konnte, erwiesen sie sich jedoch um St. Laurent und in der Ortschaft selbst als standhaft. Im Landeabschnitt *Easy Red* war die Situation für beide Seiten dramatisch.

Um 14:02 Uhr meldete Grenadier-Regiment 916 an die Division: *5./916 tritt gegen den durchgesickerten Feind zwischen WN 62A und 64 zum Gegenstoß an und schließt sich dem Angriff des II./916 an.*

Oberst Ernst Goth, der Kommandeur des Grenadier-Regiments 916, war persönlich gegen 6:00 Uhr morgens zur Küste vorgegangen, zu den Widerstandsnestern 67 und 69 bei St. Laurent: „Ich beteiligte mich an kleinen Vorstößen gegen die Amerikaner, die den Böschungsrand erklommen hatten und zurückgetrieben wurden. Am frühen Nachmittag konnte ich melden, daß

die Amis wohl den Strand erreicht hatten, aber kaum über den Rand der Böschung vorgedrungen waren. Die feindliche Schiffsartillerie verstärkte sich mehr und mehr."

Kurt Karl Keller lag mit seiner Einheit noch immer auf dem WN 66 oberhalb des Taleingangs vor St. Laurent. Da übertönte eine gewaltige Explosion im Tal den Kampflärm. Amerikanische Pioniere hatten die Panzerabwehrmauer in St. Laurent gesprengt. Keller erklärte dazu: „Bereits kurz nach der Explosion änderte sich die gesamte Situation. Unaufhaltsam drangen die Amerikaner *(des 115. und 116. Regiments)* nun in das Tal und kamen die Straße zum Hinterland herauf. Aber es waren

Bild links: Mit zunehmendem Vorstoß der Amerikaner ergaben sich immer mehr deutsche Soldaten.

Bild unten: Als die langsam eintretende Ebbe den Strand wieder freigab, bot sich am Nachmittag des 6. Juni ein Bild der Verwüstung.

Fotos: US National Archiv

nicht etwa Hunderte, sondern immer nur kleine Gruppen, die ganz plötzlich auftauchten. Noch vernahm ich deutsches MG- und Gewehrfeuer, aber es wurde schon bald schwächer. Dann begannen kleine Gruppen der GIs auch die schrägen Küstenhänge zu ersteigen. Wir paar noch lebende Soldaten pflanzten unsere Seitengewehre *(Bajonette)* auf und liefen den Amerikanern mit lautem Geschrei entgegen. Während unserer Ausbildung hatte man uns gesagt, daß Schreien dem Gegner Furcht einflöße – so habe ich geschrien wie ein wildes Tier."

Viele dieser erschöpften und vom Dauerbeschuß traumatisierten deutschen Soldaten ergaben sich nun den vorwärtsdrängeden Amerikanern. Um 14:22 Uhr funkte das 16. US-Regiment ans Hauptquartier: *Mehr Gefangene werden gebracht. Gefangene kamen seit (Beginn) der Landung zu zweit und zu dritt an.*

Erst um 14:25 Uhr wurde eine Nachricht des 2. US-Bataillons an den Kommandeur weitergeleitet: *I-Kompanie wird am Punkt 8 aufgehalten. Die I-Kompanie ist nicht in der Lage, ihre Kräfte zusammenzuziehen und hat feindliche Infiltration in ihrer Position. L-Kompanie in der gleichen Lage wie I-Kompanie. I und L sind gerade hinter Punkt 9. Wir brauchen Panzer und Verstärkung. Uhrzeit: 13:30 Uhr.*

Hauptmann Oscar Rich war Vorgeschobener Beobachter des 5. Feldartillerie-Bataillons und erreichte auf einem LCT den Sektor Easy Red. Über die Situation, die in dem ohrenbetäubenden Kampflärm am Strand herrschte, erzählte er:

„Wohin man auch blickte, brennende Trucks, Panzer, Haufen von irgendeinem Zeug und abgeladene Munition. Ich sah einen Haufen von Fünf-Gallonen-Benzin-Kanistern, etwa 500 Stück. Sie erhielten einen Treffer, und alles flog in die Luft und brannte. Noch nie in meinem Leben habe ich ein solches Chaos gesehen. Doch ich bemerkte, daß niemand in Aufregung geriet. Alle am Strand waren sehr ruhig. Die Seabees *(kleine Schleppkähne)* regelten den Verkehr zwischen den Landungsbooten und zeigten ihnen den Weg. Es mutete an, wie bei der Parade am 4. Juli."

Um 14:26 Uhr meldete das II. Bataillon des Grenadier-Regiment 915 von der östlichen Flanke des Kampfgebietes: Eigener Angriff ist auf zähen Feindwiderstand gestoßen, dadurch erhebliche Verluste. WN 62 hält noch, WN 62B hat keine Granatwerfer-Munition mehr. Feind ist an der Kirche und am Château de Colleville nach Süden durchgesickert. Gegenstoß ist eingeleitet.

Daraufhin befahl der Ia der Division: Der Feind am Château ist unter allen Umständen wieder zu werfen, WN 60 und 62 müssen fest in unserer Hand bleiben.

In und um Colleville wurde indessen weiter gekämpft, und in St. Laurent begannen Bulldozer damit, die schweren Trümmer der durchbrochenen Panzerabwehrmauer von der Hauptstraße zu schieben, um den Panzern, Lastwagen und Jeeps endlich die Fahrt ins Hinterland zu ermöglichen. Als aber die vorwegdrängenden Infanteristen in den Ort einmarschierten, wurden sie von den Deutschen mit Granatwerfern beschossen. Die Amerikaner hatten dadurch etliche Verluste.

Um Colleville und im Bereich des WN 60 wurde immer heftiger gerungen. Nahe der kleinen Siedlung Cabourg war es inzwischen etlichen GIs gelungen, das enge Tal La Révolution hinauf zu kommen. Die meisten erkletterten allerdings die steile Böschung nahe westlich des Tals, um somit den Granatwerfern und den Panzerabwehrkanonen auszuweichen. So schloß sich zunehmend ein Ring um das WN 60...

Auf dem vorderen, einige Meter tiefer liegenden Plateau des WN 60 saß der 19-jährige Heinz Bongard hinter seinem Maschinengewehr, als einer der Unteroffiziere zu ihm kam und darauf hinwies, daß Bongard durch den immer stärkeren und genaueren Beschuß der näher vor der Küste kreuzenden Zerstörer einem zunehmenden Risiko ausgesetzt sei. Deshalb sagte er ihm, er sollte diese Position nahe eines kleinen Munitionsbunkers verlassen und sich mit seinem Maschinengewehr auf das obere Plateau und ins Zentrum des Widerstandsnestes zurückziehen.

Heinz Bongard war gerade die schmale Holztreppe zum oberen Plateau emporgestiegen, als der Munitionsbunker einen Granatvolltreffer erhielt. Die Explosion war derart stark, daß auch die eben von Bongard verlassene MG-Stellung völlig zerrissen wurde.

Zwar nahm der Beschuß durch die GIs ständig zu, doch wurden die Amerikaner durch eines der beiden Panzerabwehrgeschütze, die Granatwerfer und Maschinengewehre auf Distanz gehalten. Sie suchten im Gestrüpp und den hohen Hecken, die

Seit Landungsboote die ersten Schwerverwundeten zurückbrachten, erfolgten auf den größeren Schiffen Notoperation, wie hier auf dem Deck eines LCI. (Der Arzt trug einen speziellen Stahlhelm mit verlängertem Nackenschutz. Rechts, stehend, eine assistierende Krankenschwester mit einer Fusionsflasche.)

Foto: US National Archiv

sich immer wieder weit durch die Normandie ziehen, Deckung. Aber bereits seit dem späten Vormittag hatten sich einige Soldaten vom WN 60 abgesetzt – bis auf einen auch alle Unteroffiziers-Dienstgrade. Der Stützpunkt-Führer, Leutnant Hermann Claus, befand sich noch in einem Lazarett in Caen, und der stellvertretende Stützpunkt-Führer, Oberfeldwebel Ludwig Pie, war seit der letzten Nacht im WN 62 verblieben. So setzten sich nach und nach immer mehr Soldaten nach hinten ab.

Um kurz nach 15:00 Uhr erreichten 15 US-Soldaten des 336. Pionier-Bataillons Omaha Beach. Anstatt jedoch, wie geplant, im Sektor Fox Red, gingen sie in Dog White an Land – vier Kilometer zu weit westlich. Unter gelegentlichem deutschen Beschuß von den Küstenplateaus herab, mußten die Männer nun den Strand entlang zurückgehen, um den Ausgang F1 zu suchen. Dabei zogen sie einen kleinen, mit ihrem wichtigen Sprengstoff vollbeladenen Autoanhänger hinter sich her...

Die inzwischen wieder ablaufende Flut hinterließ auf dem Strand ein Bild der Verwüstung. Wracks von Landungsbooten, Panzern, Lastwagen, Jeeps sowie kleine und größere Geschütze, häufig brennend oder tief im Sand versunken, und dazwischen lagen die Toten, skurril verrenkt, verdreht, zerrissen – und noch immer hämmerten deutsche Maschinengewehre auf das qualmende und stinkende Chaos am Strand.

Um 15:02 Uhr fragte der S2 der amerikanischen Einsatzleitung betreffs der Situation bei Colleville das 2. Bataillon: *Haben Sie den Ort bereits gesäubert?*

Antwort: *Die letzte Nachricht, die ich vor einer halben Stunde bekommen habe, besagte, daß sie gerade in den Außenbezirken sind. Ich werde es überprüfen und es Sie wissen lassen.*

Um 15:15 Uhr meldete das 2. Bataillon dem S2: *Hauptmann Dawson geht jetzt in den Ort. Er hatte einen kleinen Gegenangriff. Er hielt ein paar Sektoren bis zur Kirche. Wozenski versucht zu säubern. Dogtag geht durch die Stadt.*

Der S2 antwortete: *Halbkettenfahrzeuge sind jetzt hier, ich schicke sie 'rauf. Wo ist Ihr Gefechtsstand?*

So weit man sehen konnte, hatte die abgelaufene Flut am Strand ein einziges, riesiges Chaos hinterlassen.
Fotos: US National Archiv

Rückmeldung vom Bataillon: *Der Gefechtsstand ist bei 683885. Der einzige Kontakt, den wir mit dem 1. Bataillon haben, sind vorbeigehende Männer. Das 2. Bataillon, 18. RCT, kommt durch. E-Kompanie arbeitet sich rechts vorwärts, zwischen G und Rot. Wir haben Informationen von einem Zivilisten bekommen, daß zirka 150 Jerries (Deutsche) in Colleville-sur-Mer sind. Wir haben nur noch 200 Männer übrig – 115 bei G, zwei Offiziere und 40 Männer bei E und zwei Offiziere und 12 Männer bei F. Vielleicht sind hier noch 20 Männer mehr…*

Kurt Wernecke
Foto: Kollektion L. Wernecke

In Colleville wurden von dem hohen Turm der Kirche herab 16 deutsche Soldaten erschossen.

Foto: Archiv von Keusgen

Um 15:30 Uhr, nachdem bereits fast sämtliche Soldaten das WN 62 nach hinten verlassen hatten, gab auch Oberleutnant Frerking seine B-Stelle auf, denn eine Granate des Zerstörers Frankford hatte die Oberkante der Scharte seines kleinen Bunkers getroffen. Von nun an schwieg auch Hein Severlohs Maschinengewehr:

„Der Lauf meines Maschinengewehrs war inzwischen so heiß, daß sich an seiner Mündung das trockene Gras entzündete. Mehr als 12.000 Schüsse hatte ich daraus verfeuert, und der Lauf hatte längst keine Züge mehr. Aus zwei Karabinern hatte ich noch weitere 400 Schüsse abgegeben. Ich wußte, daß nun der Zeitpunkt gekommen, da alles verloren war, auch wollte ich niemanden mehr töten – es war genug…"

Westlich des Widerstandsnestes lagen längst die Amerikaner am Hang und schossen auf die letzten neun deutschen Soldaten. Auf Oberleutnant Frerkings Anordnung hin verließ nun zuerst einer der Soldaten des WN 62, dann Hein Severloh und kurz darauf der Funker Kurt Wernecke den Graben, um sich nach hinten abzusetzen. Die anderen sechs Männer wurden einen Moment später von den Amerikanern erschossen.

Auch um Colleville knallten immer häufiger Schüsse. Viele GIs waren aus westlicher und östlicher Richtung bis zum Ortsrand vorgedrungen – sogar von hinten, aus südlicher Richtung. Plötzlich hallten Schüsse aus dem alten Kirchturm. Von dort oben wurde auf alle deutschen Soldaten geschossen, die sich auf der durch die Ortschaft führenden Haupt- und Küstenstraße bewegten. Zwei der Soldaten liefen zum WN 63, das gleichermaßen den Gefechtstand der 3./726 sowie jenen des I./915 bildete. Sie meldeten dem sich zu dieser Zeit im Kompanie-Gefechtsstand aufhaltenden Chef der 3. Kompanie, Leutnant Edmond Bauch, daß es sich bei den Turm-Schützen offenbar um Amerikaner handeln würde. Der Kompaniechef schickte sofort drei seiner Soldaten mit den beiden anderen zur 190 Meter vom WN 63 entfernten Kirche, um die Schießerei dort zu beenden. Aber es dauerte nicht lange, da erschienen die drei Soldaten der 3. Kompanie wieder im Gefechtsstand und erklärten, daß sie bei der Kirche nichts ausrichten konnten, da sie bei jeder Annäherung sofort beschossen würden. Leutnant Bauch

ging nun selbst mit zur Kirche. Auch einige andere Soldaten, die von der Schießerei neugierig geworden waren, kamen an den Kirchhof. Als Leutnant Bauch an seinen Fernmelder, den Obergefreiten Bernhard Lehmkuhl, herantrat, der sich gerade vor dem offenen schmiedeeisernen Eingangstor zu dem kleinen Friedhof an der Kirche befand, fiel ein weiterer Schuß vom Turm. Das Geschoß durchschlug Bauchs Stahlhelm, und er brach tot zusammen.

Leutnant Erwin Hentschel hatte inzwischen ebenfalls von der Schießerei aus dem Kirchturm erfahren:

„Ich habe dann drei meiner Panzerjäger-Soldaten mit einem sogenannten Ofenrohr (8,8-cm-Raketenpanzerbüchse) zur Kirche geschickt und ihnen gesagt, daß sie die Amis dort oben 'rausschießen sollten…"

Die Männer mit der Raketenpanzerbüchse umliefen die Kirche hinter der sie umgebenden, mannshohen Friedhofsmauer. Von der nordwestlichen Ecke des Friedhofs wurde dann gefeuert. Der erste Schuß traf die Mitte des Turms und riß ein großes Loch in die Außenwand. Dann ein zweiter Schuß. Erwin Hentschel sagte:

„Volltreffer. Da fiel der Turm mit Glockenklang auseinander…"

Nachdem die Kirchenruine dann von einigen deutschen Soldaten gestürmt wurde, stellte sich heraus, daß es sich bei den Schützen nicht um Amerikaner gehandelt hatte, sondern um drei französische Widerstandskämpfer, die in weniger als zwei Stunden 16 deutsche Soldaten erschossen und einige verwundet hatten. Zwei der Franzosen waren durch die Explosion und von den einstürzenden Trümmern getötet worden, der dritte wurde gefangengenommen und zum WN 63 geführt.

Um 16:10 Uhr erklärte das Grenadier-Regiment 916 mit wenigen Worten den endgültigen Durchbruch der Amerikaner in St. Laurent: Einbruch bei St. Laurent hat der Feind erweitert. WN 71B und Ort St. Laurent sind feindbesetzt.

Kurt Karl Keller kämpfte noch immer auf der westlichen Anhöhe nahe St. Laurent:

„Ab 16:00 Uhr war hier kein einziges deutsches Maschinengewehr mehr zu hören. Um 16:30 Uhr rief dann jemand in das schreckliche Gemetzel, absetzen zur Küstenstraße! Feuerschutz geben! Wie gelernt, gaben wir uns gegenseitig Feuerschutz bis zurück zur nahen Nationalstraße, dabei gab es auch wieder Tote. Mit von Angst und Schmerz verzerrten Gesichtern sammelte sich der klägliche Rest unserer Einheit in einem Straßengraben. Es waren nicht mehr als vierzig Kameraden – alle völlig erschöpft."

Um 16:34 Uhr meldete das Grenadier-Regiment 916:

Zwischen WN 62 und 64 zieht der Feind K-Sperre mit Panzern weg, um sich eine größere Panzergasse zu schaffen.

Um 16:50 Uhr erreichte die 352. Division eine weitere Mitteilung ihres Artillerie-Regiments:

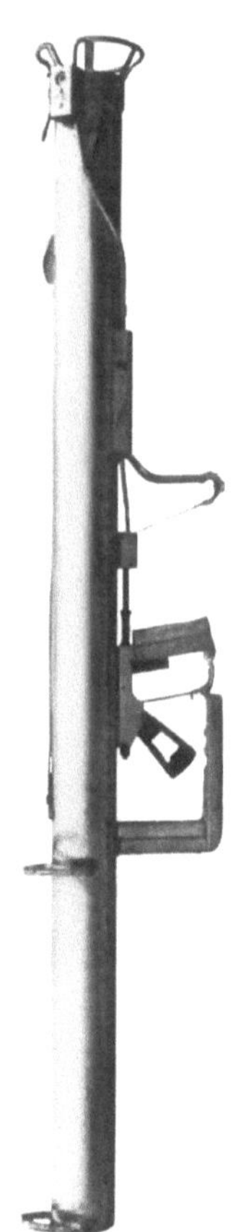

Raketenpanzerbüchse (im Landserjargon als „Ofenrohr" oder „Panzerschreck" bezeichnet)
Kaliber: 8,8 cm
Rohrlänge 163,8 cm
Gewicht (geladen): 9,5 kg
Gewicht der Rakete: 3,25 kg
Vo: 100-110 m/sek.
Höchstschußweite: 150 m
Feuerfolge:
4 bis 5 Raketen pro Minute
Rohrlebensdauer:
1.000 Abschüsse
Hersteller:
HSAG, Meuselwitz
Foto: Bundesamt für Wehrtechnik

IV. Abteilung meldete starke Anlandungen von Panzern und Lkw zwischen WN 62 und 64, die landeinwärts fahren.

Während noch immer ununterbrochen Anlandungen der Amerikaner stattfanden, war nun ihr Vormarsch in vollem Gang.

Um 16:58 Uhr meldete das Artillerie-Regiment:

Zwischen WN 67 und 73 weiterhin verstärkte Anlandungen von Panzern und Kfz.

Bulldozer hatten indessen den Panzerabwehrgraben vor dem WN 62 teilweise zugeschoben, und die ersten Panzer setzten sich in Bewegung, um den schmalen Weg durchs Tal und nach Colleville hinauf zu fahren. Als jedoch der erste Panzer an dem Widerstandsnest vorbeirollen wollte, wurde er von einer Granate der noch immer an der hinteren Flanke stehenden Pak getroffen. Die vierköpfige Pak-Mannschaft verließ daraufhin sofort ihre Stellung und setzte sich nach hinten ab. Der mitten auf den schmalen Weg stehende, zerstörte und schwarz qualmende Panzer behinderte nun den Vormarsch der Amerikaner nach Colleville hinauf erheblich.

Da nun die Straße zum Ort hinauf blockiert war, planierten US-Pioniere mit Bulldozern einen Weg vom Ausgang *E3,* vor dem WN 62, zum Ausgang *F1,* östlich des WN 61, um sie miteinander zu verbinden. So konnten die Fahrzeuge dann durch das Tal La Révolution zum Hinterland hinauffahren. *(Bis zum Anbruch der Dunkelheit rollten noch 17 Panzer den steilen Weg hinauf bis zur Küstenstraße, auf der sie sich jedoch nur einige hundert Meter weit in östliche Richtung bewegten und dann vorerst aktionslos verharrten.)*

Gegen 17:00 Uhr erkletterten einige Panzer in St. Laurent die westliche Anhöhe. Vier von ihnen nahmen an einem Angriff auf die kleine Ortschaft teil – der jedoch fehlschlug.

Um 17:00 Uhr erreichten die Männer des 336. US-Pionier-Bataillons nach vier Kilometern Fußmarsch endlich ihren Einsatzort, den Strandausgang *F1.* Von den ursprünglich 15 Soldaten, die noch immer ihren mit Sprengstoff beladenen Anhänger hinter sich herzogen, waren während ihres zweistündigen Marsches sechs Männer gefallen. Nun sprengten sie eine vier Meter breite Schneise in die Hindernisse und öffneten somit den Zugang zum schmalen, hangaufwärts führenden Weg, hinauf zum WN 60, der dann durch die kleine Siedlung Cabourg und bis in die Ortschaft Colleville führt.

Im Verlauf des Nachmittags erfolgte eine immer häufigere Einnahme der deutschen Stützpunkte durch die Amerikaner (links das WN 66).   **Fotos: US National Archiv**

Indessen gingen die Anlandungen am inzwischen wieder gänzlich von der Ebbe freigelegten Strand zügig weiter. Die *Beachmaster* hatten große, aus weiter Entfernung vom Meer her sichtbare Hinweisschilder aufgestellt, die den mit Soldaten und Kriegsgerät beladenen Booten und Schiffen die jeweiligen Stellen zur Anlandung weisen sollten. Kleine, als Seabees bezeichnete Boote mit besonders kräftigen Motoren *(Seabees = Seebienen, gleichermaßen Boote wie deren Personal)* fuhren nun in Massen vor dem Strand hin und her, zogen sogenannte Rhino-Fähren zum Strand *(Flöße für den Schwerlast-Transport – abgeleitet von Rhinozeros).*

Um 17:10 Uhr meldete das II. Bataillon des Grenadier-Regiments 915 an die Division: *Bataillon ist im Rücken vom Feind umgangen; am Château de Colleville ist er nach Süden durchgestoßen. Verwundete können nicht mehr zurückgeschafft werden.*

Um 17:25 Uhr informierte das Artillerie-Regiment 352 die Division über die neue Situation des II. Bataillons: *II./915 ist vom Feind eingeschlossen.*

Um 17:30 Uhr erschien ein Melder beim Rest des Füsilier-Bataillons, das noch erschöpft im Graben an der Küstenstraße bei St. Laurent lag. Der Melder überbrachte einen schriftlichen Befehl: *Füsilier-Bataillon ausweichen nach St. Gabriel. Sturmgeschütze sichern und vorgedrungenen Feind zurückschlagen – Engländer oder Kanadier…*

(St. Gabriel lag im Landeabschnitt „Gold" sieben Kilometer hinter der Küste und 28 Kilometer östlich St. Laurent.)

„Aber unsere Truppenbewegung", so berichtete Kurt Karl Keller, „war dann kein Ausweichen oder In-Marsch-setzen mehr. Teils zu Fuß, teils mit dem Fahrrad, auf dem oft sogar zwei Soldaten saßen, waren wir gar nicht mehr so weit gekommen; vorbeifahrende Lastwagen haben uns dann mitgenommen. Es war nur noch ein einziges Fliehen, nur weg von der Küste…"

Um 17:42 Uhr erfolgte eine Meldung des Seekommandanten Seine-Somme an den Admiral Kanalküste: *Seit 10 Minuten beschießen feindliche Streitkräfte die Höhen von Vierville mit Flugbeobachtung.*

… Und die Sturmspitzen der Amerikaner drangen nun unaufhaltsam ins küstennahe Hinterland vor.

Um 17:45 Uhr meldete das Grenadier-Regiment 726 an die 352. Division: *Feind ist von Ste. Honorine (vom Strandausgang F3) nach Süden auf Russy (2,2 Kilometer) vorgestoßen.*

Bis kurz vor 19:00 Uhr hatte es gedauert, daß der Strandausgang D1 vor Vierville endgültig von den schweren Betonbrocken der Panzerabwehrmauer und den Minen geräumt worden war. Nun begannen die Amerikaner auch von dort aus Fahrzeuge und größere Truppenkontingente zur Ortschaft hinaufzubringen. Gleichzeitig errichteten sie unterhalb des WN 71, direkt am Fuße des schrägen Küstenhangs, ein großräumiges Sanitätszelt. Unmittelbar nach der Fertigstellung dieses Zeltes wurde dann mit der Behandlung Verwundeter begonnen.

Inzwischen traf auf dem Marktplatz in Vierville ein US-Oberst den Bürgermeister des Ortes, Monsieur Fernand Leterrier. Während sie miteinander sprachen, wurde der Oberst plötzlich durch einen Schuß direkt durch den Helm in den Kopf getötet. Die GIs, die den Oberst begleitet hatten, liefen auseinander und warfen sich, in mehrere Richtungen sichernd, auf den Boden. Der Bürgermeister jedoch blieb unbeeindruckt und furchtlos aufrecht stehen. Er hatte schon im Ersten Weltkrieg gegen deutsche Soldaten gekämpft und sagte gelassen:

„Das hier, das ist nicht mein Krieg…"

Bis 19:00 Uhr hatte der genau 12 Stunden zuvor schwer verwundete Stephen Kellman im Sektor *Fox Green* darauf gewartet, daß man ihm helfen würde. Da kam endlich ein Sanitäter,

Ab 19:00 Uhr war der so hart umkämpfte Strandausgang D1 endlich vollständig geöffnet, und erste amerikanische Soldaten konnten nun durch die gesprengte Bresche in der Panzermauer auf der Straße im Tal nach Vierville vordringen – ohne deutschen Widerstand (Bild oben). Bulldozer hatten drei Rampen vom Strand zum Vorstrand hinauf geschaffen, dann erfolgten vor dem zerstörten WN 72 umfangreiche Anlandungen von Soldaten, Fahrzeugen und Material (Bild unten – Vergleiche siehe Seiten 32 und 51).

Fotos: US National Archiv

der ihn auf seinem Rücken zu einem LCVP trug, das mit vielen anderen Boote gekommen war, um Verwundete abzutransportieren. Zwar hatten diese Bergungsarbeiten schon den ganzen Tag über stattgefunden, doch bei der Masse der Verwundeten mußten viele von ihnen lange warten. Stephen Kellman war noch lange nicht der Letzte, der an diesem Tag geborgen wurde.

Als der Sanitäter Kellman mit seinen schmerzenden Wunden über den breiten Strand schleppte *(bis zu dieser Zeit hatte Ebbe geherrscht; die Flut setzte gerade wieder ein)*, schlugen noch immer Granaten der rückwärtigen deutschen Batterien um sie herum ein. Stephen Kellman berichtete darüber:

„Ich hörte mehrere Granaten heranfliegen; eine schlug in unserer Nähe ein, und der Sanitäter warf sich mit mir hin. Ich dachte, der arme Kerl, der versucht, mir zu helfen, ist getroffen worden. Aber er hatte sich nur flach auf den Boden geworfen. Er trug mich dann zum Wasser, und sie legten mich auf eine Trage. Das LCVP brachte mich hinaus zu einem LST, das mit Panzern beladen war und einen Operationsraum an Bord hatte. Wir kamen längsseits des Schiffes, und sie ließen vier Taue hinab, um daran die Tragegriffe zu befestigen. Dann zogen die Seeleute mich hoch."

Bild links: Verwundete US-Soldaten warteten in vielen Fällen stundenlang unter den Kliffs auf ihre Evakuierung auf die Schiffe...

Bild rechts: Doch auch auf den Schiffen waren die Verwundeten noch nicht in Sicherheit, denn noch immer wurde die Küste aus dem Hinterland von der deutschen Artillerie beschossen, und noch immer gab es im Wasser verborgene Minen. (Dieses LCIL hatte Verwundete und einige inzwischen verstorbene Schwerverwundete an Bord und war infolge einer Explosion am Sinken. Das Foto wurde vom Aufbau eines anderen LCIL aufgenommen, das die Überlebenden übernahm.) **Fotos: US National Archiv**

Um 19:35 Uhr meldete das 16. Regiment der 1. US-Division: *Kreuzer und Schiffe feuern schwere Gegenartillerie gegen die Kanonen, die auf den Strand schießen.*

Um 19:40 Uhr wurde gemeldet: *Feindliche Artilleriesalven schlagen am Strand ein, wo die Truppen landen. Leichte Verluste.*

Infolge des Vorstoßes der US-Truppen entstand um 20:45 Uhr beim 16. Regiment ein akuter Mangel an Munition. Der S4 funkte an Danger 6 *(Deckname)*: *Haben Sie Munitionsnachschub?*

Antwort: *Wir haben bis jetzt noch nichts.*

Haben sie bis jetzt irgendwelche Transportmittel?

Antwort: *Nein. Wir bekommen DUKWs, und sobald sie 'reinkommen, werden wir ein DUKW mit Munition zu Ihnen schicken. Es wird bei E1 'reinkommen.*

Die Amerikaner brachten immer mehr Ordnung und System in ihre Situation. Um 21:15 Uhr fragte Oberst Pickett den Divisions-Fernmelder: *Wie ist Ihr Materialstatus?*

Antwort: *Wir haben nur sehr wenig FM(Fernmelde)-Material. Alle Männer, die Material trugen, wurden getroffen, und wir mußten vom Strand retten, was wir konnten.*

Oberst Pickett: *Okay. Ich werde versuchen, eine andere FM-Mannschaft zu besorgen und soviel Material, wie ich kann.*

Auch die Versorgung der vielen verwundeten Soldaten wurde forciert – obwohl der Strand noch immer unter deutschem Artilleriefeuer lag. Um 21:24 Uhr erfolgte eine diesbezügliche Anfrage beim S1 des 16. US-Regiments: *Irgendwelche Fortschritte bei der Evakuierung Verwundeter?*

Antwort: *Wenn überhaupt möglich, schicken wir sie diese Nacht 'raus zu den Schiffen. Schikken Sie sie so schnell wie möglich zu uns, und wir kümmern uns darum, sie hinaus zu bekommen.*

Die Evakuierung Verwundeter wurde jedoch längst betrieben, seit dem Beginn der Landung, soweit dieses unter den extremen Bedingungen möglich war. Auch der erschöpfte Robert Sales

Die Unteroffiziere (von links)
Alpen und Peesel – Männer
der 1. Batterie des Artillerie-
Regiments 352. Sie warteten
am 6. Juni vergeblich auf die
Rückkehr ihres Batteriechefs,
Oberleutnant Bernhard Frer-
king, vom WN 62.
Foto: Kollektion H. Severloh

und einige seiner Kameraden gehörten zu jenen, die erst gegen Abend vom Strand zu einem der weit zurückliegenden Schiffe zurückgebracht wurden:

„Viele konnten die Strickleitern nicht mehr hochklettern und wurden über das Fallreep heraufgezogen. Aber Mac und ich konnten noch selbst die Treppe hinaufsteigen. Dann brachte mich jemand in ein Bett, noch lange bevor ein Arzt kam. Irgendwann kam er und gab uns irgendwelche Tabletten. Bis dahin war mir kalt gewesen. Ich glaube, es waren Schlaftabletten, denn dann wurde mir wieder warm, und ich schlief ein..."

(Bob Sales wurde mit seinen Kameraden nach Großbritannien gebracht, und als er genesen war, zum Unteroffizier befördert und wieder an die Front in die Normandie geschickt. Er nahm an den schweren Kämpfen um St. Lô teil, kam nach Paris und als Panzer-Soldat nach Deutschland. Dort wurde er verwundet und erblindete.)

Um 21:45 Uhr erging bei der am unteren Taleingang stehenden US-Truppe eine Anfrage betreffs der Situation vor Colleville: *Wie ist die Situation vor Euch?*

Antwort: *Sehr vage. Da ist ein Bunker am Rande von Colleville, der uns Ärger bereitet (WN 63, bei dem sich inzwischen viele deutsche Soldaten versammelt hatten).*

Frage: *Ist der Feind nahe am Rand von Colleville?*

Antwort: *Das 18. (RCT) ist auf der Kuppe des Hügels südlich von Colleville, aber unsere rechte Flanke wird noch vom Feind aufgehalten.*

Um 22:05 Uhr eine weitere Anfrage: *Brauchen Sie noch mehr Unterstützung für Ihre beiden Einheiten bei Colleville? Der General (Hübner) sagt, daß diese Stelle diese Nacht gesäubert sein muß. Das 18. hat zwei Bataillone für Euch.*

Antwort: *Nein, keine weitere Unterstützung für sie.*

Um 22:30 Uhr wurde bei einsetzender Dämmerung die Ortschaft St. Laurent, in die inzwischen wieder etliche deutsche Soldaten vorgedrungen waren, von der Schiffsartillerie für einige Minuten unter Feuer genommen – auch Colleville. Leutnant Erwin Hentschel sagte dazu:

„Die Amerikaner haben von Schlachtschiffen aus auf das Dorf geschossen. Da ging eine schwere Salve ´rein, da flogen die Haustrümmer durch die Gegend – damit die Sache endlich ein Ende haben sollte. Aber da wohnten die Franzosen…"

Als sich am 6. Juni der Tag zum Abend neigte, hinterließ die wieder abgelaufene Flut am Kiessaum des Strandes ein riesiges Chaos aus Wracks, Trümmern, Verwundeten, Sterbenden und Toten – und eine in dieser Art einmalige Tragödie, die gleichermaßen die Amerikaner, Deutschen und Franzosen betraf. Von diesem Tag an hatte der Plage-d´Or einen neuen, grausamen Namen: „Bloody Omaha" – und ging damit in die Weltgeschichte ein.

Fotos: US National Archiv

Bei Anbruch der Dämmerung hatten Soldaten der 29. Division nördlich, südlich und östlich Teile von St. Laurent eingenommen, Vierville war gänzlich durchdrungen worden, das Widerstandsnest 73 nahe des Ortes am frühen Abend endgültig von den Rangern eingenommen. Dabei wurden 69 deutsche Soldaten getötet; auch der Ranger-Leutnant William Moody verlor dabei sein Leben. Soldaten der 1. Division standen am südlichen und westlichen Ortsrand von Colleville, eine Spitze war bis zum 3,5 Kilometer im Hinterland liegenden, kleinen Ort Surrain vorgedrungen, nahe Houtteville und den 10,5-cm-Haubitzen der 1. Batterie des Artillerie-Regiments 352. Unteroffizier Peesel beobachtete einen GI, der in einer Entfernung von etwa 350 Metern auf dem großen Legrand-Anwesen in Houtteville einen hohen Baum erkletterte; offenbar um Ausschau zu halten. Peesel ließ eine der vier Haubitzen mit der allerletzten, noch verfügbaren Granate laden und schoß persönlich auf den US-Soldaten – der von dem Volltreffer zerfetzt wurde. Danach entfernten die Artilleristen die Rundblickfernrohre von den Geschützen ihrer Batterie und machten sie somit gebrauchsunfähig. Dann setzten sie sich nach hinten ab.

Nachdem die Kampfhandlungen in der Plage-d'Or-Bucht beendet waren, lagen Tausende Körper gefallener und verwundeter GIs auf dem sechs Kilometer langen Strand. Hein Severloh schätzte:

„Da lagen nachmittags an die zehntausend Mann da unten…"

Als um 23:00 Uhr die Dunkelheit über die normannische Küste hereinbrach, stellten die Amerikaner ihre Anlandungen ein. In der *Omaha-Beach*-Region wurde noch immer vereinzelt geschossen. Nur noch einige Panzer und mit Versorgungsgütern beladene Lkw rollten vom Strand zur Küstenstraße hinauf. Die Bilanz dieses Tages war für keine Seite befriedigend – ganz im Gegenteil. Die Amerikaner sowie die Deutschen hatten erhebliche Verluste; die Amerikaner viel mehr, als zuvor erwartet. Von den geplanten 2.400 Tonnen Versorgungsmaterial, das am *D-Day* am *Omaha Beach* an Land gebracht werden sollte, erreichten nur 100 Tonnen den Strand, und davon wurde ein großer Teil von der deutschen Artillerie zerstört. Außerdem hatten sie 79 Panzer und Tank-Dozer verloren – 28 von ihnen lagen auf dem Grund des Meeres. Dutzende Landungsboote waren zerstört worden, und die Verluste an DUKWs, Lastwagen, Geschützen, Jeeps und Ausrüstungen überstieg bei Weitem die Erwartungen der Planer. Dennoch, es war ihnen trotz der widrigen Meeresströmung, trotz der durch das unerwartet heftige Abwehrfeuer entstandenen Konfusion und trotz der enorm hohen Verluste gelungen, in ihrem Landeabschnitt Fuß zu fassen und einen sogenannten Brückenkopf zu bilden. Er hatte eine unregelmäßige Tiefe bis zu nur 1.500 Metern, war lückenhaft und wenig stabil – aber es war ein Brückenkopf, und er bildete eine wichtige Basis, um am nächsten Tag weiter vorzustoßen…

Auch auf deutscher Seite waren an diesem Tag viele Fehldispositionen getroffen worden. General Kraiß, der Kommandeur der 352. Division, war es infolge eines großen Teils widersprüchlicher Meldungen den ganzen Tag über nicht möglich gewesen, einen klaren Überblick betreffs des amerikanischen Angriffs auf *Omaha* zu bekommen. Auf der linken Flanke des Verteidigungsraums, im US-Landeabschnitt *Omaha* und dessen Sektoren *Baker* und *Charlie*, kämpften ab 18:00 Uhr die 1./914 und die 9./726 an der Pointe du Hoc gegen die dort gelandeten Ranger. Vom

Gegen 19:00 Uhr verließ General Charles Gerhardt, der Kommandeur der 29. US-Division, sein Schiff und bezog sein in Vierville errichtetes Hauptquartier.

Foto: US National Archiv

rechten Flügel, im britischen Landeabschnitt *Gold*, hatte um 21:00 Uhr das Grenadier-Regiment 726 die Division über die Lage orientiert:

I./915 meldete durch Funk, daß es um Bazenville (16 Kilometer östlich „Omaha Beach") eingeschlossen ist und einen englischen Brigadegeneral gefangengenommen hat.

Ludwig Kwiatkowski lag mit den anderen 15 deutschen Soldaten noch immer in dem Graben am Ortsrand von Colleville:

„Als es dunkel wurde, sind wir auf den Friedhof geschlichen. Ich hab' zuerst hinter einem Grabstein gelegen. Aber da war noch einer auf dem Friedhof, der hat furchtbar geschrien... Dann haben wir uns hinter dem Friedhof in einem Graben mit Gebüsch und unter kleinen Bäumen versteckt. Da trafen wir noch mehr Soldaten und waren schon fast dreißig Mann... Wir waren alle so müde, daß die meisten gleich einschliefen..."

Indessen waren die deutschen Meldungen betreffs der Kampfhandlungen immer spärlicher geworden...

Um 23:07 Uhr erhielt das Grenadier-Regiment 726 von der Division die Information, daß ihm Teile des Bau-Pionier-Bataillons 94 unterstellt wurden – 360 Männer.

Um 23:20 Uhr resümierte der Kommandeur der 352. Infanterie-Division, Generalleutnant Dietrich Kraiß:

Die Division wird morgen mit den zur Verfügung stehenden Kräften gegen den überlegenen Feind den gleichen harten Widerstand leisten können wie heute. Übermorgen müssen infolge der hohen blutigen Ausfälle neue Kräfte hinzugeführt werden. Die Verluste in den Widerstandsnestern sind an Menschen und Waffen total. Durch stärkste Bombardierung und zusammengefaßtes Feuer der Schiffsartillerie wurden die meisten feldmäßig eingebauten Waffen verschüttet und mußten erst wieder ausgegraben werden. Die Besatzungen in den Widerstandsnestern haben sich heldenhaft geschlagen. WN 74 bis 91 sind trotz eigener Ausfälle noch voll abwehrbereit. Zur Zeit greift das Pionier-Bataillon 352 mit 7./916 von Formigny auf WN 68 bis 70 an. 6./916 hat WN 65A wieder genommen, wurde dann aber mit schwerer Schiffsartillerie zugedeckt. II./915 hatte in sehr schneidigem Angriff die WN nördlich Colleville genommen, ist jetzt aber bei Colleville eingeschlossen und schreit nach Munition. WN 37 und 38 haben sich tapfer geschlagen und insgesamt 6 Panzer abgeschossen. Im linken Abschnitt ist der Gegenangriff des I./914 gegen den Stützpunkt Pointe du Hoc noch im Gange. Feldersatz-Bataillon und Marsch-Bataillon sind verzogen, um Formigny und St. Laurent gegen nach Süden vorstoßenden Feind zu verteidigen. Von der vom Feind eingeschlossenen III. Abteilung des Artillerie-Regiments 352 südwestlich Ryes (Gold) ist nichts bekannt. Bei der Artillerie sind fast alle Funkgeräte der Vorgeschobenen Beobachter ausgefallen.

Der Chef des LXXXIV. Armee-Korps orientierte daraufhin Generalleutnant Kraiß:

Was ich der Division an Reserven zuführen konnte, ist bereits zugeführt. Jeder Schritt Boden ist so teuer wie möglich zu verteidigen, bis weitere Reserven herangeführt sind.

Über die Feindlage sagte Oberst Ernst Goth:

„Am Abend des 6. Juni war der Feind am Westflügel in den Ort Vierville eingedrungen, bei St. Laurent und Colleville war er bis an die Ortsränder gekommen, und am Ostflügel etwa 600 Meter vorgedrungen."

Gegen Mitternacht tauchten plötzlich 22 zweimotorige deutsche Flugzeuge über der *Omaha*-Bucht auf und begannen die Landeflotte zu bombardieren. Den Flugzeugen schlug sofort heftiges Abwehrfeuer entgegen, so verfehlten die Bomben ihre Ziele – und drei der Flugzeuge wurden abgeschossen.

Zu dieser Zeit wurde das Widerstandsnest 63 am nördlichen Ortsrand von Colleville aufgegeben. Major Dr. Ernst-August Lohmann verließ den Gefechtsstand des Grenadier-Regiments 915 als letzter Offizier mit 21 deutschen Soldaten und vier gefangenen GIs. Einer dieser letzten deutschen Soldaten, die WN 63 verließen, war Hein Severloh:

„Nun wurden im Schutz der Dunkelheit, aus der immer noch Schüsse hallten, in der aber endlich keine Jabos mehr flogen, einige Schwerverwundete auf einen Pferdewagen geladen. Sie hatten vorher im WN 63 gelegen. Dann setzte sich der Wagen und unser kleiner Trupp in Bewegung. Dr. Lohmann kam zu mir und fragte mich, welchen Weg wir einschlagen müßten, um zu unserer 1. Batterie bei Houtteville zu gelangen. Ich erklärte ihm den Weg in groben Zügen. Vorsichtshalber vermieden wir es, mitten auf der Straße zu gehen, sondern hielten uns nahe an den Häusern. Doch kaum fünfzig Meter weiter krachten aus nächster Nähe Schüsse durch die Nacht. Ich sah in den dunklen Fensteröffnungen der Schule mehrere Mündungsfeuer aufblitzen. Uns war sofort klar, daß es sich um Amerikaner handeln mußte, und daß sie sehr nahe gekommen waren, hatten wir ja längst bemerkt – sie hatten uns bereits umlaufen..."

Aber ebenso plötzlich wie die Schießerei begonnen hatte, so schnell war sie wieder vorbei. Der kleine Trupp verließ Colleville in östliche Richtung *(und wurde im Morgengrauen des 7. Juni gegen 4:30 Uhr kurz vor Houtteville gefangengenommen).*

Über seinen Einsatz am 6. Juni sagte der 18-jährige britische Seemann und MG-Schütze Alan Reid:

„Ich hatte den ganzen Tag über unser Boot nicht verlassen. Es fuhr ständig vor der Küste auf und ab, weil wir nach deutschen U-Booten Ausschau halten sollten. Immer die Route Omaha Beach, Utah Beach, und bis hinauf nach Cherbourg und retour. Wir haben immer gehorcht... Ich hatte alle Gefühle, von Erstaunen bis Angst. Aber das Schlimmste, das ich an diesem Tag erlebte, waren die vielen toten GIs, die im Wasser umhertrieben."

Der hart umkämpfte Strandausgang D1 mit der zerstörten Panzermauer zwischen den Widerstandsnestern 71 und 72 am Taleingang vor Vierville. Nach seiner Einnahme brachten die Amerikaner ein weithin sichtbares Schild an: D-1-Ausgang. **Foto: US National Archiv**

Die einzigen offiziellen Zahlen, die (mir als Autor) vorliegen, beziffern die am 6. Juni 1944 am „Omaha Beach" gefallenen Amerikaner mit 935 des 16. RCT der 1. Division – folglich ohne des 15. RCT und nachfolgender Truppenkontingente sowie Sondereinheiten – und 3.881 der 29. Division, total 4.816 Verluste. Betreffs der ebenfalls sehr hohen Verluste unter den deutschen Truppen gibt es überhaupt keine Angaben.

Harry Parley, Soldat der E/116., war mit der ersten Angriffswelle am Morgen des 6. Juni 1944 im Sektor *Fox Green* gelandet. Über die amerikanischen Soldaten am *Omaha Beach* sagte er:

„Manche waren sehr tapfere Männer, manche waren in Kürze tote Männer, aber alle, die überlebten, waren von da an Männer, die wußten, was Angst ist…"

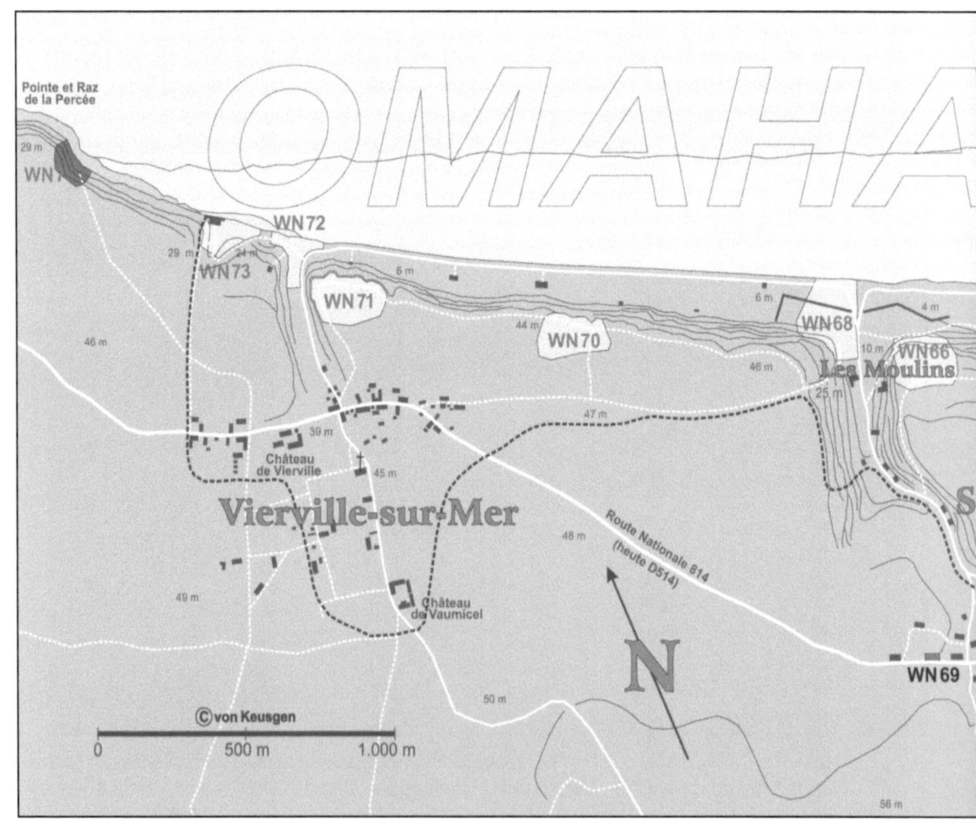

Der von den Amerikanern bis zum Abend des 6. Juni gebildete Brük-
kenkopf hinter dem „Omaha Beach" war das kleinste der fünf von den
Alliierten an diesem Tag an der Küste der Normandie eroberten Ge-
biete.

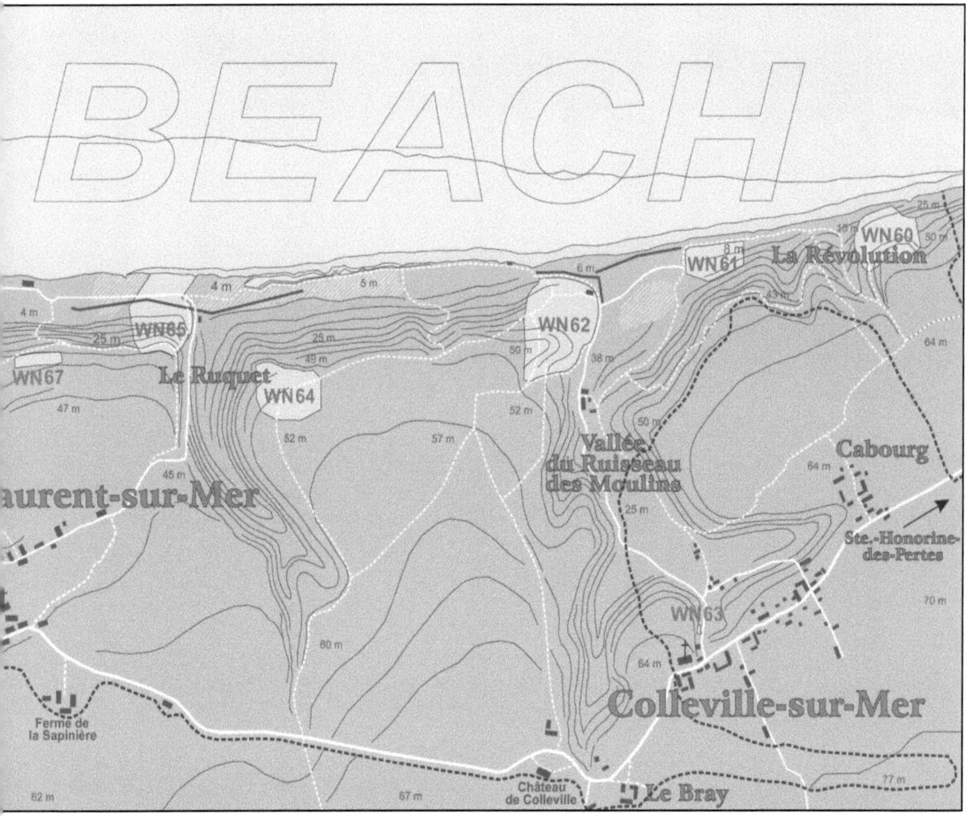

Der US-Soldatenfriedhof bei Colleville
Auf dem Küstenplateau, 56 Meter über dem Omaha Beach, erinnern 9.386 wei-ße Marmorkreuze an die Leiden der GIs

Foto: von Keusgen 2006

Teil 4
Danach

Kampf oder Gefangenschaft

Bild oben: Im Verlauf des Vormittags des 7. Juni wurde auch das von den Zerstörern zusammengeschossene WN 74 eingenommen.

Bild rechts: Ein GI berichtete, die jungen deutschen Soldaten hätten behauptet, sie seien schon 18 Jahre alt, aber in Wahrheit waren sie gerade erst 16.

Von den Kämpfen gezeichnete deutsche Gefangene.
Fotos: US National Archiv

Mit dem Ende des 6. Juni waren aber die Kampfhandlungen am *Omaha Beach* noch nicht beendet; für die US-Soldaten, die durch die *Hölle von Omaha* gegangen waren, begann jetzt erst der Feldzug gegen Deutschland, und die Abwehrschlacht um die Normandie sollte für die deutschen Soldaten noch 78 Tage dauern – doch einigen blieben diese schweren Kämpfe durch ihre Gefangennahme erspart...

Als Ludwig Kwiatkowski, der mit 29 anderen Soldaten die Nacht in dem Graben am nördlichen Ortsrand von Colleville verbracht hatte, im Morgengrauen des 7. Juni um 5:30 Uhr die Augen öffnete, „standen direkt vor uns zwei Panzer und eine Menge Infanteristen... Dann hielt ein Feldwebel, der ebenfalls die Nacht in unserem Graben verbracht hatte, irgendeinen Fetzen weißen Stoffs hoch. Da rief aus einem Lautsprecher von einem der Panzer eine Stimme in deutscher Sprache, *legen Sie die Waffen ab und ergeben Sie sich!* Wir dann die Hände hoch und 'raus...

Als die Amerikaner uns dann gefangen nahmen, waren sie ganz fair mit uns umgegangen. Sie haben uns abgetastet, aber man hat uns noch nichts von unseren Privatsachen abgenommen..."

Die deutschen Soldaten wurden in Colleville auf eine mit Draht eingezäunte Wiese nahe der Straßenkreuzung und des WN 63 geführt. Ludwig Kwiatkowski berichtete weiter:

„Plötzlich wurden zehn Mann von uns herausgeholt. Ich hatte große Sorge, daß sie uns umlegen wollten, aber man führte uns auf unseren Stützpunkt 62 – da sollten wir unsere Toten abräumen.

Als wir dann am WN 62 ankamen, habe ich mich gewundert, denn tags zuvor, als wir den Stützpunkt verlassen hatten, war den ganzen Hügel 'rauf ein Krater am anderen – und nun war wieder alles völlig platt... *(Noch am Abend des 6. Juni war das am schrägen Küstenhang gelegene Terrain von einem Tank- und einem Bulldozer planiert worden.)* Von dort oben aus konnte ich den ganzen Strand übersehen. Da lagen Tausende toter Amerikaner. Die Flut hatte sie alle angeschwemmt.

Aus unserem Mannschaftsbunker, in dem Unteroffizier Schulte mit neun anderen Männern geblieben war, haben wir die Toten 'rausgeholt... Sie waren von Flammenwerfern bis zur Unkenntlichkeit verbrannt und nur noch einen Meter groß, völlig zusammengeschrumpft, total schwarz. Wir trugen immer zwei Mann auf einer Trage, sie waren ja nicht mehr so schwer. Nachdem wir dann die Toten vom Stützpunkt geräumt hatten, mußten wir wieder zurück ins Gefangenenlager bei Colleville."

Um der Gefahr von Seuchen entgegenzuwirken, hatten die Amerikaner bereits am frühen Morgen damit begonnen, die Gefallenen zu beerdigen. Als vorerst provisorische Bestattungsplätze eigneten sich die tiefen Panzergräben.

Auch der Kartenzeichner Hans Lücking war in amerikanische Gefangenschaft geraten. Vor den Löchern, in denen er und einige Kameraden hockten, standen morgens ebenfalls die Panzer. Lücking erzählte:

„Die Behandlung, die uns Deutschen durch die Amerikaner zuteil wurde, war gut. Auch am Morgen der Gefangennahme. Wir konnten zuerst sogar unsere Waffen behalten – sogar die Waffen... Sie nahmen uns *(vorerst)* überhaupt nichts. Sie boten uns gleich Zigaretten an. Die

Aus einer US-Zeitschrift von Hans Lücking ausgeschnittenes Foto von deutschen Gefangenen am „Omaha Beach" vom 7. Juni 1944. Er hatte darauf seine Person und die der ihm bekannten Kameraden eingezeichnet. Der Text über dem Artikel lautet:

Für diese Vertreter der Superrasse ist der Krieg vorüber, und Dank der Genfer Konvention können sie besseren Lebensverhältnissen entgegensehen, als sie sie seit Jahren kennen; mit absoluter Sicherheit und „befreit von Furcht". Der Militär-Polizist braucht sicher keinen Gebrauch von dem Bajonett machen, aber es zu zeigen, schadet nicht.

Abbildung: Kollektion I. Lücking

Deutsche Kriegsgefangene wurden an Bord der Schiffe gebracht und kamen zuerst nach Großbritannien in die dortigen Sammellager. Von dort aus wurde ein großer Teil nach Kanada und in die USA weitergeleitet.

Foto: US National Archiv

Seit dem späten Nachmittag des 6. Juni drangen die US-Panzer langsam ins Hinterland vor...
Foto: US National Archiv

Die Kirche von Vierville vor dem 6. Juni 1944.
Foto: Kollektion J.-P. Hausermann

Fronttruppe war ganz phantastisch, auch später, auf den Schiffen. Wir haben nichts Nachteiliges erlebt. Ich hatte allerhand Geheimmaterial in meiner Tasche, und auf dem Weg zur Küste konnte ich noch alles zerreißen."

Jedoch waren die Reaktionen der amerikanischen Soldaten bei der ersten Begegnung mit den deutschen völlig unterschiedlich. Der US-Soldat Harold Baumgarten sagte dazu:

„Wir haben keine Gefangenen gemacht. Wenn sich jemand ergeben wollte, haben wir ihn umgelegt. Wir waren wirklich voller Haß, wegen der Ereignisse am Strand..."

Am Morgen des 7. Juni lag Leutnant Erwin Hentschel mit seinen Männern am Südrand von Colleville:

„Ich habe morgens, als es hell wurde, geglaubt, daß nun auf einer Seite von Colleville die Amis saßen. Verbindung zum Bataillon aufzunehmen, war nicht mehr möglich, weil keiner mehr da war. Ich hab' zusammengesammelt, was ich an Soldaten noch fand. Dann hab' ich beschlossen, nach hinten durchzubrechen. Ich wußte bis dahin gar nicht, daß wir inzwischen völlig eingekreist waren. Ich habe mich mit Leutnant Helmut Leuschner abgesprochen, wie wir das machen wollten. Doch bevor wir antreten konnten, schoß die Artillerie bei uns 'rein – unsere eigene. Dabei ist Leuschner gefallen, und ich hab' rechts eine Fersenbeinverwundung erhalten, und ein Haufen Landser war getötet und einer verwundet worden. Ich dachte, jetzt ist alles egal, wir versuchen nur noch 'rauszukommen. Dann haben mir zwei Männer unter die Arme gegriffen und sind mit mir los. Dann durch die nächste Hecke, hab' wieder beobachtet. So langsam begriff ich, daß unsere Situation ganz schön schlimm war.

Plötzlich hatten wir die amerikanische Infanterie vor uns, die eine Rückwärtssicherung aufgebaut hatte – gegen Colleville; weil sie wohl Angst hatten, daß wir von da aus angreifen würden, weil da von ihnen noch nichts eingenommen war, und die Masse saß ja nun mit Front nach Osten da. In dem Moment passierte dann etwas: Wir lagen nun davor, und ich habe überlegt, schalte ich die Amerikaner nun aus? Aber was mache ich dann? Ich sah mir durch die Hecke alles an. Die Amis hatten diese Halbketten-Schützenpanzer. Jeder Chef einer Angriffskompanie hatte so ein Ding als Funk-*(Befehls-)*Wagen. Dann habe ich so einen Wagen da vorn gesehen. Darauf schießen konnten wir nicht, weil dort die anderen saßen, unsere rückwärtige Sicherung. Da sagte plötzlich ein Soldat zu mir, *drehen Sie sich mal um, Herr Leutnant.* Da rollten die US-Panzer heran. Ich sagte zu meinen Leuten, *jetzt machen wir Feierabend. Gewehre entladen, aus, Ende, Finger hoch.* Es hatte keinen Zweck mehr. Das war nun der Moment, wo man einsehen mußte, daß hier die Tapferkeit nichts mehr nützt.

Die Amis haben dann zugelassen, daß vier von meinen Männern mich auf einer Trage transportierten. Wir waren sowieso nur noch acht Mann, alle anderen waren verwundet oder tot. Die Amis hatten zwei Ärzte pro Bataillon, von denen kam sofort einer an, hat sich meine Verwundung angesehen, hat den Verband erneuert und Tetanus gespritzt. Dann haben sie mich ein Stück weitergetragen, auf einen Jeep geladen und zu ihrem Hauptverbandplatz gefahren. Sie waren sehr freundlich zu mir, obwohl sie von uns unheimlich was auf den Hut gekriegt hatten."

Im Glockenturm der Kirche von Vierville saßen auch am Morgen des 7. Juni noch zwei deutsche Soldaten als Vorgeschobene Beobachter der III. Abteilung. Sie bestand aus vier Batterien mit 8,8-cm-Flak und war 7,5 Kilometer im Hinterland, bei Trévières, stationiert. Seit dem Einsetzen der Anlandungen der amerikanischen Streitkräfte am Morgen des 6. Juni hatten sie ihr Feuer auf den *Omaha Beach* gelenkt; ebenso wie die weiter westlich Trévières stehende 8,8-cm-Flak-Batterie der II./716. Als einige Boote und DUKWs der Amerikaner gegen Mittag am Strand vor Vierville landeten, beladen mit Artillerie-Munition, gaben die Beobachter im Kirchturm die Koordinaten durch, und die 8,8-cm-Kanonen trafen die Munitionsboote am Strand. Bald darauf hatten die Amerikaner den Stand der deutschen Beobachter im Kirchturm ausfindig gemacht und wollten ihn mit ihrer Schiffsartillerie eliminieren.

Um 13:50 Uhr erhielt der Zerstörer *USS Harding* vom Signalmaat des LCI 538, das vor dem Sektor *Dog Green* lag, eine wichtige Anfrage: *Kirchturm enthält feindlichen Artillerie-Beobachter. Können sie ihn zerstören?*

Von der *Harding* kam die Frage: *Welchen Kirchturm meinen Sie?*

Die Antwort vom LCI 538 lautete: *Vierville!*

Bild oben: Auch der nahe vor der Küste kreuzende Zerstörer „USS Harding" nahm noch am 7. Juni deutsche Stellungen unter Salvenfeuer.

Foto: US National Archiv

Bild unten: Ein Opfer der Verwechslung der Marine-Artilleristen: Der Turm auf dem Anwesen des Château de Vierville. (In ihm hatte sich 1792 ein britischer Agent versteckt gehalten, der gekommen war, um König Ludwig XVI. und Marie-Antoinette vor dem Schafott zu retten – vergeblich.)

Foto: Kollektion J.-P. Hausermann

Weitere Rückfrage der *Harding: Nicht den von Colleville?*

Bestätigung vom LCI-Signalmaat: *Nein, Vierville!*

Um 14:13 Uhr begann die *Harding* aus einer Entfernung von 2,9 Kilometern zu feuern. Doch die ersten Granaten trafen irrtümlich die Schule, das Rathaus und einen aus dem 17. Jahrhundert stammenden Turm, nur wenige Meter vom Hauptgebäude des Château de Vierville entfernt. Auch das Schloß selbst erhielt zwei Treffer im Westflügel. Nachdem einige auf dem Anwesen befindliche Amerikaner über Funk den Irrtum meldeten, korrigierten die Marine-Artilleristen ihr Ziel, und der Kirchturm wurde unter Feuer genommen. Die insgesamt 40 Granaten trafen dann aber nicht nur den Turm auf dem Schloß-Anwesen und jenen der Kirche, sondern auch ein Haus in Vierville, in dem sich gerade Monsieur Michel Hardelay aufhielt. Die obere Etage des Gebäudes stürzte ein. Eine andere Granate schlug in der Bäckerei des Ortes ein und tötete die junge Frau des Bäckers und ihr Baby. Daraufhin wurde von den Amerikanern am unteren Taleingang, nahe des WN 72, eine Kanone in Stellung gebracht. Gordon Strevel beobachtete den Beschuß der Kirche:

Bild links: Nicht nur der Turm der Kirche war von dem Granattreffer eingestürzt, vielmehr war auch der größte Teil des Kirchenschiffs zerstört worden. (Vergleich s. Seite 190)

Foto: Kollektion J.-P. Hausermann

Bild rechts: Der 19-jährige Soldat Franz Wilden versuchte sich als einer der letzten des WN 60 abzusetzen (Vergleich siehe Seite 59).

Foto: Kollektion P. Wilden

(Foto aus einer Propagandaszene der deutschen Kino-"Wochenschau")

„Der Turm wurde dann mit einer Kanone vom Land aus beschossen. Ich war gerade auf dem Friedhof. Man schoß direkt über mich hinweg."

Als die erste Granate im Glockenturm einschlug, suchten die beiden deutschen Beobachter schnell Deckung unter der massiven Steintreppe. Dann stürzte der Turm zusammen und zerstörte dabei fast das gesamte Kirchenschiff. Aber niemand hatte bedacht, daß sich zu diesem Zeitpunkt auch etliche amerikanische Soldaten in Vierville aufhielten, von denen einige durch umherfliegende Granatsplitter und Steinbrocken verwundet wurden. Auch Gordon Strevel befand sich in der Nähe:

„Ich sah, wie der Turm neben mir zusammenstürzte..."

Die beiden deutschen Artillerie-Beobachter überlebten den Einsturz des Glockenturms und waren vorerst verschwunden. Doch wurden kurz darauf 16 andere Deutsche von den Amerikanern gefangengenommen, unter denen sich auch Unteroffizier Gordon Strevel befand.

Noch am späten Abend des 6. Juni und seit dem Morgengrauen des 7. waren ein Großteil der Gefallenen geborgen worden, und Tank- und Bulldozer hatten den größten Teil der Hindernisse am Strand zusammengeschoben. Bis zum Morgen des 7. Juni waren seit dem Angriff auf *Omaha* inzwischen zwei Gezeiten-Fluten aufgelaufen. Sie hatten die vielen Wracks der hölzernen Landungsboote angeschwemmt. Mittels der Dozer wurden weite Flächen freigeschoben und zerstörte Panzer, Lastwagen, Jeeps und Geschütze aus diesen Räumen fortgeschleppt, denn bereits ab *D-Day+1 (dem 7. Juni 1944)* gingen die Anlandungen amerikanischer Truppen am *Omaha Beach* weiter, und dafür waren weiträumige, freie Flächen am Strand notwendig.

Zwar verstärkten die Amerikaner durch nachfolgende Truppenkontingente und Massen an Material am 7. Juni ihren Landekopf am *Omaha Beach*, doch sagte Oberst Ernst Goth über seine Situation: „In dieser Linie *(jener des Abends des Vortages)* hielt auch am 7. Juni das 916. Regiment die Stellung. Da aber meine Stellung auf beiden Flanken, durch die Engländer im Osten bei Bayeux, im Westen durch die Amerikaner bei Carentan, bedroht wurde, gestattete man mir, meine Stellungen zu räumen und mich in der Nacht etwa zwei bis drei Kilometer auf eine vorbereitete Stellung zurückzuziehen. Rommel sagte mir über den Feldfernsprecher, *halten Sie 48 Stunden aus, dann sind meine Panzer da...“*

Eines von vielen unentwegt vor dem „Omaha Beach“ anlandenden LSTs – alle voller Nachschub an Fahrzeugen und Kriegsmaterial.
Foto: US National Archiv

Am Abend des 7. Juni hielten sich in Vierville keine deutschen Soldaten mehr auf, mit Ausnahme jener, die sich als Gefangene in einer Sammelstelle auf dem westlichen Plateau am Tal befanden – und den beiden Artillerie-Beobachtern, die sich noch immer in der Ruine der Kirche versteckt hielten...

In der Nacht vom 7. auf den 8. Juni schlichen zwei farbige US-Soldaten ohne Schuhe, und nur mit Kampfmessern bewaffnet, in die Kirchenruine. Nach einiger Zeit hallte plötzlich ein Schuß durch das zerstörte Kirchenschiff. Einer der beiden Schwarzen war von einem der deutschen Soldaten erschossen worden. Daraufhin sprang der andere Farbige im Dunkeln auf die beiden Deutschen zu und erstach sie.

Bereits am 6. Juni hatte sich der größte Teil der Soldaten des WN 60 aus ihrer auf dem 61 Meter hohen Kliff gelegenen Verteidigungsanlage an der östlichen Flanke der großen Bucht zurückgezogen. Die Amerikaner hatten dieses Widerstandsnest am *D-Day* umgangen, da dort schon sehr früh das Abwehrfeuer eingestellt worden war. Am 8. Juni, um kurz nach 14:30 Uhr, ließ der letzte dort verbliebene Unteroffizier nun auch den kleinen Rest der Besatzung sich absetzen. Heinz Bongard gehörte zu diesen letzten Soldaten:

„Wir waren nur noch sieben Mann, die anderen hatten sich schon in kleinen Gruppen zurückgezogen. Wir gingen alle in Richtung der Artillerie-Batterien zurück, nach Etréham...“

Die letzten Soldaten liefen nun sicherheitshalber nicht in einer einzigen Gruppe über das großflächige Terrain, sondern mit einigem Abstand zueinander. Heinz Bongard war mit dem gleichaltrigen Franz Wilden befreundet, auch sie liefen mit etwas Abstand nebeneinander her. Bongard schilderte die dann folgenden dramatischen Momente: „Wir beide liefen über eine große Wiese. Aus dem Heckensaum am Rand dieser Wiese wurde plötzlich mit einem Maschinengewehr auf uns gefeuert. Die Garbe traf Franz und zersägte ihn regelrecht – unterhalb des Koppels... Er hat gottserbärmlich geschrien... Er rief, man sollte ihm den Gnadenschuß geben... Auch die anderen bekamen das mit, aber keiner von uns konnte den Kameraden erschießen... Wir haben ihn liegengelassen und sind weitergelaufen...“

Der irritierte und mit der Situation völlig überforderte Heinz Bongard mußte nun um sein eigenes Leben rennen. Doch nur zweihundert Meter weiter traf ihn ein Gewehrgeschoß in den rechten Oberschenkel. Trotz der Schmerzen lief er panisch und allein weiter, rutschte hinter

Cabourg eine steile Böschung hinunter, überquerte die Küsten-straße – und war irgendwann hinter der Linie der Amerikaner. *(Am Nachmittag des 8. Juni geriet Heinz Bongard nahe Etréham in amerikanische Gefangenschaft.)*

Über die sechs Wochen der Kampfhandlungen, die nach dem D-Day noch in der Normandie stattfanden, sagte Oberst Ernst Goth später:

„Jeden Tag einen Angriff eines frischen amerikanischen Regiments abgeschlagen, jeden Tag stärkeres Artilleriefeuer, alle zwei bis drei Tage die Erlaubnis, ein bis zwei Kilometer die Stellung wegen der Gefährdung der Flanken zurück zu verlegen, jeden Tag Verluste. Bei uns keine Flieger, keine Panzer, weder nach 48 Stunden noch später...

Die Reste der bald aufgelösten Regimenter 914 und 915, die links und rechts von mir eingesetzt waren, wurden mir unterstellt. Man nannte es *Kampfgruppe Goth*. Zum Schluß meiner Führung, am 20. Juli 1944, hatte ich Männer aus 175 verschiedenen Einheiten unter mir...“

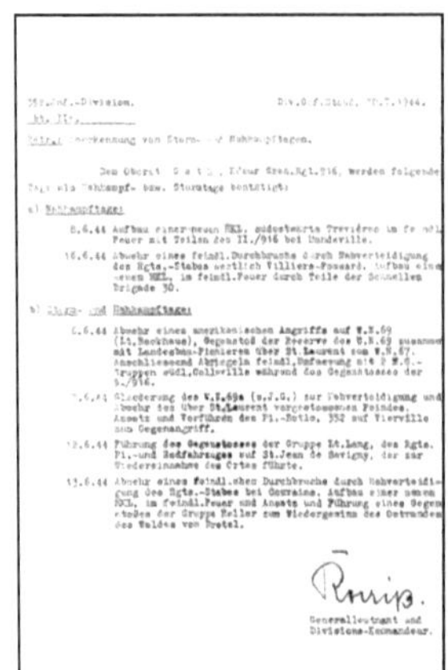

Oberst Ernst Goths Bescheinigung betreffs seiner Teilnahme an Sturm- und Nahkampftagen.
Abbildung: Kollektion M. Galle

Am 30. Juli 1944 erhielt Oberst Ernst Goth eine schriftliche *Anerkennung von Sturm- und Nahkampftagen* durch seinen Divisions-Kommandeur, Generalleutnant Dietrich Kraiß:

Betr: Anerkennung von Sturm- und Nahkampftagen. Dem Oberst G o t h, Kommandeur Gren.Rgt. 916, werden folgende Tage als Nahkampf- bzw. Sturmtage bestätigt:

a) Nahkampftage:

8.6.44 Aufbau einer neuen HKL südöstlich Trévières im feindlichen Feuer mit Teilen des II./916 bei Mandeville.

16.6.44 Abwehr eines feindlichen Durchbruchs durch Nahverteidigung des Rgts.-Stabes westlich Villiers-Fossard. Aufbau einer HKL im feindlichen Feuer durch Teile der Schnellen Brigade 30.

b) Sturm- und Nahkampftage:

6.6.44 Abwehr eines amerikanischen Angriffs auf WN 69 (Lt. Backhaus), Gegenstoß der Reserve des WN 69 zusammen mit Landes-Bau-Pionieren über St. Laurent zum WN 67. Anschließend Abriegeln feindlicher Umfassung mit zwei MG-Gruppen südlich Colleville während des Gegenstoßes der 5./916.

7.6.44 Gliederung des WN 69A zur Nahverteidigung und Abwehr des über St. Laurent vorgestoßenen Feindes. Ansatz und Vorführen des Pionier-Bataillons 352 auf Vierville zum Gegenangriff.

12.6.44 Führung des Gegenstoßes der Gruppe Lt. Lang, des Regiments-Pionier-und Radfahrzuges auf St. Jean de Savigny, der zur Wiedereinnahme des Ortes führte.

3.6.44 Abwehr eines feindlichen Durchbruchs durch Nahverteidigung des Regiments-Stabes bei Couvains. Aufbau einer neuen HKL im feindlichen Feuer und Ansatz und Führung eines Gegenstoßes der Gruppe Heller zum Wiedergewinn des Ortsrandes am Wald von Bretel.

Kraiß, Generalleutnant und Divisions-Kommandeur

Großprojekte und Naturgewalten

Der Erfolg der Invasion der Alliierten sollte nicht ausschließlich darin bestehen, Lande-, beziehungsweise Brückenköpfe an der Küste der Normandie zu bilden, sondern in der wichtigen Eröffnung einer zweiten, starken Front gegen Deutschland. Zu diesem Zweck war es unbedingt notwendig, weiterhin und so rasch wie möglich große Mengen an Soldaten, Fahrzeugen, Panzern, Kriegsmaterial und Versorgungsgütern in die Normandie zu transportieren.

Seit dem frühen Vormittag des 7. Juni fanden in den von mehreren Bulldozern freigeräumten Sektoren des *Omaha Beach* bereits massenhaft Anlandungen sämtlicher militärischer Bedarfsgüter statt – obwohl der Strand noch immer unter sporadischem deutschen Artilleriebeschuß lag. Gleichzeitig wurde damit begonnen, im Landeraum der Amerikaner mehrere Feldflugplätze anzulegen. Zuerst wurde auf dem 52 Meter hohen Küsten-Plateau, westlich des Tals Le Ruquet, mit der Anlage des am zentralsten gelegene Flugplatzes angefangen. Planierraupen mit angehängten Walzen glätteten das großflächige Terrain, damit der Boden des Rollfeldes für die Flugzeuge ausreichend Festigkeit bekam. Danach wurden darauf Tausende stabile Metallplatten gelegt und miteinander verbunden, die als Start- und Landepiste dienen sollten.

Im *Omaha*-Küstenbereich entstanden innerhalb weniger Tage drei derartige Feldflugplätze: Bei St.-Pierre-du-Mont *(nahe der Pointe du Hoc)*, bei Colleville und bei St. Laurent. Der Flugplatz bei St. Laurent trug die Bezeichnung A-21 und war der zweite, der während der Invasion in Frankreich angelegt wurde *(der erste bei Pouppeville, hinter dem zweiten US-Landeabschnitt „Utah Beach")*. Der A-21 war bereits ab dem 7. Juni gegen 21:00 Uhr benutzbar *(und noch bis zum 25. August 1944 in Betrieb)*. Diese Feldflugplätze dienten nicht als Bomber-Basen, sondern ausschließlich dem Nachschub von Materialien, Versorgungsgütern und der Evakuierung Verwundeter *(auch einem Teil jener Verwundeter, der noch bis zum 21. August stattfindenden Kämpfe um die Normandie)*. Er hatte eine Länge von 1.130 Meter und eine Breite von 33 Meter und wurde hauptsächlich von der 806. Luftevakuierungsstaffel des US-Sanitäts-Korps genutzt, das direkt neben dem Flugplatz ein großes Feldlazarett errichtet hatte.

Morgens noch Weideland, abends bereits ein Flugplatz.

Tausende stabile, gelochte und ineinandergreifende Metallplatten dienten als provisorische Rollbahnen.

Fotos: US National Archiv

Bild oben: Per Flugzeug wurden viele Verwundete zu den Militär-Lazaretten in Großbritannien geflogen.

Bild oben rechts: Eine Lightning vor dem Start auf dem Feldflugplatz bei St. Laurent (vorn rechts das abgesperrte, noch nicht gänzlich beseitigte Minenfeld des ehemaligen WN 65).

Bild rechts: Krankenschwestern vor einem der vielen neu eingerichteten Feldlazarette der Amerikaner.

Für die medizinische Versorgung richteten die Amerikaner mittels großer Zelte mehrere Feldlazarette ein. Die Ärzte behandelten dort nicht nur verwundete amerikanische Soldaten und französische Zivilisten, sondern auch verwundete deutsche Soldaten. Das amerikanische Sanitätswesen brachte eine medizinische Neuheit nach Europa – Penicillin.

Auch französische Zivilisten wurden von den amerikanischen Medizinern behandelt.
Fotos: US National Archiv

Als ein weiteres Großprojekt errichteten die Amerikaner vor St. Laurent eine provisorische Hafenanlage. Zu diesem Zweck wurden zuerst in einem Abstand von etwas mehr als einen Kilometer vor der Küste 24 alte Schiffe als Wellenbrecher in einer lange Kette hintereinander auf Grund gesetzt, um somit die künstliche Anlage vor dem schwerem Seegang zu schützen. Bis zum 16. Juni bugsierten Schlepper riesige, mit dem Decknamen *Phönix* bezeichnete schwimmende Beton-Senkkästen von der britischen Küste aus über den Ärmelkanal und in den US-Landeabschnitt *Omaha Beach*. Dort wurden sie geflutet und ebenfalls auf Grund gesetzt, um als Kais zu dienen, an denen Transportschiffe anlegen konnten. So entstand ein mit dem Decknamen *Mulberry A (Maulbeere, A = amerika-nisch)* bezeichneter provisorischer Hafen, von dem aus über lange, aneinandergelegte stähler-ne Landungsbrücken bereits am 16. Juni die Lastwagen von den ersten entladenen Schiffen rollen konnten. *(Eine zweite derartige künstliche Hafenanlage noch größeren Ausmaßes ent-stand vor Arromanches im britischen Landeabschnitt „Gold" – sie trug den Decknamen „Mul-berry B" = britisch.)* Diese provisorischen und für den Nachschub äußerst wichtigen Häfen

Ein erster Teil der „Mulberry"-Hafenanlage der Amerikaner. (Ein Teil der riesigen Beton-Senkkästen war noch nicht auf den Meeresboden versenkt worden. Davor hatte man aus-gediente, teilweise mit Beton ausgegossene Frachtschiffe als Wellenbrecher auf Grund gesetzt.)

Die mit langen Stahlstützen auf dem Meeresboden stehenden „Loebnitz"-Plattformen, waren derart konstruiert, daß sie sich mit den Gezeiten heben oder senken konnten, um somit ein kontinuierliches Entladen der Schiffe zu ermöglichen. Über als „Whale (=Wale)" bezeich-nete Straßen aus Stahlplatten rollten dann die beladenen Lastwagen bis auf den Strand.
Fotos: US National Archiv

sollten so lange genutzt werden, bis es den Truppen der Alliierten gelungen war, die großen französischen Seehäfen einzunehmen.

Nahe westlich des Tals von Vierville hatte es noch Reste der Grundmauern eines mittelalter-lichen Hafens gegeben – bis der provisorische Hafen der Amerikaner errichtet wurde. Aus Un-wissenheit und Unachtsamkeit wurden bei den umfangreichen und äußerst schnell betriebe-nen Bauarbeiten seine historischen Grundmauern zerstört.

Noch während die künstlichen Hafenanlagen im Bau waren, kam schlechtes Wetter auf und vereitelte die Vollendung der Arbeiten. Dann begann am 19. Juni über dem Ärmelkanal ein Or-kan zu wüten. Es war der stärkste seit vierzig Jahren, und er hielt drei Tage lang an. Die bisher fertiggestellten Anlagen des amerikanischen Mulberry-Hafens wurden derart stark verwüstet, daß eine Wiederherstellung unmöglich war.

Der drei Tage und Nächte wütende Orkan richtete besonders an der amerikanischen Hafenanlage ungeheure, nicht mehr zu behebende Schäden an...

Die Brachialgewalt der mehrere Meter hohen Wellenberge vermochte sogar, die dicken Betonwände der Senkkästen zu zertrümmern, daß selbst die stählernen Türme mit den FlakPlattformen zusammenknickten.

Was nach dem Orkan am "Omaha Beach" noch übriggeblieben war, war ein chaotisches Gewirr aus zerborstenem Beton, übereinandergeschobener Stahlmassen, zusammengepreßter und versunkener Boote und Schiffe.
Fotos: US National Archiv

Not und Leid

Noch lange hatte jene Zeit vor dem 6. Juni 1944 sowie der *D-Day* und sogar noch einige Zeit danach selbst für die Amerikaner, Deutschen und Franzosen ihre Auswirkungen – bis in die heutige Zeit.

Die Bombardements, der schwere Beschuß durch die Schiffsartillerie und die Kampfhandlungen hatten erhebliche Schäden angerichtet und viele Häuser in den küstennahen Ortschaften zerstört, in Vierville und Colleville auch die Kirchen, in Vierville die Schule und das Rathaus. Viele Franzosen waren ums Leben gekommen und verletzt worden.

Auch der Briefträger Désiré Lemière, Vater von drei Kindern, der als Mitglied der Widerstandsgruppe *Alliance* tätig und wegen Spionage verhaftet worden war, sollte noch sterben. Während bereits die Kampfhandlungen an der Invasionsküste begonnen hatten, wurden noch am 6. Juni 86 Franzosen im Hof des Gefängnisses in Caen exekutiert – einer von ihnen war Désiré Lemière. In Vierer-Gruppen auf ihre Hinrichtung wartend, sangen sie die *Marseilles*. Ein französischer Augenzeuge des Wachpersonals konnte durch einen schmalen Schlitz der fast völlig weiß zugestrichenen Fensterscheibe seines Raumes beobachten, daß nach den Schüssen im Gefängnishof die Menschen zusammenbrachen. Er konnte aber nicht erkennen, wer diese Personen waren.

Die Leichen wurden dann innerhalb des Hofs in einem Massengrab beerdigt, nach nur wenigen Tagen wieder ausgegraben, auf Lastwagen geladen und fortgebracht – niemand erfuhr jemals, wohin...

Désiré Lemiéres Frau Madeleine und seine 17-jährige Tochter Simone wurden danach weder über seinen Tod informiert, noch erhielten sie irgendeine Nachricht betreffs seines Verbleibs. So wartete Désirés Frau bis zum Ende ihres Lebens auf die Rückkehr ihres Mannes. Ihre Tochter Simone sagte dazu:

„... Und das hat meine Mutter zerstört...“

(Eine Gedenktafel im Gefängnishof erinnert noch heute an Désiré Lemiére und die anderen exekutierten Widerstandskämpfer. In St. Laurent wurde eine Straße nach ihm benannt.)

Das Grab der Louise Oxéant und ihres 10-jährigen Sohnes Bernard. Sie waren am Morgen des 6. Juni 1944 die ersten französischen Todesopfer der Invasion. **Foto: J.-M. Oxéant**

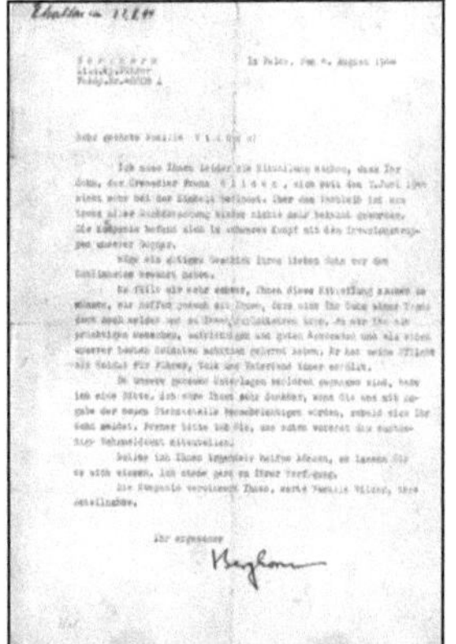

Vermißtenmeldung des Grenadiers Franz Wilden – ein Brief, wie er den Angehörigen aller kriegsteilnehmenden Nationen hunderttausendfach geschrieben wurde, Briefe, die Betroffenheit und Leid auslösten – und eine bange Hoffnung... **Abbildung: Kollektion P. Wilden**

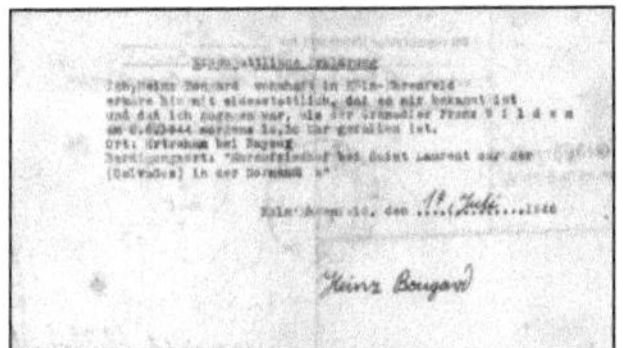

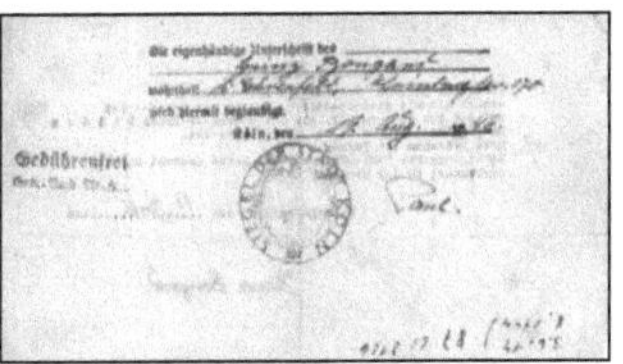

Heinz Bongards schriftliche Eidesstattliche Erklärung betreffs des Todes seines ehemaligen Kameraden Franz Wilden.

Fotos /Abbildungen: Kollektion P. Wilden

Zum letzten Mal in der Heimat: Franz Wilden anläßlich seines Urlaubs Anfang Januar 1944 – nur eines von 19 Millionen deutscher Soldatenschicksale des Zweiten Weltkriegs.

Bis in die 60er Jahre ein „Kameraden-Grab" zweier unbekannter Soldaten auf dem Militärfriedhof La Cambe in der Normandie – dann erst konnte Franz Wildens Leichnam identifiziert werden.

Fotos /Abbildungen:
Kollektion P. Wilden

Wie Tausende andere Angehörige amerikanischer und deutscher Soldaten, so warteten auch die Angehörigen des beim WN 60 gefallenen 19-jährigen Franz Wilden lange auf Nachricht betreffs seines Schicksals. Erst am 22. August 1944 erhielt die Familie ein Schreiben, daß der Chef der 3. Kompanie des Grenadier-Regiments 726 am 4. August aufgesetzt hatte:

Im Felde, den 4. August 1944
Sehr geehrte Familie W i l d e n !
Ich muß Ihnen leider die Mitteilung machen, daß Ihr Sohn, der Grenadier Franz W i l d e n, sich seit dem 7. Juni 1944 nicht mehr bei der Einheit befindet. Über den Verbleib ist uns trotz aller Nachforschung bisher nichts mehr bekannt geworden. Die Kompanie befand sich im schweren Kampf mit den Invasionstruppen unserer Gegner.

Möge ein gütiges Geschick Ihren lieben Sohn vor dem Schlimmsten bewahrt haben.

Es fällt mir sehr schwer, Ihnen diese Mitteilung machen zu müssen, wir hoffen jedoch mit Ihnen, daß sich Ihr Sohn eines Tages doch noch meldet und zu Ihnen zurückkehren kann, da wir ihn als prächtigen Menschen, aufrichtigen und guten Kameraden und als einen unserer besten Soldaten schätzen gelernt haben. Er hat seine Pflicht als Soldat für Führer, Volk und Vaterland immer erfüllt.

Da unsere genauen Unterlagen verloren gegangen sind, habe ich eine Bitte. Ich wäre Ihnen sehr dankbar, wenn Sie uns mit Angabe der neuen Dienststelle benachrichtigen würden, sobald sich Ihr Sohn meldet. Ferner bitte ich Sie, uns vorab das zuständige Wehrmeldeamt mitzuteilen. Sollte ich Ihnen irgendwie helfen können, so lassen Sie es mich wissen. Ich stehe gern zu Ihrer Verfügung.

Die Kompanie versichert Ihnen, werte Familie Wilden, Ihre Anteilnahme.

Ihr ergebener Berghorn, Lt.u.Kp.-Führer

Franz Wildens Bruder, Peter, sagte über die Ungewißheit, mit der seine Familie nun leben mußte:

„Das war eine schlimme Zeit für meine Mutter... Wir haben ja noch zwei Jahre lang gehofft, Franz käme wieder zurück..."

Erst als Franz Wildens ehemaliger Kamerad und letzter überlebender Augenzeuge, Heinz Bongard, zwei Jahre später aus amerikanischer Gefangenschaft in den USA in die Heimat zurückkehrte, konnte er den tragischen Fall aufklären. Vor dem Amtsgericht der Stadt Köln gab Heinz Bongard dann am 14. Juli 1946 betreffs des Todes des Grenadiers Franz Wilden eine schriftliche Eidesstattliche Erklärung ab:

Ich, Heinz Bongard, wohnhaft in Köln-Ehrenfeld, erkläre hiermit eidesstattlich, daß es mir bekannt ist und daß ich zugegen war, als der Grenadier Franz Wilden am 8.6.1944 morgens 10:30 Uhr gefallen ist.

Ort: Etréham bei Bayeux.

Beerdigungsort: Ehrenfriedhof bei Saint Laurent sur Mer (Calvados) in der Normandie.

Köln-Ehrenfeld, den 14. Juli 1946   Heinz Bongard

(Bei der Angabe der Uhrzeit, zu der Franz Wilden gefallen war, hatte sich Heinz Bongard geirrt, tatsächlich geschah dieses gegen 14:40 Uhr. Derartige Irrtümer waren bei den Kriegsteilnehmen nicht selten, da ihnen durch die Wirrnisse und der Streßsituation, in der sie sich befanden, oft jegliches Zeitgefühl versagte...)

Am Morgen nach dem D-Day fand ein amerikanischer Soldat eine Bibel am Strand vor Vierville; sie hatte Bedford Hoback aus Bedford/Virginia gehört. Er war dort am 6. Juni im Sektor Dog Green gefallen. Kurz darauf wurde Bedfords jüngerer und verwundeter Bruder Raymond als vermißt gemeldet, jedoch niemals mehr gefunden. Kameraden hatten berichtet, daß seine Verwundungen nicht lebensgefährlich waren und hatten ihn am Strand zurückgelassen, damit er bald evakuiert würde, doch dann war die Flut gekommen...

Die Schwester der Hoback-Brüder erzählte:

„Für meine Mutter war es zuviel, beide Söhne zu verlieren, sie weinte nur noch. Sie wurde nie mehr dieselbe wie vorher, aber sie ging manchmal ins Veteranen-Hospital, und dort sah sie Männer, die ihren Verstand verloren hatten oder die verstümmelt waren. Und wenn sie dann nach Hause kam, sagte sie, es gibt Schlimmeres als den Tod..."

Schrotthalde Omaha Beach

Was die Invasion an den Stränden der Normandie zurückgelassen hatte, insbesondere am *Omaha Beach*, war eine einzige große Schrotthalde. Lange Zeit blieb alles liegen, und erst 1951 begann man mit den Aufräumarbeiten. Ein Belgier namens van Loo aus Antwerpen erwarb die Rechte an dem gesamten Schrott zwischen Port-en-Bessin und Cherbourg. Dann ließ er per Zeitungsannonce Arbeitskräfte für die Bergungs-, Zerkleinerungs- und Transportarbeiten des Metallschrotts suchen. Dazu erklärte Edmond Scelles:

Weit erstreckte sich noch bis 1951 die Reihe der Wellenbrecher-Wracks und der großen Senkkästen am Horizont. Viele der nach dem Orkan 1944 an Land getriebenen Schiffswracks waren im Verlauf der Jahre bereits halb vom Sand begraben worden.   **Foto: E. Scelles 1951/53**

Die zum Teil riesigen Schiffsrümpfe mußten nach jedem Gezeitenwechsel wieder völlig ausgepumpt und gereinigt werden, bevor mit den Zerlegearbeiten fortgefahren werden konnte. **Fotos: E. Scelles 1951/53**

„Vorher gab es in St. Laurent und den umliegenden Gemeinden kaum Arbeit, aber als die Aufräumarbeiten begannen, hatten wir sehr viel zu tun. Man mußte sogar Leute aus dem Hinterland anwerben, um der Aufgabe gewachsen zu sein. Die Menschen hier an der Küste nannten diese neue Situation *Grand Boum (sinngemäß = alle Hände voll zu tun).*"

Die angeworbenen Männer arbeiteten sehr schwer und wurden für ihre Tätigkeit auch gut bezahlt. Die Leute leisteten 45 Stunden in der Woche und erhielten an jedem Wochenende ihren Lohn. Für Überstunden und Wochenendarbeiten erhielten die Männer 50 Prozent mehr. In den nächsten Jahren wurde unentwegt gearbeitet und täglich zwanzig Eisenbahnwaggons voll Schrott zusammengetragen.

Edmond Scelles berichtete weiter: „Wenn die Schiffe zerlegt waren, wurde der Schrott mit Lastwagen zum *(19 Kilometer entfernten)* Bahnhof von Littry transportiert. Sämtliche Eisenstücke

Die Masse an Kriegsschrott erforderte höchst gefährliche und langwierige Aufräumarbeiten. Obwohl insgesamt mehrere hundert Leute am "Omaha Beach" tätig waren, dauerten die Arbeiten fünf Jahre lang, bis 1955.
**Fotos: Kollektion
E. Scelles 1951/54**

mußten auf ein Maß von 50 x 50 Zentimeter auseinandergeschweißt werden. In Littry wurde der Schrott gesammelt, zu den großen Häfen gebracht und nach Belgien und Italien verfrachtet, um dort wieder eingeschmolzen zu werden. In der Nähe von Caen standen drei speziell errichtete Hochöfen; auch dahin wurde viel Schrott transportiert."

Fünf Jahre dauerten die Aufräum- und Entsorgungsarbeiten am *Omaha Beach*, danach wurde der Strand gereinigt. Mehr als einen Meter tief saugten nun spezielle Pumpen den Sand auf. Durch feine Siebe von grobem Unrat befreit, wurde er dann wieder auf den Strand zurückgeschüttet – Quadratmeter für Quadratmeter.

Während dieser Reinigungsarbeiten mußten auch viele der hölzernen Landungsboote beseitigt werden. Edmond Scelles war auch an derartigen Arbeiten beteiligt:

„Zuerst wurden die Boote völlig ausgeschlachtet, dann verbrannten wir sie einfach; sie waren ja aus Holz..."

(Man findet noch heute immer wieder Reste der Rümpfe dieser verbrannten Boote – wenn starker Seegang während der Gezeitenwechsel die Sandbänke „wandern" läßt.)

Während dieser Arbeiten ereigneten sich in der Region auch viele damit verbundene Schicksale. So wurde die 29-jährige Thérèse Miel von der Firma van Loo zur Verrichtung hauswirtschaftlicher Tätigkeiten angestellt. Sie kochte für die Männer, die am Strand den Stahl auseinanderschnitten. 1947 hatte Thérèse den Belgier Ciriel Miel geheiratet, der ebenfalls für van Loo arbeitete, zusammen mit seinem Kollegen Edmond Scelles. Viele schwere Unfälle ereigneten sich während der gefährlichen Aufräum- und Metallarbeiten am Strand. Am 1. Oktober 1951 traf ein herabfallendes Eisenteil den 33-jährigen Ciriel und verletzte ihn tödlich.

Bild links: Mittels eines alten, umgebauten US-Amphibien-Lastwagens wurde von dieser Arbeitskolonne der Sand ihres jeweiligen Strandabschnitts gewissenhaft aufgesaugt, gesiebt und somit von Fremdkörpern gereinigt.

Bild rechts: Immer wieder kam es während der Aufräumarbeiten auch zu Munitions- und Minenfunden. Um das gefährliche Material unschädlich zu machen, wurde es am Strand zusammengetragen und gesprengt.

Fotos: Kollektion E. Scelles 1951/54

Noch viele Jahre lang standen den gesamten Strand entlang etliche langsam verrottende Landungsboote.

Foto: E. Scelles 1951

Thérèse Josroland im Alter von 25 Jahren (Bild oben), als sie 1947 die Ehe mit dem Belgier Ciriel Miel einging. Nach Ciriels tödlichem Unfall heiratete sie 1952 Edmond Scelles (Bild rechts).

Die Reste der verbrannten Landungsboote Ende der 60er Jahre (siehe auch Seiten 74 und 75).

Fotos: Kollektion T. u. E. Scelles

Gedenkstätten und Museen

Die größte Gedenkstätte am *Omaha Beach* ist die weitläufige, parkähnliche Friedhofsanlage der Amerikaner bei Colleville. Sie wurde auf dem 51 Meter hohen Küstenplateau vor dem ehemaligen Landesektor *Easy Red* angelegt, jenem Sektor, an dem sie die meisten Verluste erlitten hatten.

Die Bronze-Skulptur (Bild oben) im Zentrum des Memorials (Bild rechts) symbolisiert die zum Himmel aufsteigende Seele der gefallenen amerikanischen Soldaten.

Fotos: von Keusgen 2006

Der amerikanische Gräberdienst bestattete nach den Kampfhandlungen unter Mithilfe deutscher Kriegsgefangener amerikanische und deutsche Gefallene. Die im Raum *Omaha Beach* gefallenen deutschen Soldaten wurden zuerst mit den amerikanischen auf den provisorischen Bestattungsplätzen beerdigt. Auf Wunsch der Angehörigen überführten die Amerikaner zwischen 1947 und 1954 14.000 ihrer Gefallenen in die Heimat in den USA. Nach ihrer Exhumierung wurden die amerikanischen Gefallenen auf den Soldatenfriedhof bei Colleville umgebettet, die deutschen auf einen ebenfalls neu entstandenen eigenen bei La Cambe.

Bilder unten: Entstehung des ersten provisorischen US-Soldatenfriedhofs am „Omaha Beach" am 7. Juni 1944 bei St. Laurent. Auf ihm wurden, bis zu ihrer Umbettung, auch deutsche Gefallene bestattet.

Foto: US National Archiv

Nach der Verlegung der Gefallenen auf die neuen Friedhöfe bei La Cambe (deutsch) und auf dem Plateau bei Colleville (amerikanisch) erinnerte dieses Schild noch lange an die erste, provisorische Begräbnisstätte auf dem Vorstrand nahe westlich St. Laurent. Heute steht an dieser Stelle ein kleines Denkmal (Bild unten).

**Fotos: US National Archiv /
von Keusgen**

Das zum 40. Jahrestag 1984 auf der WN-72-Kasematte errichtete Memorial der 29. US-Division (Vergleiche siehe Seiten 48, 191 und 215).

Foto: von Keusgen 2006

Bereits 1947 wurde von der *American Battle Monument Commission* damit begonnen, die bis dahin auf verschiedenen provisorischen Bestattungsplätzen beigesetzten amerikanischen Gefallenen auf dem neu entstehenden Friedhof bei Colleville zusammenzuführen. *(Ein weiterer US-Soldatenfriedhof in der Normandie befindet sich bei St. James.)* Auch die Toten der drei Feldfriedhöfe nahe Ste.-Mère-Église wurden nach Colleville verlegt, unter ihnen auch der Leichnam des im US-Landeabschnitt *Utah* infolge eines Herzinfarktes verstorbenen Generals Theodor Roosevelt.

Am 19. Juli 1956 wurde der 70 Hektar große *Normandy American Cemetery* offiziell eingeweiht. Die Franzosen stellten den Vereinigten Staaten von Amerika das bis zum Strand hinunter reichende Terrain für ihre Gedenkstätte zur Verfügung. In insgesamt zehn Gräberfeldern wurden auf dem einen Kilometer langen und 600 Meter breiten Friedhofsgelände 9.387 amerikanische Gefallene bestattet, darunter auch vier Frauen. Die einen Meter hohen weißen Kreuze *(für Christen)* und Davidsterne *(für Juden)* wurden aus italienischem Lasa-Marmor gefertigt. Die Kreuze von 307 nicht identifizierten Soldaten tragen statt der Namen die Inschrift *Known but to God (Nur Gott kennt seinen Namen)*. Annähernd zwei Millionen Menschen besuchen jährlich diesen Friedhof.

In den vielen Reihen der weißen Kreuze wurden in 38 Fällen Brüder nebeneinander beigesetzt, und auch ein Vater ruht neben seinem Sohn. Die Inschriften aller Kreuze befinden sich auf der westlichen Seite, mit Blickrichtung zu den Vereinigten Staaten von Amerika. Auf diesem Friedhof wurden 1997 die ersten Szenen zu Steven Spielbergs US-Kriegsfilm *Private James Ryan (Der Soldat James Ryan)* aufgenommen, eine Geschichte, die einen authentischen Hintergrund hat:

Drei von vier Brüdern der Familie Niland *(Francis, Preston und Robert)* waren 1944 in verschiedenen Einheiten in der Normandie gelandet – der vierte *(Edward)* war Luftwaffensoldat im Pazifik. Am 6. Juni fiel Robert beim Angriff auf Ste.-Mère-Église, am nächsten Tag Preston im Landeabschnitt *Utah*, und noch in derselben Woche wurde Edward als vermißt gemeldet. Nachdem das amerikanische Oberkommando von diesem tragischen Fall erfahren hatte, wurde entschieden, den vierten und jüngsten Sohn, Francis, vom Militärdienst zu befreien. *(Edward wurde nach dem Krieg als Kriegsgefangener der Japaner wiedergefunden.)*

Die vom Verkehrskreisel westlich Collville zum US-Friedhof führende Straße hat ebenfalls ihre Geschichte: Das am 6. Juni 1944 so heftig umkämpfte Château de Colleville gehörte zu jener Zeit Charles M. Klein.

1951 wurde das Schloß samt dem weitläufigen Gelände, auf dem es stand, von Louis Lenoury gekauft. Jedoch war das Gebäude infolge der Kampfhandlungen von 1944 in einem derart schlechten Zustand, daß Monsieur Lenoury es 1954 abreißen ließ und die Steine zur Pflasterung der Straße zum Friedhof an die Amerikaner

Bereits zu Beginn der 50er Jahre wurde auf der höchsten Erhebung des WN 62 von den Amerikanern ein über sieben Meter hoher Obelisk zu Ehren der 1. US-Division errichtet, der noch lange Zeit eingezäunt blieb (im Hintergrund das 500 Meter entfernte Memorial).

Foto: H. Severloh 1961

Am 6. Juni 1944 hatten heftige Kämpfe um das Schloß von Colleville stattgefunden; 1954 wurde es wegen Baufälligkeit abgerissen.

Foto: Kollektion J.-N. Lenoury

Ein Ort der Andacht und Erinnerung: Die alte Kasematte mit der (noch heute darin befindlichen) 8,8-cm-Kanone auf dem Terrain des ehemaligen WN 72. (Hier die Feierlichkeiten zum „D-Day"-Jahrestag 1951. Vergleiche siehe Seiten 48 und 191.)

Foto: US National Archiv

Bilder oben und unten: Der deutsche Soldatenfriedhof La Cambe ist der größte von fünf deutschen Soldatenfriedhöfen in der Normandie und wurde gleichzeitig mit den vier anderen am 21. September 1961 eingeweiht.

**Fotos: M. Herrmann
u. J. Diebold 2005**

abgab. Als Gegenleistung erhielt er dafür sämtliche der stabilen Holzkisten, in denen man die 9.387 weißen Marmorkreuze des Friedhofs aus Italien in die Normandie transportiert hatte. Aus dem Holz der Kisten baute Louis Lenoury für sein landwirtschaftliches Anwesen Fenster, Türen und sogar Ställe für sein Vieh.

In den inzwischen über sechs Jahrzehnten wurden viele Denkmäler aufgestellt und Plaketten angebracht, und es entstanden mehrere Gedenkstätten. Bereits seit dem 6. Juni 1945 wurden auf der zerstörten Kasematte der 8,8-cm-Kanone des ehemaligen WN 72 Gedenkfeiern abgehalten. In den 60er Jahren kauften die Amerikaner das 586 Quadratmeter große Grundstück der Gemeinde für symbolische 10 Franc ab und errichteten auf ihr ein Monument zu Ehren der 29. US-Division.

Mit der Anlage eines deutschen Soldatenfriedhofs bei La Cambe, zehn Kilometer südwestlich hinter dem *Omaha Beach*, hatten amerikanische Truppen bereits nach den schweren Kämpfen um Isigny und der Einnahme der dort stationierten deutschen Batterien im Juni 1944 begonnen. Dank der Arbeit des *Volksbundes Deutsche Kriegsgräberfürsorge* wurde ab 1956 die Zahl der Gräber auf über 20.000 erweitert. Mit einer Fläche von 7,5 Hektar und inzwischen 21.223 Gräbern ist der deutsche Soldatenfriedhof bei La Cambe heute der größte in der Unteren Normandie. Die Masse der hier beigesetzten Soldaten fiel im Sommer 1944, zwischen dem 6. Juni und dem 20. August, dem Untergang der deutschen 7. Armee. Sie starben an der Invasionsküste, bei den Kämpfen um St. Lô und beim Durchbruch der amerikanischen

Truppen bei Avranches und Falaise. Am 21. September 1961 wurde der Friedhof offiziell eingeweiht – mit aufwendigen Feierlichkeiten, an denen außer vieler Angehöriger der Gefallenen auch eine Vielzahl ehemaliger *D-Day*-Veteranen teilnahm. Hein Severloh erzählte über die Einweihungsfeier:

„Es war eine ganz grandiose Veranstaltung, und es waren nicht nur die Musiker und die Zeremonien, die einem ans Herz gingen, sondern die vielen toten Kameraden, die man da wiederfand. Man hatte bei dem damaligen Durcheinander während der Kämpfe doch gar nicht gewußt, wer alles umgekommen war. Aber man traf auch solche wieder, die den ganzen Schlamassel überlebt hatten. Es war ein ganz schönes Durcheinander von Gefühlen, die einen da so bewegten..."

Die Eröffnungsfeier hatte aber noch einen ganz besonderen Akzent: Während zum Gedenken der Toten Reden gehalten wurden, grollte von der Küste her ferner, aber gut vernehmbarer Schlachtenlärm mit dem Donner der Artillerie zu den andächtigen Zuhörern herüber. Dazu sagte Hein Severloh:

„Es hatte etwas Makabres, und es war so, als wollte sich der D-Day nochmals in Erinnerung bringen, mit seinem ganzen Wahnsinn. Das ferne, unheimliche Grollen des Krieges vermittelte jedoch mehr als die Worte der vielen Offiziellen.."

Die Ursache des Kampflärms hatte darin bestanden, daß gerade an diesem Tag im 26 Kilometer entfernten kleinen Fischerhafen Port-en-Bessin ausgiebige Dreharbeiten zum Film *Der längste Tag* stattfanden...

Wie hier, vor Saint Laurent, erinnern seit den 60er Jahren an jedem der fünf Invasionsstrände diese, einen U-Boot-Turm symbolisierenden Denkmäler, an das größte amphibische Landeunternehmen der gesamten Weltgeschichte.

Das älteste der vier D-Day-Museen im Bereich des „Omaha Beach" ist das „Musée D-Day Omaha" in Vierville. Die ehemals von den Amerikanern im Juni'44 auf dem Vorstrand, direkt unter dem WN 71 errichtete Nissen-Hütte hatte bis zum November desselben Jahres als Reparaturwerkstatt für Militärfahrzeuge gedient. Danach war sie der Vierville-Gemeinde überlassen worden, die sie dann demontieren und an ihrem heutigen Standort wieder aufbauen ließ. Ein paar Jahre lang wurde die Nissen-Hütte als Stadthalle und Kino genutzt, und seit Anfang der 80er Jahre dient sie als D-Day-Museum. **Fotos: von Keusgen 2006**

Als modernstes wurde 2013 das „Overlord-Museum" in Colleville eröffnet.
Foto: von Keusgen 2013

Im Raum des *Omaha Beach* entstanden im Verlauf der Jahrzehnte vier spezielle Museen: Als erstes, bereits in den 80er Jahren, das *Musée D-Day Omaha* in Vierville. Zum 50. Jahrestag wurde 1994 das *Musée Mémorial d´Omaha Beach* im Tal von St. Laurent eröffnet, das bis in die heutige Zeit mehrmals erweitert wurde. In Colleville eröffnete zum 60. Jahrestag 2004 das *Musée Big Red One*, spezialisiert auf die 1. US-Division. 2013, ein Jahr vor dem 70. Jahrestag, wurde am westlichen Ortsrand von Colleville, nahe des amerikanischen Soldatenfriedhofs, das große, moderne *Overlord-Museum* eingerichtet, das in großzügigem Stil die eindrucksvollste Ausstellung präsentiert.

Die Erinnerungen an den blutigen Tag am *Omaha Beach* werden aufrecht erhalten, wahrscheinlich solange es Menschen auf dieser Welt gibt. Aber jene, die damals, am 6. Juni 1944, dabei waren, konnten die schrecklichen Erlebnisse bis zum Ende ihres Lebens nicht vergessen. Der Ex-GI Harold Baumgarten, der am Morgen des *D-Day* mehrere schwere Gesichts- und Unterleibsverwundungen erlitten hatte, sagte: „Immer wenn ich am Strand von Miami spazieren gehe, färbt sich der Sand blutrot, ich höre Kampflärm und habe entsetzliche Erinnerungen…"

Bild unten: Die umfangreichste Ausstellung in dieser Küstenregion bietet das "Musée Mémorial d´Omaha Beach" in St.-Laurent-sur-Mer.
Foto: Kollektion C. Chartier

Epilog – Das Phänomen

Seit mehr als vier Jahrzehnten halte ich mich nun schon in der Normandie auf und betreibe meine Recherchen zum Thema *D-Day 1944*. Da meine dortigen Aufenthalte häufig sogar mehrere Wochen dauern, ist es mir möglich, mich immer wieder ausgiebig an ganz speziellen Orten aufzuhalten und mit ganz bestimmten historischen Ereignissen zu beschäftigen. Da sich die Ortschaft, in der ich in der Normandie wohne, in der Nähe des *Omaha Beach* befindet, mache ich gern und häufig ausgedehnte Spaziergänge an diesem geschichtsträchtigen Strand. Durch die Verschiebung der Sandbänke, besonders während des Gezeitenwechsels bei schwerer Flut, kommen selbst nach über sechs Jahrzehnten immer wieder stumme Zeugen jener schrecklichen Kampfhandlungen zum Vorschein. Auch spült das Meer aus tieferen Schichten im Verlauf der vielen Jahre langsam Dinge an den Strand, die damals weit vor der Küste versunken waren. So fand ich im September 2006 in jenem Strandabschnitt, der am 6. Juni 1944 als *Sektor Easy Green* bezeichnet wurde, eine Über-Hose wie sie einst die Führer der Landungsboote und ihre MG-Schützen trugen. Das Markante daran ist ihre Farbe, sie entspricht exakt dem Graublau der damaligen Landungsboote. Das Material ist ein gummiertes Gewebe, ähnlich heutiger Regenjacken. Da die Bootsführer und MG-Schützen unter diesen wasserabweisenden Hosen *(nebst dazugehöriger Jacken)* auch noch ihre Marine-Uniform trugen, ermöglichten zwei seitliche Schlitze ein Durchgreifen, um in die Hosentasche der Uniform gelangen zu können. Zwischen die Nähte der Hose hatte die Flut im Laufe der Zeit feinsten Sand geschwemmt, und so hatten sich fast fingerdicke, pralle Wülste gebildet.

Der heute schmale Kiessaum, dessen Rest sich nur noch vor dem östlichen Vorstrand erstreckt, war bis zum Ausbruch des Zweiten Weltkrieges stellenweise bis zu mehr als zwanzig Meter breit. Dann kam die Organisation Todt, errichtete am Strand vor Colleville und St. Laurent zwei Kieszertrümmerungsanlagen und zerkleinerte in ihnen massenhaft der handflächengroßen Steine, um ihren Split für die Herstellung des Betons für den Bunkerbau zu benutzen. Nach dem Krieg wurden viele dieser Steine von der

Bild oben: Außer der Bootsführer trugen auch die MG-Schützen auf den Landungsbooten dieselben graublauen Hosen (Vergleich s. Seite 220).

Foto: US National Archiv

Bild rechts: Der Kieswall vor dem WN 62 war zu Anfang des 20. Jahrhunderts noch bis zu 20 Meter breit...

Foto: Archiv von Keusgen

Bild links: Zuerst ragte von dieser Hose nur ein kleines Stück aus dem Sand des nur flachen Priels, und ich glaubte, sie hätte einst einem französischen Fischer gehört – aber als sie getrocknet war, hatte sie die graublaue Farbe der Landungsboote.

Foto: Élodie 2006

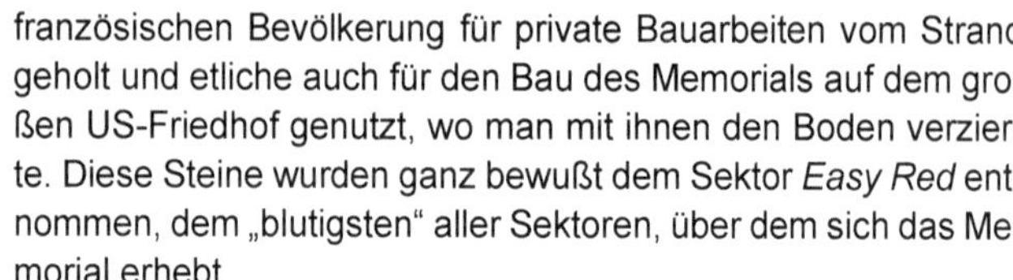

französischen Bevölkerung für private Bauarbeiten vom Strand geholt und etliche auch für den Bau des Memorials auf dem großen US-Friedhof genutzt, wo man mit ihnen den Boden verzierte. Diese Steine wurden ganz bewußt dem Sektor *Easy Red* entnommen, dem „blutigsten" aller Sektoren, über dem sich das Memorial erhebt.

Am 6. Juni 1985, genau am 41. Jahrestag, machte ich eine sonderbare Entdeckung: Als ich an diesem Tag wieder einmal bei eintretender Ebbe vor dem ehemaligen WN 62 den Strand betrat und in westliche Richtung spazieren wollte, fiel mir auf, daß eine Menge jener Steine, die noch vor dem eigentlichen Kieswall lagen, zu bluten schienen – dort, wo damals und nach Aussagen des Ex-GIs Jonathan, die meisten US-Soldaten vor dem WN 62 zusammengeschossen worden waren. Über eine Länge von mehr als 40 Meter lagen die Steine, jeder in einem kleinen, flachen Krater des ihn umgebenden feuchten Sandes der ablaufenden Flut – und um sie herum blutrot gefärbtes Wasser...

Zuerst glaubte ich, es sei eine einmalige Angelegenheit, rein zufällig und ebenso zufällig an einem 6. Juni. Zwei Tage später war nichts mehr davon zu sehen, und so war ich der Meinung, die Sache habe sich erledigt. Doch eines Tages, Monate später, beobachtete ich diese seltsame Erscheinung wieder, und wieder nur für fünf Tage. Zuerst waren die Verfärbungen nur sehr schwach, am nächsten Tag stärker, und am dritten Tag ganz stark. Dann nahmen sie wieder ab und waren drei Tage danach wieder verschwunden. Nun fiel mir auf, daß, selbst nachdem das Gezeitenhochwasser die Steine überspült hatte, sie bereits bei der nächsten Ebbe wieder „bluteten". Das Meer hatte offenbar nicht vermocht, die rote „Farbe" fortzuspülen. Ich untersuchte die Steine, konnte aber keine äußere Ursache für die zeitweisen Verfärbungen des sie umgebenden Wassers feststellen. Zeitweise heißt, daß sie nur sporadisch und wenige Male pro Jahr „bluten", mal im Januar, mal im März, mal im Oktober, und in anderen Jahren in wieder anderen Monaten mit unterschiedlichen zeitlichen Abständen, immer nur wenige Male jedes Jahr, aber immer in der Zeit unmittelbar um den 6. Juni...

Bild links: Immer wieder besuchen Angehörige der ehemaligen GIs oder deren Kameraden jenen flachen Vorstrandwall vor dem WN 62, vor dem die Amerikaner die meisten Verluste erlitten hatten; dort stellen sie als kleine, individuelle Gedenkstätten US-Fahnen, Bibeltexte und Fotos Gefallener auf... (An genau dieser Stelle betrat ich 1973 zum erstenmal den Strand – mit einem Amerikaner, der ebenfalls hier an Land gebracht worden war. Er hieß Jonathan.)

Bild rechte Seite: Die „bluten" Steine am Strand vor dem ehemaligen WN 62, unterhalb des Kieswalls und leicht westlich der damaligen MG-Stellung des Heinrich Severloh (Pfeil).

Fotos: von Keusgen, 60. Jahrestag 2004

Kranzniederlegung des Autoren auf dem deutschen Soldatenfriedhof bei La Cambe.
"Den Opfern des Krieges und denen, die um sie trauern".
Foto: H.-J. Endres 2006

Von den Einheimischen, die ich auf dieses äußerst merkwürdige Phänomen ansprach, wußte niemand etwas, denn viele gehen „wegen der Geister der Toten dort" nicht an den Strand. Im Mai 2003 zeigte ich die „blutenden" Steine einer speziell deshalb dorthin gerufenen Chemikerin der Universität in Nantes – und ich ahnte, was sie mir sagen würde:

„Es könnten vielleicht Algen sein, aber warum nur an diesen Steinen hier? Eine chemische Reaktion, die in Verbindung mit Wasser *(bei Flut)* entstehen könnte, ist auszuschließen, da die Steine lediglich sporadisch färben, folglich auch Algen auszuschließen sind…"

Die Frage nach eventuellen Erz-Anteilen der Steine, die Rost verursachen könnten, erübrigt sich wegen der Gezeiten und der nur sporadischen Erscheinungen ebenfalls. Irgendwann nahm ich einige Steine mitsamt des sie umgebenden Sandes und trug sie fast zweihundert Meter weiter fort – und sie „bluteten" nicht mehr. Steine, die ich aus dieser Entfernung zu den „blutenden" legte, zeigten derartige Verfärbungen nicht…

Längst habe ich es aufgegeben, nach einer erklärenden Ursache zu suchen, bin vielmehr der Meinung, daß dieses Phänomen an gerade diesem Ort ruhig ungeklärt bleiben sollte, denn was auch immer die rote Verfärbung des die Steine umgebenden Wassers verursacht, phantastisch ist doch allein schon die Tatsache, daß es immer um den 6. Juni und gerade an diesem Ort geschieht…

Anläßlich der mehrtägigen Dreharbeiten zur *SPIEGEL-TV*-Dokumentation *Die Todfeinde von Omaha Beach* zeigte ich Hein Severloh am 6. Juni 2003 die „blutenden" Steine und löste damit bei ihm tiefe Betroffenheit aus. Wir standen allein am Strand und er betrachtete die Steine, dann wanderte sein Blick den Küstenhang hinauf, zu jener Stelle, an der am *D-Day* sein Maschinengewehr gestanden hatte. Mit leiser Stimme, so als spräche er zu sich selbst, sagte er: „Dieses hier, das ist genau mein Feuerbereich gewesen…"

Tränen standen in seinen Augen…

Alljährlich führe ich, jeweils immer mehrere Tage lang, an der *D-Day*-Geschichte interessierte Gruppen deutscher und französischer Soldaten entlang der Invasionsküste, auch einmal jährlich Gruppen der Leser meiner Bücher, und immer beende ich an jener Stelle am Strand meinen Vortrag, an dem die Steine „bluten", sofern sie es denn zu dieser Zeit tun, und immer sehe ich die tiefe Betroffenheit in den Augen der Menschen, und sie schweigen…

Wie lange diese letzten „blutenden" Steine noch am Strand liegen, vermag ich nicht zu sagen, weil es niemanden gibt, der sie schützt. Anläßlich des 60. Jahrestages des *D-Day* 2004 fuhren französische Reenacter, die sich als US-Soldaten ausstaffiert hatten, mit schweren US-Trucks mehrmals den Strand entlang und drückten dabei den größten Teil der Steine tief in den Sand, auch sehe ich immer wieder Franzosen, die mit kleinen Anhängern kommen und Steine hineinschaufeln, die sie für irgendwelche Bauarbeiten brauchen. Ich habe lange überlegt, ob ich das Phänomen der „blutenden Steine" publizieren sollte oder nicht, da zu befürchten ist, daß jetzt viele Leser diese Steine als Souvenir mitnehmen *(meine Bücher erscheinen ebenfalls in drei weiteren Sprachen und werden auch entlang der Invasionsküste in den Museen und Shops verkauft)*, aber diese außergewöhnliche Erscheinung ist zu großartig, als sie den

Menschen vorzuenthalten. Ich kann deshalb jeden Leser nur dringend bitten, dieses Phänomen zu respektieren und die Steine dort liegen zu lassen, wo sie sind – an jener Stelle, an der am 6. Juni 1944 auf ihnen Menschen auf grausame Weise ihr Leben verloren.

Quellenverzeichnis

Korrespondenzen, mündliche und schriftliche Erlebnisberichte,
militärische und behördliche Dokumente und Informationen

George Th. Allan, ehemals Leutnant im 16. Rgt. / 1. US-Inf.-Div.
Harold Baumgarten, ehemals GI im 116. Rgt. / 29. US-Inf.-Div.
Heinz Bongard, ehemals Gefreiter im Gren.-Rgt. 726 / 716. Inf.-Div.
John Glass, ehemals Panzersoldat des 58. US-Feld-Artillerie-Bataillons
Martin Galle, Enkel des Oberst Ernst Goth
Ernst Goth, Oberst und Kommandeur des Gren.-Rgts. 916 / 352. Inf.-Div.
Tom Harbur, Bootsführer der 2. US-Boots-Div.
Jean-Paul Hausermann, Besitzer des Château de Vierville, Zeitzeuge
Hans Heinze, ehemals Leutnant im Gren.-Rgt. 916 / 352. Inf.-Div.
Erwin Hentschel, ehemals Leutnant im Gren.-Rgt. 916 / 352. Inf.-Div.
Kurt Karl Keller, ehemals Gefreiter im Gren.-Rgt. 915 / 352. Inf.-Div.
Stephen Kellman, ehemals GI im 16. Rgt. / 1. US-Inf.-Div.
Wilhelm Kirchhoff, ehemals Soldat im Werfer-Rgt. 84
Ludwig Kwiatkowski, ehemals Gefreiter im Gren.-Rgt. 726 / 716 Inf.-Div.
André Legallois, ehemals zwangsverpflichteter OT-Arbeiter
Jeanette Legallois, Zeitzeugin
Jacques Lemonchois, Bergungstaucher und Museumsinhaber
Jean-Noel Lenoury, stellvertretender Bürgermeister von Colleville
Hans Lücking, ehemals Gefreiter im Gren.-Rgt. 726 / 716. Inf.-Div.
Peter Lützen, ehemals Obergefreiter im Gren.-Rgt. 726 / 716. Inf.-Div.
Rolf Munninger, ehemals Gefechtsschreiber in Rommels Stab
Jean-Marie Oxéant, Bürgermeister von Vierville
Harry Parley, ehemals GI im 116. Rgt. / 29. US-Div.
Bruno Plota, ehemals Soldat im Gren.-Rgt. 726 / 716 Inf.-Div.
Alan Reid, ehemals britischer MG-Schütze auf einem Sicherungsboot
Robert L. Sales, ehemals GI im 116. Rgt. / 29. US-Inf.-Div.
Thérèse und Édmond Scelles, französische Zeitzeugen
Hans Selbach, ehemals Gefreiter im Gren.-Rgt. 726 / 716. Inf.-Div.
Hein Severloh, ehemals Gefreiter im Art.-Rgt. 352 / 352. Inf.-Div.
Robert W. Slaughter, ehemals GI im 116. Rgt. / 29. US-Div.
Gordon Strevel, ehemals Unteroffizier im 116. Rgt. / 29. US-Div.
Peter Wilden, Bruder des Grenadiers Franz Wilden, G.R. 726 / 716. I.D.
Bundes-Militärarchiv Freiburg
Funksprüche des 16. Rgts. / 1. US-Inf.-Div.
Physikalischer Verein, Frankfurt
Ziegelmann, Oberst, Ia im Stab der 352. Inf.-Div., Fernsprech-Meldebuch

Bildnachweis

Archive: Bundesamt für Wehrtechnik – Bundesarchiv Koblenz – defd – ecpa>d. Paris – Sven Eisengräber – Diana Hebeler – Éditions Heimdal – Helmut K. von Keusgen – Jacques Lemonchois – Musée Memorial d´Omaha Beach – Thomas Moder – National Archives and Record Administration, Coll. Park / Maryland, USA – Paramount Pictures.

Kollektionen: Heinz Bongard – Catherine Chartier – Jürgen Diebold – Hans-Jürgen Endres – Reinhard Frerking – Martin Galle – Volker Gremler – Jean-Paul Hausermann – Hans Heinze – Erwin Hentschel – M. Herrmann – Kurt K. Keller – Stephen Kellman – Wilhelm Kirchhoff – Marc Kulisch – Ludwig Kwiatkowski – André Legallois – Jean-Noel Lenoury – Ilse Lücking – Peter Lützen – Rolf Munninger – Erich Müller – Jean-Marie Oxéant – Harry Parley – Bruno Plota – Alan Reid – Robert L. Sales – Manfred Schnüll – Edmond u. Thérèse Scelles – Heinrich Severloh – Robert W. Slaughter – Johanna Stollenwerk – Gordon Strevel – Lina Wernecke – Peter Wilden.

Danksagungen

Für ihre freundliche Unterstützung meiner Arbeiten an diesem Buches bedanke ich mich bei:
George Th. Allan, Harold Baumgarten, Hans-Dieter Bechtold, Georges Bernage, Heinz Bongard, Yves Cordelle, Prof. Bruno Deiss, Jürgen Diebold, Hans-Jürgen Endres, Sven Eisengräber, Reinhard Frerking, Martin R. Galle, Volker Gremler, Tom Harbur, Diana Hebeler, Erwin Hentschel, Jean-Paul Hausermann, Hans Heinze, Kurt K. Keller, Stephen Kellman, Wilhelm Kirchhoff, Marc Kulisch, Ludwig Kwiatkowski, André und Jeannette Legallois, Jacques Lemonchois, Jean-Noel Lenoury, Ilse Lücking, Peter Lützen, Thomas Moder, Rolf Munninger, Erich Müller, Dr. Manfred Oldenburg, Jean M. Oxéant, Bernard Paich, Harry Parley, Bruno Plota, Alan Reid, Karin Clarissa Röhrs, Robert L. Sales, Édmond und Thérèse Scelles, Manfred Schnüll, Hans Selbach, Heinrich Severloh, Robert Slaughter, Gordon Strevel, Eberhard Tesch, Lina Wernecke, Horst und Peter Wilden sowie meiner Ehefrau Élodie

Helmut Konrad Frhr. von Keusgen

Impressum

Eine Veröffentlichung von EK-2 Publishing GmbH

Friedensstraße 12, 47228 Duisburg
Registergericht: Duisburg
Handelsregisternummer: HRB 30321
Geschäftsführerin: Monika Münstermann

E-Mail: info@ek2-publishing.com
Website: www.ek2-publishing.com

Alle Rechte vorbehalten
Autor: Helmut Konrad Freiherr von Keusgen
Lektorat: Katrina Hager
Karten: Helmut Konrad Freiherr von Keusgen
Titelfoto: US-Soldaten landen mit der ersten Angriffswelle im Sektor Easy Red
(US National Archiv)
Buchsatz: Veronika Aretz

Helmut Konrad von Keusgen
Originalauflage H.E.K.Creativ Verlag, 2007
überarbeitete 2. Auflage H.E.K.Creativ Verlag, 2015
umgestaltete Neuauflage EK-2 Publishing, 2023

Verpassen Sie keine Neuerscheinung mehr!

Tragen Sie sich in den Newsletter von EK-2 Militär ein, um über aktuelle Angebote und Neuerscheinungen informiert zu werden. Somit verpassen Sie auch kein Buch von Helmut Konrad Freiherr von Keusgen! Wir werden nämlich Stück für Stück seine komplette D-Day-Serie sowie weitere ausgewählte Titel des Autors neu veröffentlichen.

Als besonderes Dankeschön erhalten Sie kostenlos das E-Book »Die Weltenkrieg Saga« von Tom Zola. Enthalten sind alle drei Teile der Trilogie.

Link zum Newsletter:
https://ek2-publishing.aweb.page

Über unsere Homepage: www.ek2-publishing.com
Klick auf Newsletter rechts oben

Via Google-Suche: EK-2 Verlag

Druckhinweis:

Libri Plureos GmbH

Friedensallee 273

MIX
Papier aus verantwortungsvollen Quellen
Paper from responsible sources
FSC® C105338
FSC
www.fsc.org